高职高专通识教育系列教材

土木建筑类高职学生职业发展与就业指导

叶 玲 主 编
项甜美 副主编
朱国锋 主 审

中国建设教育协会就业创业工作委员会
浙江省建筑业院校产学研联盟 组织编写

中国建筑工业出版社

图书在版编目（CIP）数据

土木建筑类高职学生职业发展与就业指导／叶玲主编；项甜美副主编；中国建设教育协会就业创业工作委员会，浙江省建筑业院校产学研联盟组织编写. — 北京：中国建筑工业出版社，2022.6（2025.10重印）

高职高专通识教育系列教材

ISBN 978-7-112-27022-4

Ⅰ. ①土⋯ Ⅱ. ①叶⋯ ②项⋯ ③中⋯ ④浙⋯ Ⅲ. ①大学生-职业选择-高等职业教育-教材 Ⅳ. ①G717.38

中国版本图书馆 CIP 数据核字（2021）第 270050 号

本教材共分 8 个项目，分别为：了解土木建筑类专业及职业岗位，高职学生应具备的职业素养，高职学生职业生涯规划，就业形势、政策、流程，土木建筑类学生求职技巧，就业权益保护，职业适应与职业发展，其他职业发展和就业通路。

本教材适合高等职业院校土木建筑类专业师生使用。为方便教师授课，本教材作者自制免费课件，索取方式为：1. 邮箱 jckj@cabp.com.cn；2. 电话（010）58337285；3. 建工书院 http://edu.cabplink.com。

责任编辑：李天虹 李　阳
责任校对：李美娜

高职高专通识教育系列教材

土木建筑类高职学生职业发展与就业指导

叶　玲　主　编
项甜美　副主编
朱国锋　主　审

中国建设教育协会就业创业工作委员会
浙 江 省 建 筑 业 院 校 产 学 研 联 盟　组织编写

*

中国建筑工业出版社出版、发行（北京海淀三里河路 9 号）

各地新华书店、建筑书店经销

北京鸿文瀚海文化传媒有限公司制版

建工社（河北）印刷有限公司印刷

*

开本：787 毫米×1092 毫米　1/16　印张：11¾　字数：293 千字
2022 年 4 月第一版　　2025 年 10 月第六次印刷
定价：**38.00** 元（赠教师课件）
ISBN 978-7-112-27022-4
（38823）

序　言

2015 年 5 月 13 日发布的《国务院办公厅关于深化高等学校创新创业教育改革的实施意见》（国办发〔2015〕36 号），对加强创新创业教育提出明确要求。各地高校纷纷将创新创业课程纳入必修课，并推出一系列创新创业课程，考核、师资建设等改革项目。

大学生是创业活动中最具朝气和活力、最具创新精神的群体之一，需要给予特别关注和大力扶持，创新精神的培育是大学教育中一个非常重要的内容。另外，大学生就业是党和政府历来重点关注的热点工作，通过促进创业带动就业，是实施积极就业政策的重要举措，对实施扩大就业的发展战略具有十分重要的现实意义和长远的战略意义。

教育部在落实国务院关于创新创业教育的政策中，明确要求高校加强创新创业教育课程体系建设。把创新创业教育有效纳入专业教育、文化素质教育教学计划和学分体系中，建立多层次、立体化的创新创业教育课程体系。为突出专业特色，创新创业类课程的设置要与专业课程体系有机融合，创新创业实践活动要与专业实践教学有效衔接，积极推进人才培养模式、教学内容和课程体系改革。加强创新创业教育教材建设，编写实用性强且有特色的高质量教材。

由中国建设教育协会和浙江省建筑业院校产学研联盟共同组织编写的《土木建筑类高职学生创新创业教育》和《土木建筑类高职学生职业发展与就业指导》两本教材，较好地体现了土木建筑类鲜明的专业特征，运用现代教育思想理念编写而成的一体化、新形态教材内容适合土木建筑类高职学生特点和创业的实际情况。希望这两本教材能够对土木建筑类高职学生创新创业和就业指导起到有效的辅助指导作用，让更多怀揣梦想的优秀土木建筑类高职学生成功创业或就业，积极追求人生价值的实现。

中国建设教育协会理事长
全国住房和城乡建设职业教育教学指导委员会副主任委员　　刘杰

前　言

　　本教材根据教育部办公厅 2007 年 12 月 8 日印发的《大学生职业发展与就业指导课程教学要求》的通知精神，结合近年来国家提出"一带一路"倡议、新型城镇化、美丽中国、乡村振兴等一系列重大战略与举措，根据高职院校教学需求、土木建筑类高职学生的就业特征和情况，引导学生客观评价自己，全面了解土木建筑类行业发展前景，做好生涯规划，掌握求职技巧，形成正确的价值观和就业观，增强就业竞争意识和依法维权意识，提升求职就业能力和生涯管理能力，合理规划自身发展。课程贯穿于学生入学到实习前的整个培养过程，时间跨度大，受众面广。

　　本教材由中国建设教育协会就业创业工作委员会、浙江省建筑业院校产学研联盟组织编写。主编为浙江建设职业技术学院叶玲，副主编为浙江建设职业技术学院项甜美，参编者均为从事职业生涯规划、就业指导、创新创业教育的一线教师，除包括浙江建设职业技术学院秦雪莲、徐波礼、方智勇、杨挺外，还邀请了教学设计专家杭州电子科技大学刘建豪老师参与编写，土木建筑类资深专家浙江交通职业技术学院朱国锋教授参与编写并担任全书主审。具体分工如下：项目 1 由朱国锋编写，项目 2 由叶玲编写，项目 3 由秦雪莲编写，项目 4 由方智勇编写，项目 5 由徐波礼编写，项目 6 由项甜美编写，项目 7 由刘建豪编写，项目 8 由杨挺编写，全书由项甜美、秦雪莲进行文字校对。另外，还邀请了土木建筑行业和企业人力资源专业人士对本书提出了宝贵的修改意见。

　　本书汲取了土木建筑类高职学生职业发展与就业指导的理论与实践结果，也是全体编委会成员的集体智慧结晶。限于编者水平和时间，书中难免有疏漏之处，敬请专家、同行和广大读者批评指正，我们将在今后进一步修订和完善。

目　录

了解土木建筑类专业及职业岗位

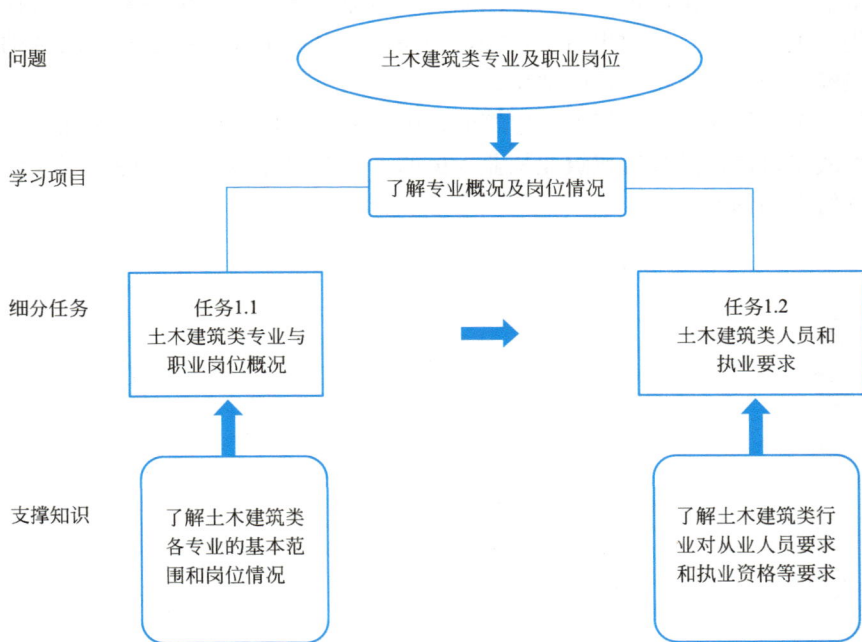

项目 1　知识（技能）框架图

职业发展的第一个环节就是做到知己知彼，第二个环节是评估职业机会。

【知识目标】

1. 了解建筑类专业的概况；
2. 了解土木建筑类专业的学习内容；
3. 了解土木建筑类高职学生就业岗位情况；
4. 了解建筑业对执业人员的执业资格要求。

【技能目标】

1. 了解土木建筑类专业情况；
2. 掌握土木建筑行业执业资格要求。

建筑业是我国国民经济重要产业之一，对保增长、保就业、保稳定有着极为重要的作用。我国建筑业在国民经济和社会发展中的重要地位和作用，具体可以从 7 个方面来体现：①建筑业是劳动密集型部门，是吸纳就业的重要行业；②建筑业可以吸收大量的消费资金；③建筑业是我国国民经济的重要物资生产部门；④建筑业对国民经济的发展有一定的调节作用；⑤建筑业对关联产业的发展有巨大带动力；⑥建筑业有着走向国际创收、创汇的巨大潜力；⑦建筑业的生产，有效地改善了工作和生活环境，满足了人民日益提高的物质文化生活的需要。由此可见，一个国家的建筑业发展水平直接关系到国家在世界上的地位和作用，也与普通百姓的生活质量密切相关。建筑业是各行各业发展的基础性先导行业，在国民经济中占有举足轻重的地位。

我国是一个建筑业大国，但不是建筑业强国。因而，把建筑业做大做强作为实现富民强国的重大战略目标，是我们建筑业从业人员的一个努力方向，也有待于广大建筑业从业人员的持续努力和创新。

任务 1.1　土木建筑类专业与职业岗位概况

1.1.1　土木建筑类专业概况

根据《教育部关于印发〈职业教育专业目录（2021 年）〉的通知》（教职成〔2021〕2 号）的文件规定，高等职业教育专科专业土木建筑大类（编号 44）专业包括建筑设计类（编号 4401）、城乡规划与管理类（编号 4402）、土建施工类（编号 4403）、建筑设备类（编号 4404）、建设工程管理类（编号 4405）、市政工程类（编号 4406）、房地产类（编号 4407）等七个专业。这是国家对专业目录最新的一次调整方案。需要详细了解高等职业教育专科专业目录（2021 年）中的土木建筑大类专业可以扫描二维码进一步了解。

作为刚刚跨进土木建筑类高等职业院校的学生，可能迫切想知道的是：什么是土木建筑大类专业，这些专业需要学习什么知识，将来的就业方向是怎么样的等一系列与专业相关的问题。

下面先对建筑设计类、城乡规划与管理类、土建施工类、建筑设备类、建设工程管理类、市政工程类、房地产类等七个专业的大概情况做一个介绍。

1. 建筑设计类（编号 4401）

根据教育部发布的《职业教育专业目录（2021 年）》，建筑设计类包括建筑设计、建筑装饰工程技术、古建筑工程技术、园林工程技术、风景园林设计、建筑室内设计、建筑动画技术 7 个专业。

（1）建筑设计专业简介

本专业培养德、智、体、美、劳全面发展，具有良好职业道德和人文素养，掌握建筑设计和建筑环境、设备控制与节能基本知识，具备建筑方案设计、建筑施工图设计、建筑效果图制作及建筑设计业务管理能力，从事建筑设计、制图、建筑咨询、设计业务管理等工作的高素质技术技能型人才。

（2）建筑装饰工程技术专业简介

本专业培养德、智、体、美、劳全面发展，具有良好职业道德和人文素养，掌握建筑装饰装修设计、施工与管理基本知识，具备建筑装饰装修工程施工技术、施工组织与管理、施工图绘制、工程信息管理能力，从事建筑装饰工程的设计、施工与管理工作的高素质技术技能型人才。

（3）古建筑工程技术专业简介

本专业培养德、智、体、美、劳全面发展，具有良好职业道德和人文素养，掌握古建筑修缮、仿古建筑施工与管理基本知识，具备古建筑工程施工技术、施工组织与管理、施工图绘制、古建筑工程信息管理能力，从事古建筑工程修缮、仿古建筑设计、施工与管理等工作的高素质技术技能型人才。

（4）园林工程技术专业简介

本专业培养德、智、体、美、劳全面发展，具有良好职业道德和人文素养，掌握园林绿化材料、园林规划设计、园林工程施工技术、园林植物栽培与养护基本知识，具备园林工程施工图设计、项目招投标方案编制、园林工程现场施工管理能力，从事园林工程施工管理、园林工程设计、园林绿化养护等工作的高素质技术技能型人才。

（5）风景园林设计专业简介

本专业培养德、智、体、美、劳全面发展，具有良好职业道德和人文素养，掌握风景园林规划与设计、城市各类绿地规划设计、园林工程施工设计、园林工程项目管理基本知识，具备空间思维、语言表达，以及独立进行城市绿地、园林、园林建筑的设计、效果图表现、施工图设计和计算机辅助设计能力，从事风景园林方案及施工图设计等工作的高素质技术技能型人才。

（6）建筑室内设计专业简介

本专业培养德、智、体、美、劳全面发展，具有良好职业道德和人文素养，掌握建筑室内设计、制图、工程造价与管理基本知识，具备室内设计、陈设艺术设计、室内工程概预算能力，从事住宅空间、公共空间的方案设计、施工图绘制和效果图制作等工作的高素质技术技能型人才。

（7）建筑动画技术专业简介

本专业采用"学训产研创结合"人才培养模式，培养德、智、体、美、劳全面发展，具有良好职业道德，掌握高级数字图像技术、影视后期、三维动画制作技术，具有扎实的建筑学、虚拟现实开发、影视理论基础，具备建筑设计、室内设计、虚拟现实系统开发等专业能力，能够从事建筑动画、视频后期、虚拟现实开发等岗位的复合型技术技能人才。

2. 城乡规划与管理类（编号4402）

根据教育部《职业教育专业目录（2021年）》，城乡规划与管理类包括城乡规划、智慧城市管理技术、村镇建设与管理3个专业。

（1）城乡规划专业简介

本专业培养德、智、体、美、劳全面发展，具有良好职业道德和人文素养，掌握城乡总体规划、城乡详细规划、各专项规划以及规划管理基本知识，具备规划设计、城建管理能力，从事城乡规划设计、城乡规划管理工作的高素质技术技能型人才。

（2）智慧城市管理技术专业简介

本专业培养具有创新创业能力，掌握智慧城管技术专业知识与技能，能够胜任智慧城管信息采集管理岗位、案件受理与派遣岗位、系统维护岗位、信息管理岗位、项目管理岗位等工作的高素质技术技能人才，并具有一定的企业管理能力，能成为智慧城管单位或相关服务外包企业的后备管理干部的高素质技术技能型人才。

（3）村镇建设与管理专业简介

本专业培养德、智、体、美、劳全面发展，具有良好职业道德和人文素养，掌握村镇规划、工程设计与施工、村镇建设管理基本知识，具备村镇规划、工程施工、村镇建设管理能力，从事村镇规划、施工和管理等工作的高素质技术技能型人才。

3. 土建施工类（编号4403）

根据教育部《职业教育专业目录（2021年）》，土建施工类包括建筑工程技术、装配式建筑工程技术、建筑钢结构工程技术、智能建造技术、地下与隧道工程技术、土木工程检测技术 6 个专业。

（1）建筑工程技术专业简介

本专业培养具备建筑工程技术人员从业必需的文化基础与专业理论知识，从事建筑工程施工一线技术与管理等工作的高等技术应用型人才，就业方向为施工员、质量员、安全员、材料员、测量员、资料员等，发展方向为预算工程师、建筑设计师、建筑工程师、技术负责人、项目经理、总工程师等等。

（2）装配式建筑工程技术专业简介

本专业结合区域经济发展对人才的需求，对接建筑产业、依托建设行业，与建筑施工企业、工程项目管理、建设单位、工程监理、房地产开发企业、设计单位等企业合作，培养传统建筑和装配式建筑领域从事施工组织管理、测量放线、安全管理、质量管理、施工图预算等工作，能吃苦耐劳、具有奉献精神的高素质技术技能型人才。

（3）建筑钢结构工程技术专业简介

本专业培养德、智、体、美、劳全面发展，具有良好职业道德和人文素养，掌握钢结构与建筑钢结构工程基本知识，具备建筑钢结构施工及指导加工能力，从事钢结构建筑施工与管理等工作的高素质技术技能型人才。

（4）智能建造技术专业简介

本专业培养理想信念坚定，德、智、体、美、劳全面发展，具有一定的科学文化水平，良好的人文素养、职业道德和创新意识，精益求精的工匠精神，较强的就业能力和可持续发展的能力；掌握本专业知识和技术技能，面向土木工程建筑业、房屋建筑业等行业的建筑工程技术人员职业群，能够适应产业数字化转型升级，从事智能建造施工与管理、建筑信息化模型建立与应用等相关工作的高素质技术技能型人才。

（5）地下与隧道工程技术专业简介

本专业培养德、智、体、美、劳全面发展，具有良好职业道德和人文素养，掌握工程力学、工程地质、工程结构基本知识，具备地下与隧道工程现场施工、质量监督、安全管理能力，从事地下与隧道工程施工技术及管理等工作的高素质技术技能型人才。

（6）土木工程检测技术专业简介

本专业培养德、智、体、美、劳全面发展，具有良好职业道德和人文素养，掌握材料实验和检测基本知识，具备土木工程测量、工程材料与构件检测能力，从事各类材料试验与工程检测等工作的高素质技术技能型人才。

4. 建筑设备类（编号 4404）

根据教育部《职业教育专业目录（2021 年）》，建筑设备类包括建筑设备工程技术、建筑电气工程技术、供热通风与空调工程技术、建筑智能化工程技术、工业设备安装工程技术、建筑消防技术 6 个专业。

（1）建筑设备工程技术专业简介

本专业培养德、智、体、美、劳全面发展，具有良好职业道德和人文素养，掌握建筑给水排水、供热、通风与空调、安装工程造价基本知识，具备编制工程造价及工程施工组织设计能力，从事施工、设计、工程咨询等工作的高素质技术技能型人才。

（2）建筑电气工程技术专业简介

本专业培养德、智、体、美、劳全面发展，具有良好职业道德和人文素养，掌握建筑电气、建筑智能技术和安装工程造价编制基本知识，具备建筑供配电与照明工程、弱电系统的初步设计、施工能力和可持续发展能力，从事设计、施工、调试、管理与维护等工作的高素质技术技能型人才。

（3）供热通风与空调工程技术专业简介

本专业培养德、智、体、美、劳全面发展，具有良好职业道德和人文素养，掌握供热、通风与空调、制冷技术、安装工程造价基本知识，具备供热通风与空调设备安装、质量及安全管理、工程造价、施工图绘制能力，从事施工、设计、运行管理等工作的高素质技术技能型人才。

（4）建筑智能化工程技术专业简介

本专业培养德、智、体、美、劳全面发展，具有良好职业道德和人文素养，掌握火灾自动报警系统、安全技术防范系统、综合布线、监控系统、建筑电气控制技术基本知识，具备建筑消防工程、安防工程、通信与综合布线工程、智能建筑设备监控工程、建筑供配电工程的设计、安装、调试、操作与维护能力；从事楼宇智能化工程、消防工程、安防工程、建筑供配电工程设计、施工、检测、运行维护等工作的高素质技术技能型人才。

（5）工业设备安装工程技术专业简介

本专业培养德、智、体、美、劳全面发展，具有良好职业道德和人文素养，掌握机械设备、建筑设备、化工设备、冶金设备及工业管道构造基本知识，具备绘制工程图、编制施工组织设计、施工质量检查评定、机械设备安装能力，从事施工、设计、运行管理等工作的高素质技术技能型人才。

（6）建筑消防技术专业简介

本专业培养具有良好职业道德和文化素养，适应经济建设需要，德、智、体、美、劳等全面发展，掌握火灾科学的基本理论、消防政策法规，消防安全国家标准技术规范、防火灭火基本理论和方法，具有消防安全管理、火灾隐患整改、火灾风险评估、自动消防设施施工管理、操作、维修、保养和检测能力的消防管理高素质技术技能型专门人才。

5. 建设工程管理类（编号 4405）

根据教育部《职业教育专业目录（2021 年）》，建设工程管理类包括建设工程造价、建设工程管理、建筑经济信息化管理、建设工程监理 4 个专业。

（1）工程造价专业简介

本专业培养德、智、体、美、劳全面发展，具有良好职业道德和人文素养，掌握建设工程经济学、建筑工程成本概预算、工程项目管理等方面的基本知识和技能，具有进行建筑工程的概预算、招投标、造价控制等的高素质技术技能型人才。

（2）建设工程管理专业简介

本专业培养德、智、体、美、劳全面发展，具有良好职业道德和人文素养，掌握建设工程施工技术和建设工程经济基本知识，具备工程招投标、施工项目管理、项目资料管理能力，从事工程招投标、施工项目管理、项目资料管理等工作的高素质技术技能型人才。

（3）建筑经济信息化管理专业简介

本专业主要培养具备从事建筑经济管理（招标投标、合同管理、工程财务）、全过程工程造价管理（工程造价编制与控制、工程审计）、工程项目管理（资料员、材料员、劳务员）、建筑工程信息化管理（BIM 造价、BIM5D 管理）等岗位工作的职业能力，为建筑企业、房地产开发企业、设计单位、工程咨询企业、政府造价管理部门等培养"懂经济、会管理、精技术"的高素质复合型人才。

（4）建设工程监理专业简介

本专业培养德、智、体、美、劳全面发展，具有良好职业道德和人文素养，掌握建筑安装施工、施工方案编制、建筑安装工程监理基本知识，具备工程监理、质量监督、安全管理等能力，从事工程施工进度控制、工程质量控制、工程成本控制等工作的高素质技术技能型人才。

6. 市政工程类（编号 4406）

根据教育部《职业教育专业目录（2021 年）》，市政工程类包括市政工程技术、给排水工程技术、城市燃气工程技术、市政管网智能检测与维护、城市环境工程技术 5 个专业。

（1）市政工程技术专业简介

本专业培养具有市政工程识图制图、工程勘测、工程测量、工程试验检测、工程计量与计价、工程施工、道路、桥梁、管道、城市轨道、给水排水、供热及采暖方面知识，具有污水处理方面的施工、维护、设备安装和一般水暖工程的设计能力，掌握给排水和供热、采暖、空调与制冷等方面的基本知识和应用技能，从事现代化城市建设及环境保护等重要行业的高素质技术技能型人才。

（2）给排水工程技术专业简介

本专业培养德、智、体、美、劳全面发展，具有良好职业道德和人文素养，掌握水力学、建筑给排水、给水排水管道施工、水处理基本知识，具备给排水工程施工组织管理、信息管理和水厂运行管理能力，从事给水排水工程施工、管理和水处理设备运行维护等工作的高素质技术技能型人才。

（3）城市燃气工程技术专业简介

本专业培养德、智、体、美、劳全面发展，具有良好职业道德和人文素养，掌握燃气工程施工、燃气场站安全管理和燃气系统运行管理基本知识，具备燃气工程施工、安全管理、管网及设施运行管理能力，从事城镇燃气运营、安全管理、设施维护及燃气工程施工管理等工作的高素质技术技能型人才。

7. 房地产类（编号 4407）

根据教育部《职业教育专业目录（2021 年）》，房地产类包括房地产经营与管理、房地产智能检测与估价、现代物业管理 3 个专业。

（1）房地产经营与管理专业简介

本专业培养德、智、体、美、劳全面发展，具有良好职业道德和人文素养，掌握房地产投资、房地产营销、房地产经纪和房地产估价基本知识，具备房地产项目经营管理、房地产估价、物业管理、房地产交易操作等能力，从事房地产开发、经营、估价、管理、服务等工作的高素质技术技能型人才。

（2）房地产智能检测与估价专业简介

本专业旨在培养与社会主义市场经济体系相适应的，在房地产产业发展中急需的，具备房地产检测与估价专业知识和专业技术、技能的高等技术应用型专门人才。培养掌握房地产市场开发与经营、价格评估基本理论，熟悉房地产开发、经营、房地产估价实务的高级管理专门人才。

（3）现代物业管理专业简介

本专业旨在培养掌握物业管理基本理论和知识、技能，面向物业管理企业，房地产开发企业，房产销售租赁企业，具备从事物业管理客户服务、标书制作、项目管理、房产销售、房产开发等能力；还具备对物业管理领域的市场调查研究、市场开发和促销等房产营销工作能力的复合技能型人才。

1.1.2 土木建筑类专业学习的主要内容和就业岗位

进入建筑类高职院校专业学习时，了解相关专业的主要学习内容和专业培养后就业岗位，对了解专业全局是非常有益的，也便于将来和建筑业同行人员交流。

根据教育部《职业教育专业目录（2021年）》，高等职业教育专科专业土木建筑大类的七个专业类别学习的主要内容和就业岗位如下。

1. 建筑设计类

（1）主要专业课程

主要专业课程有：建筑构造与材料、建筑形态设计基础、建筑表现技法、建筑设计、建筑施工图设计、建筑节能设计等。

（2）就业前景

主要面向建筑设计、建筑效果图制作（图像制作）公司、建筑设计咨询公司、房地产公司、建设项目策划公司及其他相关企事业单位，从事建筑方案设计、建筑初步设计、建筑施工图设计、建筑效果图制作等工作。

2. 城乡规划与管理类

（1）主要专业课程

主要专业课程有：城市规划原理、城市规划设计、城市设计、城市规划理论与城市发展史、城市道路与交通、城市生态与环境保护、城市地理学、城市经济学、区域规划等。

（2）就业前景

毕业生可从事小城镇总体规划设计、中小型区域规划设计、景观规划设计、施工图绘制、建筑规划效果图制作、城镇规划管理等工作。

3. 土建施工类

（1）主要专业课程

主要专业课程有：建筑制图与识图、建筑力学、建筑材料、建筑工程测量、建筑结构、建筑工程CAD、建筑构造、建筑施工技术、建筑施工组织、土力学与地基基础、建筑工程、项目管理、建筑工程质量检测与安全管理、建筑预算、建筑电气等。

（2）就业前景

主要面向建筑施工企业、建材生产加工企业、房地产开发公司、监理公司、甲方基建部门、结构设计事务所等企事业单位，从事工程项目组织、现场施工管理、质量验收、施工安全、材料检测、技术资料及工程造价等方面的技术工作与管理工作。

4．建筑设备类

（1）主要专业课程

主要专业课程有：建筑给水排水工程、供热工程、通风与空调工程、建筑电气、管道施工技术、安装工程造价、施工组织与管理等。

（2）就业前景

主要面向建筑行业，在施工、质量、资料、设计岗位群，从事建筑设备安装施工管理、工程造价、资料管理、监理、物业管理、设计等工作。

5．建设工程管理类

（1）主要专业课程

主要专业课程有：建筑识图与构造、建筑工程计量与计价、工程招投标与合同管理、建筑工程项目管理、工程建设监理、建筑施工技术、建筑施工组织、工程资料管理等。

（2）就业前景

本专业毕业生主要面向建筑施工企业和建设管理部门，从事工程造价控制、质量管理、安全管理工作；或面向各类房地产公司，从事经营、管理工作。

6．市政工程类

（1）主要专业课程

主要专业课程有：工程热力学、传热学、流体力学、建筑力学、电工电子学、给水管网、排水管网、给水处理、取水工程、污水处理、采暖工程、供热工程、锅炉与锅炉房设备、水暖施工技术、空调与制冷工程等。

（1）就业前景

高职学生毕业后能在道路、桥梁、管道、城市轨道交通及其他相关工程领域从事施工、管理、服务、设计等工作。

7．房地产类

（1）主要专业课程

主要专业课程有：建筑材料、建筑制图基础、经济学基础、建筑构造与识图、建筑力学与结构、居住小区规划设计原理、房地产法规、房地产测绘、房地产经纪、建筑施工、建筑工程概预算、房地产开发经营、房地产投资分析、物业管理、房地产估价、房地产销售实务、房地产营销策划等。

（2）就业前景

主要就业于房地产开发公司、房地产估价公司、房地产经纪公司、房地产投资顾问机构等。毕业初始岗位：置业顾问、经纪人、估价员、策划助理、房屋查验咨询；后续发展岗位：全国注册房地产估价师、全国注册房地产经纪人、全国注册物业管理师、房地产策划师等。

任务 1.2　土木建筑类人员和执业要求

建筑类企事业单位到底需要什么样的人才？这是每一个有志于进入建筑行业的土木建

筑类高职学生都十分关注的话题。从建筑类企事业单位招聘人才时反馈的信息来看，除要求相关专业教育背景、同行业几年从业经验、资格证书和相关资质等硬件外，招聘单位还会对求职者提出其他的要求。例如，很多单位的招聘要求中都提到了"责任心"这个关键词，众所周知在建设行业中安全和质量重于泰山，这就更要求从业者具备高度的责任感。可见无论专业能力如何突出，类似责任心这样的"软要求"也是企业选择人才时十分重视的一点。

1.2.1 土木建筑行业对从业人员的要求

每一个行业对从业人员都会有自己行业的要求，当然，一些公共的素养是一样的，但也会有一些结合行业特征的特殊需求。对建筑业来说，现在社会大量需求的是生产一线的施工技术人员和建筑及相关行业的管理与技术人员。建筑企业对高级技术技能型人才的需求也有很大的空间，这就要求建筑类专业毕业生不仅要有过硬的专业知识和技能，而且更要具备良好的职业素养，为自己能在未来的岗位上获得更大的发展奠定基础。从建筑企业对高级技术人员的要求来看，建筑类高职学生应具备的从业人员要求包括：

1.2.1.1 对知识、能力和技能的一般要求

1. 责任心

责任心是做好本职工作的前提，这应该是每个人对自己工作的最基本要求。建筑行业也不例外，责任心是安全生产的重要保证，因此对建筑行业从业人员的责任心提出了更高的要求。责任心还是强化企业核心竞争力的秘密武器。如果团队中每个人都是极其富有责任心的，那么每个岗位的工作必然能做到让自己满意、同事满意、领导满意、客户满意，团队的执行力、工作水平、工作质量就会不断地得到飞跃，从而使企业的核心竞争力得到强化。

2. 职业技能

职业技能是指人们在从事职业时所需具备的知识与技能，是对个人胜任工作岗位的专业水准的衡量。高职学生的职业技能决定着求职的成败和职业生涯发展是否强劲。建筑业的工作岗位很多，专业性也很强，要在建筑行业站住脚跟，就必须掌握一定的专业职业技能。

3. 沟通能力

高职学生除了要有过硬的专业技术知识外，还要有较强的沟通能力。建筑企业从事建筑生产任务时，涉及的面广、点多，良好的沟通能力是高职学生走向成功的重要条件。具备良好沟通能力的学生，可以在工作中与上级、同事进行愉快的合作，自己的专业技能容易得到认可。而建筑专业学生不仅要具备一般的沟通能力，还要具备管理沟通能力。比如将来努力发展的项目经理、技术负责人，对外要和政府职能部门、建设单位、监理单位沟通协调，对内要组织、分解、协调、指导下面各管理岗位的工作。所以沟通能力在建筑业中有着特殊的要求。

4. 团队合作精神

团结合作是人的生存方式，具有团结合作意识是现代人的重要素质。一个人即使有再强的专业能力，如果没有团结协作的精神，也不可能顺利地展开工作，更不能做出成绩。

建筑企业的每一个部门、每一个岗位都是互相联系，相辅相成的。一个工程项目从施工准备阶段到施工全过程直至竣工验收的每个阶段，都是各部门岗位相互配合，相互合作完成的。所以，团队精神是每一个建筑高职学生必备的精神。也只有具有团队合作精神的组织，才能顺利完成一个建筑项目的建造工作。

1.2.1.2　对建筑业从业人员的特殊要求

1. 对职业资格的要求

建筑业是国民经济和社会发展的支柱产业。培养和造就一大批掌握高新建筑施工技术，能管理会操作的复合型人才、专业型人才和技能型人才，是建设行业可持续发展的重要保证。建设行业企事业单位的某些岗位要求具有相应的职称证书或者执业资格证书才能担任，建筑及房地产商对应聘者的职称证书和执业资格证书相当看重。

为此，住房和城乡建设部已逐步推广和建立起覆盖施工一线操作人员、基层技术管理人员和专业技术人员的三大职业资格证书体系。

（1）施工生产一线操作人员职业资格证书制度。在建设行业一线操作人员中推行职业资格证书制度，对直接关系工程质量和安全生产的工种，实行就业准入，没有相应的职业资格证书不能上岗。

（2）基层技术管理人员岗位资格证书制度。住房和城乡建设部明确要求建设行业基层技术管理人员实行资格证书制度，施工员、质量员、安全员、造价员等必须持证上岗。

（3）专业技术人员执业资格注册制度。住房和城乡建设部先后建立了建筑师、造价师、估价师、规划师、建造师等执业资格，形成了以教育评估、执业实践、资格考试、注册管理、继续教育和信用档案为主要内容的一整套管理体系。

2. 对工作经验的要求

建筑企业、房地产企业尤其是建筑民营企业一般都想招用有工作经验的人，目的是来了就能派上用场。通常我们会看到某些建筑企业开出这样的招聘条件要求：大专学历，5年以上房地产建筑领域（含5年）工作经验；本科学历，2年以上房地产建筑领域（含2年）工作经验；硕士学历，1年以上房地产建筑领域（含1年）工作经验。尽管有些企业各个岗位对于学历的要求不是很高，大部分只是要求大专（高职）以上学历，但对于经验却有特殊要求，基本要求有2～5年的工作经验。

目前在读的在校学生，基本上都没有实际工作经验。虽然企业也想培养一批年轻、学历高的专业人才，但建筑业和房地产行业人员流动性比较大，企业刚培养好就跳槽了。通常来说，国有性质的建筑类企业更容易接受工作经验少的高职毕业生。

对从业人员培养周期长带来的是很多建筑企业和房地产公司满足于在现有的人才里挖掘挑选，不愿意花时间和力气培养人才，而建筑企业和房地产业又是一个流动性较大的产业，建筑企业、房地产公司和员工双方很多时候都是一种短期行为。建筑企业和房地产行业对人品、行业经验、实际业绩都非常看重，对专业次之，对学历要求可能会更次之。

3. 对人才层次的要求

建筑及房地产行业对高级人才的需求持续高热，据介绍，目前建筑及房地产行业需求的高级人才主要集中在总经理、项目经理、总工程师、营销经理、投融资经理、成本控制总监、市场总监、销售总监、技术总监、客户总监、人力资源总监、项目管理咨询师、高级建筑师、资深城市规划师、园林景观总设计师、装饰设计总监等一些关键岗位的热门职位。在谈及最难招聘的人才时，近一半的被调查企业认为项目经理是最难招聘的职位，近三分之一的企业认为中层管理人员最难招聘。

据了解，那些拥有项目规模和灵活的用人机制的大企业对高素质行业人才的需求旺盛，这也正成为应聘者所向往的企业。一是营销策划等人才紧俏。虽然对建筑工程类优秀人才一直需求旺盛，但是市场的主流需求越来越倾向于项目经理、营销策划、客户关系类职位。能推动销售的职位，如营销策划、客户关系管理、风险控制管理等也十分紧俏。二是技术总监（总工程师）、开发设计人才供不应求。对项目定位、建筑设计、景观设计、成本控制等专业人才，房地产公司均需求旺盛。

1.2.2　土木建筑企业用人理念和标准分析

通过高职专业学习，毕业生总希望能找到一份满意的工作，在竞争激烈的职场上，如果想出奇制胜，也需要知己知彼，有备而战，这样才能攻破企业选人和用人的"防线"。许多人羡慕那些在某某著名建筑企业单位上班的工作人员，在知名度很高的建筑企业单位工作，有相对舒适的工作环境、良好的培训与发展机会及比较稳定、丰厚的收入等等，对很多毕业生有吸引力，因此成功地进入著名建筑企事业单位是大多数人的梦想，也是在职场竞争中的目标。但是，大多数人由于不清楚著名建筑企事业单位的用人理念和用人标准而失去宝贵的入职机会。

1. 某著名建筑企业的用人理念介绍

某建筑集团有限公司创建于 1958 年 12 月，系建筑工程施工总承包特级资质企业，具有消防施工建筑机电安装、起重设备安装工程专业承包一级资质，市政公用工程总承包二级资质，建筑装修装饰工程专业承包二级资质。

公司确立了"对社会对人民负责，靠技术靠品德造楼"的企业理念，形成了"诚信立企，力行善举"的企业文化特色，塑造了"质量至上，服务至优"的良好企业形象。公司先后荣获全国先进集体建筑企业、全国优秀施工企业、全国建筑业优秀企业、全国守合同重信用企业、全国科技进步与技术创新先进单位、创鲁班奖工程特别荣誉企业、中国建筑业竞争力百强、中国民营企业 500 强行列。

该公司的用人理念（摘自其官网）：以人为本，人尽其才。

服务发展，适应发展。集团人才发展要适应集团发展规划需要，要为集团创建"百年新华、世界一流"建筑企业战略目标提供坚强的人才保证和广泛的智力支持。

人才优先，适度超前。人才是强企之本，人才资源是第一资源，集团要确立人才优先发展的战略，充分发挥人才的基础性、战略性作用。集团人才发展要优先并适度超前于集团各项事业的发展需要，要优先转型。

以用为本，用好人才。人才是在使用中锻炼成长的，只有在使用中才能创造价值，用好用活人才是人才工作的根本任务。集团要树立正确的用人观，充分发挥各类人才的作用，积极为各类人才发展提供机会和条件，提高人才效能。

创新机制，激发活力。人才工作的活力取决于体制机制。集团要改进和完善人才工作管理体制机制，坚持党管干部原则，创新人才培养开发、评价发现、选拔任用、流动配置、激励保障等工作机制，最大限度地激发人才的创造活力。

　　高端引领，抓住关键。集团企业领导人才、高级经营管理人才、高级技术人才是集团高层次高技能关键人才队伍。抓住集团三支人才队伍建设这个关键，发挥高端人才在集团生产发展和人才队伍建设中的引领作用。通过三支人才队伍的突出开发和建设，带动集团人才队伍整体素质的提高。

　　整体开发，提高素质。以提高人才综合素质为重点，注重理想信念教育和职业道德建设，培育拼搏奉献、艰苦创业、诚实守信、团结协作精神，促进人才的全面发展。按照集团"五个转型"要求，统筹人才队伍建设，实现各类人才队伍协调发展和团队建设转型。

　　2. 建筑施工企业的用人观

　　一个建筑企业需要的优秀员工，不仅体现在能力上，更体现在人品上，品德和团队合作精神是许多企业非常重视的用人标准。某大型建筑企业通过几十年的发展和数代人的拼搏，积淀了自己特有的企业文化、企业价值标准和用人观，在实施科教兴企、人才强企的企业发展战略上，他们希望所招收的新员工有高尚的品德修养、良好的心态和建立在专业背景学习基础之上较强的综合能力。

　　第一，要富有责任心。一个没有责任心的人，是属于品格有缺陷的不合格的人才，必然缺乏企业责任和社会责任，注定胜任不了任何一项工作，也不可能干好任何一项工作。建筑业是与社会生活、经济建设密切相关的行业，输出的建筑产品事关千家万户、公众安全和社会安定，企业员工应该是合格的企业公民，是对企业负责、对社会负责的企业人。如果招收了没有责任心的人进入企业，是对社会的不负责任，是给社会和公众的安全埋下隐患。建筑企业提倡的理念是：工作意味着责任，所以希望招收的建筑类高职学生是富有责任心，责任意识强，能恪尽职业操守的合格人才。

　　第二，要有吃苦耐劳的精神。一方面，这是建筑行业的特点所要求的，建筑业是工作环境比较艰苦的行业，常常需要在"露天工厂"工作，特别是施工一线在工程紧张的时候，工作时间往往不分白天黑夜、没有节假日之分，需要付出比其他行业更多的牺牲，而且工程工期短则数月，长则数年，没有吃苦耐劳的精神将难以适应工作环境的要求。另一方面，可以说更为重要的是，这是一个人能否在事业上有所作为的重要特质。有吃苦耐劳精神的人，才能在漫长、充满变数的职业生涯中持之以恒，数十年如一日，扎实工作，顽强拼搏，最终在事业上有所建树，实现个人价值和社会价值。

　　第三，要有以务实为基石的事业心。没有进取心和事业心的人，工作往往会缺乏激情，缺乏成就欲和创造力，工作是难以作出成绩的。而需要的进取心和事业心是以实干为基础的，是通过脚踏实地、一步一个脚印干出来的，是一个从量变到质变的渐进和漫长过程，需要付出大量的劳动和极大的努力，而不是一口吃成胖子的，企业不欢迎急功近利、眼高手低、只会索取不讲奉献的人，它希望招收的新员工是务实进取的，有良好的心态，有正确的事业观和名利观，心态不浮躁，不急躁，不狂躁，即做事有爬楼梯而不是坐电梯的心态的人。这样的人是企业所欢迎的人，也是将来事业会有发展前途的人。

　　第四，要有较强的学以致用的能力。建筑企业不同于学校科研院所，企业是实践性很强的经济组织，因此，招收的毕业生不仅要有较好的理论知识和专业学习背景，更看重的是学以致用的能力，即用学到的理论知识去解决实践问题的能力。有的人书读得多，但用得少；有的人书读得不多，但用得多。相对于学校的学习成绩，企业更关注一个人的综合能力，特别是观察问题、分析问题和解决问题的思维能力。思维能力如何，包括你对细枝末节的敏感性怎么样；是不是能够举一反三，借鉴创新；能不能从各种纷繁复杂现象中抓住本质，发现问题，找出原因，进而有效解决问题。

第五，要有较强的人际沟通能力。建筑企业员工，工作中不仅需要进行内部的相互沟通、交流，善于倾听对方意见，善于表达自己的意见；意见不一致时大家能心平气和、客观全面地看待问题，消除分歧，然后寻找一个有利于工作正确开展同时大家都比较满意的结果；在外部关系处理上，需要与甲方、监理和周边的社会民众经常性地沟通，建立和谐的工作关系，而这类沟通往往是要有理有节但又有效的。千万不要把人际关系等同于"拉关系"，以为能天天坐下来和人吃饭就是人际关系能力强。我们指的较强人际关系能力有四个方面的含义，首先要尊重他人；其次要理解他人；再次能说服他人，即有较好的影响力和谈判能力；最后要团结他人，尤其是要做一个和谐团队的建设者、推动者，即通常说的团队精神。一个人如果一味注重个人的利益和成长，而无法融入团队中，他对于整个团队和企业的贡献就会受到局限，也会影响自身的成长。我们与人沟通的出发点和落脚点就是：处好关系，促进工作，产生效益，履行责任，创建精品。

3. 某建筑施工企业的用人标准

某建设集团有限公司是以房屋建筑、基础设施建设、工程服务为主要经营业务，致力于成为行业质量诚信的标杆企业、建筑产业现代化的领先企业、绿色建筑的示范企业，是中国建筑业协会副会长单位。

其对外公布的用人招聘标准和岗位如下：

（1）资料员

岗位描述：

① 认真贯彻执行公司的各项管理制度，建立健全工程资料管理岗位责任制；

② 负责按工程进度同步收集、整理施工技术资料；

③ 负责编制施工技术资料，确保资料真实性、完整性和有效性；

④ 负责施工技术资料的归档和移交；

⑤ 认真有效完成领导交办的各项工作。

任职资格：

① 大专及以上学历，土木工程相关专业；

② 三年以上施工现场资料管理工作经验；

③ 具有资料员证和职称证优先考虑；

④ 吃苦耐劳，工作责任心强、认真严谨、态度端正；

⑤ 有良好的沟通、协调、组织能力，较高的执行力。

（2）预算员

岗位描述：

① 项目投资分析，进行日常成本测算，提供设计变更成本建议；

② 负责对设计估算、施工图预算、招标文件编制、工程量计算进行审核；

③ 组织内部招标实施，配合外部招标；

④ 合同文件的起草与管理，跟踪分析合同执行情况，审核相关条款；

⑤ 工程款支付审核，结算管理，概预算与决算报告；

⑥ 变更洽商审核及处理索赔事宜。

任职资格：

① 大专及以上学历，建筑工程、造价、预算等相关专业；

② 五年以上相关工作经验，具有注册造价师资格证者优先；

③ 熟练掌握相关领域工程造价管理和成本控制流程，了解相关规定和政策；

④ 善于撰写招标文件、合同及进行商务谈判；

⑤ 工作严谨，善于沟通，具备良好的团队合作精神和职业操守；

⑥ 具有较高的执行能力、学习能力和独立工作能力。

（3）安全员

岗位描述：

① 认真学习和贯彻国家和建设行政管理部门颁发的安全生产相关法律法规，以及公司制定的安全生产制度，并督促贯彻落实；

② 负责组织各班组的安全自检、互检，通过检查发现问题，并及时提出分析报告和处理意见；

③ 深入施工现场，及时了解与掌握安全生产的实施情况；

④ 负责现场安全资料的整理；

⑤ 认真有效完成领导交办的各项工作。

任职资格：

① 大专及以上学历，建筑工程相关专业；

② 三年以上施工现场安全管理工作经验，熟悉各项安全法律法规，熟悉安全资料管理，熟悉现场大型机械、临时用电管理；

③ 具有建设主管部门颁发的安全员证、安全员C证；

④ 安全生产意识高，工作责任心强、认真严谨、态度端正；

⑤ 有良好的沟通、协调、组织能力，较高的执行力；

⑥ 持有注册安全工程师者优先。

（4）施工员

岗位描述：

① 熟悉并掌握设计图纸、施工规范、规程、质量标准和施工工艺，向班组工长进行技术交底，监督指导工人的实际操作；

② 按施工方案、技术要求和施工程序组织施工，制订工程的测量、定位、抄平等工作的作业指导书，并负责指导实施；

③ 合理使用劳动力，掌握工作中的质量动态情况，组织操作工人进行质量的自检、互检；

④ 对因施工质量造成的损失，要迅速调查、分析原因、评估损失、制订纠正措施和方法，经上级技术负责人批准后及时处理；

⑤ 负责现场文明施工及安全交底；

⑥ 认真有效完成领导交办的各项工作。

任职资格：

① 大专及以上学历，土木工程相关专业；

② 三年以上现场施工管理工作经验；

③ 具有土建施工员证和职称证优先考虑；

④ 吃苦耐劳，工作责任心强、认真严谨、态度端正；

⑤ 有良好的沟通、协调、组织能力，较高的执行力。

1.2.3　土木建筑行业的执业资格制度

执业资格制度

执业资格是指政府对某些责任较大、社会通用性强、关系到国家和公众利益的专业（工种）实行的准入控制，规定专业技术人员从事某一特定专业（工种）的学识、技术和能力的必备标准。在市场经济比较发达的国家或地区，实行执业资格制度已有150多年的历史，形成了一套完整的法律体系和管理体系。我国在建设行业建立执业资格制度的探索始于20世纪80年代末。当时，随着改革开放步伐的加快，为规范市场秩序，保证工程质量，同时也为了推动我国建设行业走向国际市场和引进外资项目，建设部决定按照国际惯例拟在工程监理、建筑设计等领域建立工程师和建筑师执业资格注册制度，并多次进行了出国考察及调研论证。1992年6月以部令的形式颁发了《监理工程师资格考试和注册试行办法》，此时建立注册建筑师和注册房地产估价师的筹备工作也已起步。

1. 土木建筑行业执业资格制度的总体情况

在国家正式提出建立职业资格制度以后，建设行业执业资格制度建立工作进入了较快的发展时期。1994年建立注册建筑师制度；1995年建立房地产估价师执业资格制度；1996年8月建设部、人事部印发《关于全国监理工程师资格考试工作的通知》，决定1997年起在我国举行全国监理工程师执业资格考试；1996年建立造价工程师执业资格制度；1997年9月联合下发《注册结构工程师执业资格制度暂行规定》，明确指出我国勘察设计行业将实行注册结构工程师执业资格制度；1999年建立注册城市规划师执业资格制度；2001年1月，人事部、建设部正式出台《勘察设计注册工程师制度总体框架及实施规划》，2002年4月联合下发《注册土木工程师（岩土）执业资格制度暂行规定》《注册土木工程师（岩土）执业资格考试实施办法》《注册土木工程师（岩土）执业资格考核认定办法》，2003年3月由人事部、建设部、交通部分别出台了注册电气工程师、注册化工工程师、注册公用设备工程师、注册土木工程师（港口与航道工程）执业资格制度暂行规定；2001年建立房地产经纪人员职业资格制度；2002年12月联合下发《建造师执业资格制度暂行规定》，决定建立建造师执业资格制度，并于2004年2月印发了《建造师执业资格考试实施办法》和《建造师执业资格考核认定办法》。

这些规定的出台和实施，构成了土木建筑行业执业资格制度和体系。

2. 土木建筑行业执业资格制度的标准体系

土木建筑行业执业资格制度参照了国际上发达国家较为通用的做法，建立了专业教育评估、职业实践训练、资格考试、注册管理、继续教育等标准体系。

（1）专业教育评估

专业教育评估是执业资格制度的重要组成部分。国际上通常把专业教育评估作为执业资格制度的基础，在执业资格制度的形成和发展中，始终把注册执业人员的教育背景作为考察的首要条件，认为要成为合格的执业人员，必须接受良好的专业教育。为了促进学校专业教育的内容和质量达到规定的要求，通过权威的专门评估机构对学校专业办学思想、办学条件、办学过程、毕业生质量进行全面考察，对照评估标准作出评估结论。

（2）职业实践训练

注册执业人员的工作，要解决实际问题，丰富的职业实践经验，是注册执业人员不可或缺的。一名合格的执业注册人员必须具有全面系统的实践经验和阅历。国际上在开展多边资格认定中对执业注册人员的职业实践要求甚至高于考试要求。因此，注册建筑师、注册结构工程师、注册建造师等都制定了职业实践标准，该标准成为注册建筑师、注册结构工程师、注册建造师报考的必备条件。

（3）执业资格的取得

执业资格的取得主要有特许、考核认定、资格考试三种方式。

特许和考核认定，是我国在各执业资格制度建立初期，对长期从事本专业技术工作，取得突出业绩的专业技术人员实行的减免考试政策。由于我国执业资格制度实施以前，已有一批专业技术人员获得了政府部门授予的高中级专业技术职称，他们的教育水平、实践经验都已达到或基本达到执业资格规定的标准。因此，国家制定了专门的特许或考核认定办法，规定了对这部分专业技术人员的学历、实践年限、业绩等条件，按规定的程序推荐，由建设部、人事部共同核准执业资格。这个政策解决了新老制度的衔接问题，保证了执业注册制度的顺利进行。

资格考试是取得执业资格的主要方式。土木建筑行业各种执业资格普遍实行全国统一考试大纲统一命题、统一组织考试统一评分标准的办法。经执业资格全国统一考试合格的人员，由国家授予相应的执业资格证书。

（4）注册管理

包括注册审批和注册期内的执业管理。实行注册管理是建立执业资格制度的主要目的。土木建筑行业执业资格制度一般把注册分为：①初始注册，即取得执业资格后的第一次注册；②续期注册，即注册期满，再次申请注册；③变更注册，即注册人员因注册单位等内容变化而申请的注册。已经取得执业资格的人员，符合注册执业条件的可向省级注册管理机构申请注册，省级注册机构受理并审查后报全国注册管理机构审批。经批准注册的人员由注册管理机构颁发相应的注册证书。只有批准注册的人员才能以注册执业人员的名义执业，并享有相应的权利和义务。注册有效期一般为2～3年。

土木建筑行业执业资格制度都制定了相应的《注册管理规定》《执业管理规定》《执业人员信用档案》等。通过上述规定，明确了各执业资格的审批主体和审批程序，注册人员的责任、权利和义务。注册管理机构都建立了相应的《执业人员管理信息系统》，供社会查询执业人员的基本信息和信用情况。

（5）继续教育

注册执业人员继续教育是执业资格制度的重要组成部分。注册执业人员继续教育的目的是使其适应土木建筑行业发展的需要，及时了解和掌握本专业国内外技术、经济、管理、法规等方面的动态，使执业人员的知识和技能不断得到更新补充、拓展和提高，以完善其知识结构，提高执业能力。参加和接受继续教育，是注册执业人员的权利和义务。完成继续教育学时和考核结果作为逾期初始注册、延续注册和重新申请注册的必要条件之一。

执业人员在注册期内每年应接受不同学时的继续教育，内容分为必修课和选修课。必修课和选修课的时间由执业资格注册管理机构规定。必修课内容由全国或省级注册管理机构指定并组织实施，一般采取面授培训或网络教育培训的培训方式。

项目实践 🔍

注册建造师是指从事建设工程项目总承包和施工管理关键岗位的执业注册人员。建造师的含义是指懂管理、懂技术、懂经济、懂法规，综合素质较高的综合型人员，既要有理论水平，也要有丰富的实践经验和较强的组织能力。建造师注册受聘后，可以建造师的名义担任建设工程项目施工的项目经理，从事其他施工活动的管理，从事法律、行政法规或国务院建设行政主管部门规定的其他业务。

2002年12月5日，人事部、建设部联合印发了《建造师执业资格制度暂行规定》（人发〔2002〕111号），规定必须取得建造师资格并经注册，方能担任建设工程项目总承包及施工管理的项目施工负责人。这标志着我国建立建造师执业资格制度的工作正式建立。

将来工作后，尽快考取注册建造师是不少同学追求的一个目标之一。请查阅相关资料，回答以下问题：

1. 注册建造师目前有几个等级？报考需要什么条件？

_____

_____

_____

2. 获得注册建造师资格后需要参加继续教育吗？相关的政策规定是怎么样的？

_____

_____

_____

项目小结 🔍

土木建筑行业是一个关系到千家万户普通百姓的良心工程行业，人的一辈子幸福生活离不开土木建筑业的产品，所以从事建筑业工作是我们的一种缘分和骄傲。

同学们刚入建筑类高职院校学习，首先要对建筑业的全局和行业情况有一个大概的了解，希望大家通过本项目的学习，了解土木建筑类专业概况，对土木建筑类的就业岗位有一个初步的认识，了解用人单位对岗位人才的要求等知识。

项目2

高职学生应具备的职业素养

Chapter 02

问题	土木建筑类高职学生需要具备的职业素养
学习项目	职业素养和职业技能
细分任务	任务2.1 职业基本素养 → 任务2.2 职业技能
支撑知识	掌握土木建筑类高职学生的基本职业理想和职业道德要求;掌握基本的职场规范 / 了解土木建筑类高职学生应掌握的职业技能和提升方法

> 世界上最快乐的事,莫过于为理想而奋斗。
>
> ——苏格拉底

> 无论哪一行,都需要职业的技能。天才总应该伴随着那种导向一个目标的、有头脑的、不间断的练习,没有这一点,甚至连最幸运的才能,也会无影无踪地消失。
>
> ——德拉克罗瓦

【知识目标】

1. 了解建筑类职业道德基本要求；

2. 掌握建筑类职场规范要求；

3. 了解建筑类高职学生应具备的技能；

4. 了解提升职业素养的基本方法。

【技能目标】

1. 掌握职场基本规范；

2. 学会一些职场的基本技能。

　　建筑业是一个用工量很大的行业，需要各种各样的人才。企业经营与发展，不但需要管理人员，更多的是需要生产一线的建筑施工技术人员。建筑类高职学生很多都在一线岗位上工作，长期以来的实践证明，高职学生这一应用型的人才培养规格，所学的知识结构非常适合项目部现场的管理和实施，深受广大建筑企业的欢迎。

　　良好的职业素养已经成为职业准入市场的一道门槛。大量事实表明，现代建筑企业的用人更看重学生的综合素质，高职学生从学校开始，就要不断提高自身的职业素养，这样到了社会上，才能得到社会的认可。

任务 2.1　职业基本素养

今天的我们，生活在一个伟大的新时代，一个实现中华民族伟大复兴中国梦的时代，这个时代赋予了我们无数的机遇和无限的可能，作为土木建筑类的在校大学生，我们应该了解行业的方方面面，了解行业对人才的需求情况，因此我们要抓住在校学习的美好时光，努力学习，提升自己，充满自信地走入职场。

2.1.1　了解职业素养

1. 职业素养的概念

职业素养是职业内在的规范和要求，是劳动者在一定的生理和心理条件的基础上，通过教育、实践、自我修养等途径形成和发展起来的对社会职业了解与适应能力的一种综合体现，是在职业活动中起决定性作用的、内在的、相对稳定的基本品质，它包括职业道德、职业意识、职业习惯、职业技能等。前三项是职业素养中最根基的部分，而职业技能是支撑职业人生的表象内容。

职业素养的英文为 Career Quotient，缩写为 CQ，称为职业智商，是工作时智商和情商的综合体现，是一个人职业生涯成败的关键因素。一般来说，从业者的就业能力在很大程度上取决于职业素养，职业素养越高，获得成功的概率就越大。因此，用人单位在招聘中比较流行的一个用人准则是：有德有才，破格重用；有德无才，培养使用；有才无德，限制录用；无德无才，坚决不用。这里的"德"就是指职业素养。

关于职业素养，有个著名的"素质模型冰山"理论，它是由美国心理学家麦克利兰在 1973 年提出来的。他将人的素质分为显性素质和隐性素质，把人的整体素质比作一座冰山，认为人们视野能看到的只是很小的一部分，也就是浮出水面的"冰山"上面的一小部分，这部分主要包括职业知识、职业能力等外在的可以通过学历证书、技能证书或者专业考试来直观展现的，是容易了解与测量的部分，称为显性素质。而在看不见的"冰山"以下的部分主要包括职业道德、职业意识、职业兴趣、职业习惯、职业态度等，是难以测量的部分，称为隐性素质，这部分素质对从业者的行为与表现起着关键性的作用（图 2-1）。

拓展阅读：

一杯茶就能看清楚水底下的冰山

第一种人：有人给他倒茶，他一动不动，心安理得。

第二种人：接过茶杯，连声道谢。

第三种人：立即起身，抢过茶壶说"我来、我来"。

这三种人水底下的冰山可见一斑。

第一种人：连最起码的礼貌都不懂。

第二种人：有礼貌但不够主动。

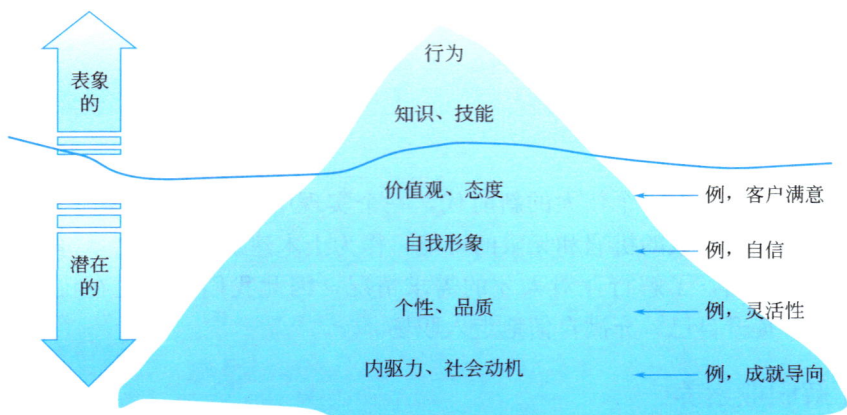

图 2-1　素质模型冰山

第三种人：有礼貌且积极主动。

点评：通过一杯茶就能看清楚水底下的冰山，也就是说能看清楚一个人的职业素养如何。

2. 职业素养的特征

职业素养的特征主要有：专业性、稳定性、整体性、发展性。

（1）专业性：也称为职业性，它是指劳动者具有专门的业务能力，它来源于扎实的科学基础理论知识、深厚的专业基础知识、广博的专业科学知识，以及良好的专业技能。不同职业对职业素养的要求是不一样的，比如：对建设行业从业者的素质要求与对旅游餐饮行业从业者的素质要求是不一样的。

（2）稳定性：职业素养是在长期的工作中日积月累而形成的，一旦形成，便会在从业者的个性品质中稳定地表现出来。它通过学习、认识、体验，从而形成自己的认知和判断。

（3）整体性：从业者的职业素质和他的整体素质紧密相关，是从业者所拥有的知识、能力以及其他的个性品种在职业活动中的全面表现，主要包括思想道德素质、专业技能素质、科学文化素质、心理素质等。一个从业者，虽然思想道德素质好，但科学文化和专业技能素质差，或者科学文化和专业技能素质好，但思想道德素质差，我们都不能说这个人整体素质好。因此，整体性是职业素质的一个重要特征。

（4）发展性：一个人的职业素质是通过教育、社会实践、社会教育等逐步形成的，具有相对的稳定性，但随着社会发展和科技进步，社会不断对从业者提出新的要求，为了更好地适应、满足、符合社会发展的需求，从业者就必须不断提升自己的职业素养，所以说职业素养具有发展性。

3. 职业素养的三大核心要素

职业素养既包含专业理论知识和专业技能以及由此而形成的专业创新能力，也包含政治意识、道德意识、职业认同意识、诚信意识、责任意识、团队意识、独立意识、服务意识、奉献意识、吃苦意识、竞争意识、抗挫折意识等诸多方面。构成职业素养的三大核心要素是：职业心态、职业知识技能、职业行为习惯。

（1）职业心态：良好的职业心态是由爱岗敬业、忠诚奉献、乐观积极、合作包容等一些关键词组成，它是职业素养的核心。

（2）职业知识技能：这是做好职业应具备的职业知识和能力。

（3）职业行为习惯：这是在职场上通过长期的学习—改变—形成，最后变成习惯的一种职场综合素质。

2.1.2　职业理想与职业道德

1. 职业理想

（1）职业理想的概念

"理想"是人们在实践过程中形成的、有实现可能性的、对未来社会和自身发展的向往和追求，是人们的世界观、人生观和价值观在奋斗目标上的集中体现。

在中国古代，理想称为"志"，即志向。所谓志，乃是理想、决心、毅力，是对未来目标的向往。立志，首先是解决理想问题。法国微生物学奠基人巴斯德强调："立志是一件很重要的事情。工作随着志向走，成功随着工作来，这是一定的规律。立志、工作、成功是人类活动的三大要素。"

在无产阶级革命史上，无数的英雄人物和革命领袖，在青年时期就立下了伟大的志向和理想，并为之奋斗不息，为人类做出了巨大的贡献。

可以说，社会中的每个人都有一定的理想，理想并不专属于青年人，但对青年人尤为重要。大学时代，正是人生风华正茂之际，远大的理想和崇高的信念将帮助一代有为青年扬起生命的风帆，开辟和探索人生新的航程。曾经在课上讨论过一些话题，比如说你的人生理想是什么，我们该如何度过自己的大学生活，你现在能从事什么职业，你适合从事什么样的职业，你未来想从事什么样的职业，看似简单的问题，我们真的都能回答得很好吗？

职业理想是人们在职业上依据社会要求和个人条件，对未来职业达到的要求的向往。职业理想是人生理想的重要组成部分，不是从来就有的，是一种社会意识形态，是一定社会生产方式的历史发展阶段的产物，不同的社会发展阶段，不同的社会阅历的人们，职业理想也不尽相同。

拓展阅读：

从小立志要当一名建筑师

——世界著名华裔建筑师贝聿铭

贝聿铭（1917 年 4 月 26 日—2019 年 5 月 16 日），男，出生于中国广州，祖籍苏州，是苏州望族之后，美籍华人建筑师。贝聿铭曾先后在麻省理工学院和哈佛大学就读建筑学，并荣获了 1979 年美国建筑学会金奖，1981 年法国建筑学金奖，1989 年日本帝赏奖，1983 年第五届普利兹克奖，及 1986 年里根总统颁予的自由奖章等。

贝聿铭作品以公共建筑、文教建筑为主，被归类为现代主义建筑，善用钢材、混凝土、玻璃与石材。他的代表建筑有美国华盛顿特区国家艺廊东厢、法国巴黎卢浮宫扩建工程。被誉为"现代建筑的最后大师"。贝聿铭从小立志要当一名建筑师。后来他留美学习建筑学，以超人的智慧多次完成复杂的设计任务，并在纽约开设了自己的建筑设计事务所，又成立了"贝聿铭设计公司"，专门承担工程的设计任务。纵观贝聿铭的作品，他为产业革命以来的现代都市增添了光辉，可以说与时代步伐一致。

（2）职业理想的特征

职业理想是一个慢慢形成的过程，大学生的职业理想，一开始受个人好恶的心理影响很大。在低年级时，往往从个人的爱好、兴趣、愿望以及社会和他人的一些评议出发，形成自己的职业倾向。随着年龄的增长，思想的成型，对社会认识的加深，知识掌握的完整和系统，其职业理想会逐步趋于理智和稳定。

职业理想的特征主要有：社会性、时代性、发展性、阶级性、个体性。

① 社会性：它是由人的社会性决定的。人们提出和设定职业理想是在一定的社会形态和一定的社会条件下形成的，而职业理想的实现也取决于一定的社会因素，依赖于特定的社会条件，比如职业流动，从历史上看，早期由于生产力低，职业种类少，人们选择职业范围小，只有到了现代，人们才可以更多地选择职业。

② 时代性：任何时代的职业理想都受该时代的社会生产方式的发展水平所制约。生产方式越先进，社会经济越发达，社会分工越精细，职业种类就越多。而科学技术越先进，职业分化越迅速，人们选择职业的机会就越多，职业理想实现的可能性也越大。

③ 发展性：从社会发展和职业演变的角度看，人们的职业理想随着职业发展和职业地位的变化而变化；从个体的角度看，一个人的职业理想随着年龄的增长，社会阅历的增强而逐渐由朦胧、幻想变为现实，由波动趋向于稳定。

④ 阶级性：职业理想是社会意识的一个主要组成部分，因而必然受到社会中不同阶级意识的影响，这就是阶级性。

⑤ 个体性：职业理想受到个人的道德修养、思想觉悟、知识结构、能力水平、性格、意志、情感、身体健康水平等的因素影响。

拓展阅读：

桥梁专家茅以升的职业理想

我国著名桥梁专家茅以升从小好学上进，善于思考，11岁时在家乡看到端午节龙舟比赛中桥塌人亡的悲惨情景，暗下决心：长大一定要学造桥。从此，他处处留心桥，观察桥，15岁时，以优异的成绩考入唐山路矿学堂学习。在五年的学习时间里，他记录了200本笔记，约900万字，摞在一起，足有一人多高。他学成以后，就为人们造桥。1937年，他主持设计和建造了中国桥梁建筑史上第一座现代化大桥——钱塘江公路铁路两用桥。茅以升的名字和我国许多新建大桥一起，永远留在祖国大江南北。他实现了个人的职业理想，也实现了为人民造福的宏愿。

2. **职业道德**

道德是社会意识形态之一，是人们共同生活及其行为的准则和规范。道德通过社会的或一定阶级的舆论对社会生活起约束作用。

（1）职业道德的概念

职业道德是指人们在职业生活中应遵循的基本道德，即一般社会道德在职业生活中的具体体现，是职业品德、职业纪律、专业胜任能力及职业责任等的总称，属于自律范围，它通过公约、守则等对职业生活中的某些方面加以规范。

职业道德既是本行业人员在职业活动中的行为规范，又是行业对社会所负的道德责任和义务。

（2）职业道德的主要内容

我国《公民道德建设实施纲要》提出了职业道德的主要内容是：爱岗敬业、诚实守信、办事公道、服务群众、奉献社会。职业道德是道德在职业实践活动中的具体体现。

① 爱岗敬业就是对自己的职业、自己的工作认真负责，热爱本职工作，以崇敬、严肃的态度对待自己的职业，对本职工作一丝不苟、尽心尽力、忠于职守，为实现职业的目标而奋斗努力。一个人要做好自己的本职工作，没有爱岗敬业的职业精神是做不好的，现代社会人与人之间只是分工不同，职业无贵贱之分，这是职业道德所要倡导的首要规范。

② 诚实守信就是要实事求是地做人做事，讲信用、守诺言，这是职业道德的最基本准则。

③ 办事公道就是指处理各种事务时要公道正派、客观公正、不偏不倚、公开公平；对不同的对象一视同仁，秉公办事；不因职位高低、贫富、亲疏的差别而区别对待。

④ 服务群众是指听取群众意见，了解群众需要，端正服务态度，提高服务质量，这是职业道德的重要原则。

⑤ 奉献社会就是要履行对社会、对他人的职业义务，自觉地努力地为社会、为他人做出贡献，这是职业道德的出发点和归宿，当社会利益与个人利益发生冲突时，要求每一个从业人员把社会利益放在首位。

（3）职业道德行为

所谓职业道德行为，就是从业者在一定的道德意识支配下表现出来的有利或有害于他人和社会的行为，伦理学称作伦理行为，它包括道德行为和不道德的行为。

职业道德行为定义包含两方面含义：

一方面，职业道德行为必须是基于对他人、对社会利益的自觉认识而表现出来的行为，没有这种自觉的认识，就不能构成道德行为。

另一方面，职业道德行为必须是从业者根据自己的意志所做出的抉择。

由此可见，职业道德行为是有意义、有目的的行为，也是从业者道德意识内容的外化、客观化的过程。在这个过程中，道德意识就是从业人员道德行为发生的内部原因，表现着从业人员的愿望、动机、情感、意志、信念、理想等因素的作用相互关系。从业者的愿望、动机、情感、意志、信念、理想这些因素的作用和相互关系，就构成从业人员的职业道德行为的内部结构。

（4）职业道德的作用

职业道德是社会道德体系的重要组成部分，它一方面具有社会道德的一般作用，另一方面它又具有自身的特殊作用，具体表现在：

① 调节职业交往中从业人员内部以及从业人员与服务对象间的关系。

职业道德的基本职能是调节职能。它一方面可以调节从业人员内部的关系，即运用职业道德规范约束职业内部人员的行为，促进职业内部人员的团结与合作。如职业道德规范要求各行各业的从业人员，都要团结、互助、爱岗、敬业、齐心协力地为发展本行业、本职业服务。另一方面，职业道德又可以调节从业人员和服务对象之间的关系。如职业道德规定了制造产品的工人要怎样对用户负责；营销人员怎样对顾客负责；医生怎样对病人负责；教师怎样对学生负责等。

② 有助于维护和提高本行业的信誉。

一个行业、一个企业的信誉，也就是它们的形象、信用和声誉，是指企业及其产品与服务在社会公众中的信任程度，提高企业的信誉主要靠产品的质量和服务质量，而从业人员职业道德水平高是产品质量和服务质量的有效保证。若从业人员职业道德水平不高，很难生产出优质的产品和提供优质的服务。

③ 促进本行业的发展。

行业、企业的发展有赖于高的经济效益，而高的经济效益源于高的员工素质。员工素质主要包含知识、能力、责任心三个方面，其中责任心是最重要的。而职业道德水平高的从业人员其责任心是极强的，因此，职业道德能促进本行业的发展。

④ 有助于提高全社会的道德水平。

职业道德是整个社会道德的主要内容。职业道德一方面涉及每个从业者如何对待职业，如何对待工作，同时也是一个从业人员的生活态度、价值观念的表现；是一个人的道德意识，道德行为发展的成熟阶段，具有较强的稳定性和连续性。另一方面，职业道德也是一个职业集体，甚至一个行业全体人员的行为表现，如果每个行业，每个职业集体都具备优良的道德，对整个社会道德水平的提高肯定会发挥重要作用。

拓展阅读：

重庆綦江"彩虹桥"垮塌事件始末

1994 年 7 月，重庆市綦江县委县政府在綦河上架设一座连接东西两岸的人行大桥。此桥设计新颖，形如彩虹而被人们誉为"彩虹桥"。彩虹桥作为县重点工程、光彩工程上过电视，也曾作为县领导造福一方的政绩见诸报端。然而，彩虹桥在建成不到 3 年后，于 1999 年 1 月 4 日晚 6 时 50 分发生整体垮塌，造成 40 人死亡（其中包括 18 名武警战士），轻重伤 14 人。

经媒体报道，彩虹桥工程属于"无计划、无报建、无招投标、无开工许可证、无工程监理、无质量验收"的"六无工程"。"綦江'1·4'事故"专家组初步认定彩虹桥整体垮塌是一起人为责任事故。其中违法设计、无证施工、管理混乱、未经验收等问题，是导致事故发生的重要原因。

"重庆綦江彩虹桥垮塌案"也开创一个先例：对重大安全事故责任人追责受审，央视第一次进行电视直播。

点评：触目惊心的建筑施工安全事故案例每每见诸报端都让我们扼腕叹息，也警示广大建设行业从业人员，在从业过程中要怀着一颗敬畏之心，遵从职业规范和职业道德。

拓展阅读：

建筑业从业人员职业道德规范（选取部分）

一、工程招标投标管理人员职业道德规范

1. 遵纪守法，秉公办事　认真贯彻执行国家的有关方针、政策和法规，在招标投标各个环节要依法管理、依法监督，自觉抵制各种干扰，保证招标投标工作的公开、公平，公正。

2. 敬业爱岗，优质服务　树立敬业精神，以服务带管理，以服务促管理，寓管理于服务之中。

3. 解放思想，实事求是　积极探索在社会主义市场经济条件下工程招标投标的管理，努力发挥优胜劣汰竞争机制的作用，维护建筑市场秩序。

4. 严格管理，提高效率　严格依法管理，讲求工作效率，热情服务，遵章履行招标投标审批手续。

5. 接受监督，保守秘密　公开办事程序，分开办事结果，接受社会监督、群众监督及上级主管部门的监督，不准泄露标底，维护建筑市场各方的合法权益。

6. 廉洁奉公，不谋私利　不以权谋私，不吃宴请，不收礼金，不指定投标队伍，不准泄露标底，不准自编自审，不参加有妨碍公务的各种活动，不做有损于政府形象的事情。

二、建筑施工安全监督人员职业道德规范

1. 依法监督，坚持原则　树立全心全意为人民服务的宗旨，广泛宣传和坚决贯彻"安全第一、预防为主、综合治理"的方针，认真执行有关安全生产的法律、法规、标准和规范。

2. 敬业爱岗、忠于职守　安全监督人员要树立敬业精神，以做好本职工作为荣，以减少伤亡事故为本，开拓思路，克服困难，大胆管理。

3. 实事求是，调查研究　坚持实事求是的思想路线，理论联系实际，深入基层，深入施工现场调查研究，提出安全生产工作的改进措施和意见，保障广大职工群众的安全和健康。

4. 努力钻研，提高水平　认真学习安全专业技术知识，努力钻研业务，不断积累和丰富工作经验，努力提高业务素质和工作水平，推动安全生产技术工作的不断发展和完善。

5. 廉洁奉公，接受监督　遵纪守法，秉公办事，不利用职权谋私利，自觉抵制消极腐败思想的侵蚀，接受群众和上级主管部门的监督。

三、项目经理职业道德规范

1. 强化管理，争创效益　对项目的人财物进行科学管理，加强成本核算，实行成本否决，教育全体人员节约开支，厉行节约，精打细算，努力降低物资和人工消耗。

2. 讲求质量，重视安全　精心组织，严格把关，顾全大局，不为自身和小团体的利益而降低对工程质量的要求。加强劳动保护措施，对国家财产和施工人员的生命安全高度负责，不违章指挥，及时发现并坚决制止的违章作业，检查和消除各类事故隐患。

3. 关心职工，平等待人　要像关心家人一样关心职工，爱护职工，特别是民工。不拖欠工资，不敲诈用户，不索要回扣，不多签或少签工程量或工资，充分尊重职工的人格，以诚相待，平等待人。搞好职工的生活，保障职工的身心健康。

4. 廉洁奉公，不谋私利　发扬民主，主动接受监督，不利用职务之便谋取私利，不用公款请客送礼。如实上报施工产值、利润、不弄虚作假。不在决算定案前搞分配，不搞分光吃光的短期行为。

5. 用户至上，诚信服务　树立用户至上思想，事事处处为用户着想，积极采纳用户的合理要求和建议，热情为用户服务，建设用户满意工程，坚持保修回访制度，为用户排忧解难，维护企业的信誉。

四、建筑业职工文明守则（八要八不准）

八要：

要热爱祖国，敬业爱岗，忠于职守，振兴企业
要团结友爱，助人为乐，言语文明，自尊自重
要遵纪守法，维护公德，诚实守信，优质服务
要精心操作，严格规程，安全生产，保证质量
要尊师爱徒，勤学苦练，同心奋进，敢于争先
要讲究卫生，净化环境，文明施工，工完场清
要提倡节俭，勤俭持家，努力增产，厉行节约
要心想用户，礼貌待人，保护财产，爱护公物

八不准：

不准偷工减料，影响质量
不准违章作业，忽视安全
不准野蛮施工，噪声扰民
不准乱堆乱扔，影响质量
不准遗撒渣土，污染环境
不准乱写乱画，损坏环境
不准粗言秽语，打架斗殴
不准违反交规，妨碍秩序

2.1.3 土木建筑类学生的职业素养

职业素养是人类社会活动中所需的行为规范，其中影响和制约职业素养的因素有很多，包括受教育程度、实践经验、社会环境、工作经历等。高职学生是一个特殊的社会群体，校园是我们走向社会的最后准备基地（当然还有一些同学专升本），虽然社会上不同职业的行规业律各不相同，但各个行业对求职者的基本职业素养要求是一致的。因此，学生在学习过程中要注重培养良好的职业道德品质，培养爱岗敬业精神和奉献意识，要有强烈的社会责任感和使命感，树立正确的择业观和创业理念。从个人发展的角度来看只有具备了良好的职业素养，才能在职场开辟出属于自己的天地。

培养良好的职业素养需要从学校开始做起，但从目前对土木建筑类高职学生的访谈情况来看，大家对在学校开始培养职业素养的认识还相当浅薄，认识上不到位，行动上自然就不会跟上，对自己所学专业的认识不到位。

我们在一个访谈中了解到，不少同学对土木建筑类专业根本不了解，在填报志愿时一片茫然，大多数是听从家人的建议，或者是看就业前景而选择，或者根据自己当年的高考分数跟随大流，看周围同学所选择的专业，总之并不是自己的本意。在选择专业后完全不知道自己所学的专业是什么，将来将要面对怎样的工作，对此一无所知。在一份针对土

木建筑类高职学生的意愿小调查中反映，调查问卷 200 份，收回 176 份。统计调查显示：在报考志愿时是自我意愿的仅占 46%。对自己所选专业能完全认知的则只占到了 13%，其他同学则是所选专业并非自己所愿以及对专业认知不足，而这些都是影响我们职业素养的因素。

另一方面，土木建筑类很多毕业生在选择就业岗位时也表现出急功近利、自负、自卑和从众等问题。

目前，土木建筑类企业大量需求的是生产一线的施工技术人员和建筑相关的管理人员。建筑企业对高级技术应用型人才的需求也有很大的空间，这就要求建设类专业毕业生不仅要有过硬的专业知识和技能，而且更要具备良好的职业素养，为自己能在未来的岗位上获得更大的发展奠定基础。

1. 土木建筑类高职学生应具备的核心职业素养

从建筑企业对高级技术人员的要求来看，土木建筑类高职学生应具备的核心职业素养包括责任心、职业技能、沟通能力、团队合作精神和开拓创新精神。

（1）责任心

责任心是做好本职工作的前提，这应该是每个人对自己工作的最基本要求。作为建筑行业，责任心是安全生产的重要保证，因此对建筑行业从业人员的责任心提出了更高的要求。责任心还是强化企业核心竞争力的秘密武器。如果团队中每个人都是极其富有责任心的，那么每个岗位的工作必然能做到让自己满意、同事满意、领导满意、客户满意，团队的执行力、工作水平、工作质量就会不断地得到飞跃，从而使企业的核心竞争力得到强化。

（2）职业技能

职业技能是指人们在从事职业时所需具备的知识与技能，是对个人胜任工作岗位的专业水准的衡量。高职学生的职业技能决定着求职的成败和职业生涯发展是否强劲。

（3）沟通能力

高职学生除了要有过硬的专业技术知识外，还要有较强的沟通能力。事实证明，良好的沟通能力是高职学生走向成功的重要条件。具备良好沟通能力的学生，可以在工作中与上级、同事进行愉快的合作，自己的专业技能容易得到认可。而建筑专业学生不仅要具备一般的沟通能力，还要具备管理沟通能力。比如发展岗位的项目经理、技术负责人，对外要和政府职能部门、建设单位、监理单位沟通协调，对内要组织、分解、协调、指导下面各管理岗位的工作。

（4）团队合作精神

团队合作是人的生存方式，具有团队合作意识是现代人的重要素质。一个人即使有再强的专业能力，如果没有团结协作的精神，也不可能顺利地展开工作，更不能做出成绩。建筑企业的每一个部门、每一个岗位都是互相联系、相辅相成的。一个工程项目从施工准备阶段到施工全过程直至竣工验收的每个阶段，都是各部门岗位相互配合、相互合作完成的。所以，团队合作精神是每一个建筑院校毕业生必备的职业素养。

（5）开拓创新精神

开拓创新精神是大学生最重要的素质之一，它能对其他素质的提高起到有力的促进作用。从社会背景来看，开拓创新精神是当今社会的迫切需要，只有富有开拓创新精神，才能在激烈的竞争中立于不败之地。开拓创新精神就是开拓进取、勇于创新的精神。它既是一种品格，又是一种胆魄，还是一种才识，是三者的统一。建筑企业需深入实施国家创新驱动发展战略，以技术创新引领传统建筑产业的转型升级。

2. 提升土木建筑类高职学生的职业素养

（1）培养诚信品质

曾经有人提出这样一个命题：如今什么东西最值钱？答案是诚实守信。拥有一颗诚实守信的心是我们的人生旅途，也是职业生涯中的一笔宝贵财富，正如一条谚语所说："诚信是财富的种子，只要你诚心种下，就能找到打开金库的钥匙。"

阅读拓展：

李嘉诚在创业初期周转资金极为有限，有一次，一位大客户提出了超过其生产能力的大订单，并且需要大额资金担保。李嘉诚努力跑了好几天，但仍然没有凑齐足够的资金。他虽然没有找到担保人但并没有放弃去开发新产品，通宵赶出了9款样品。然后找到客户将一切据实以告："我有能力做好产品，但是我的资金有限。"客户被他的真诚所感动，不但在无担保的情况下跟他签约，还预付了货款。李嘉诚后来说，一个有信用的人比起一个没有信用、懒散、乱花钱、不求上进的人势必有更多的机会，当你建立了良好的信誉后，成功、利润就会随后而至。

高职学生在大学期间就要重视自己的品德修养，培养自己的诚信品质，修正自己的不良习惯，不断完善自己的人格，才能成为职场需要的诚信之人。首先在思想上要树立诚实守信的自律意识，把诚信作为自己的行为准则，真诚地与人相处，认真履行自己对师长、对同学、对朋友、对学校的承诺，抵制不诚信、弄虚作假的行为。要远离考试作弊，要摒弃做错事后用撒谎逃避惩罚的行为，要勇于为自己的言行负责，要敢于同不诚信的行为做斗争。其次要坚守自己做出的每一个承诺。只有这样，才能积累起你的信用资本，才能让客户、让领导信任你，才能树立你的信用品牌，领导才会放心把任务交给你，你才能在职场中不断前进。

（2）提升学习能力

学习，是人类认识自然和社会、不断完善和发展自我的必由之路。20世纪80年代美国未来学家阿尔文·托夫勒在《第三次浪潮》中提出了新的观点"未来的文盲不再是那些不识字的人，而是那些没学会学习的人"。21世纪以来，发达国家和大多数发展中国家都发生了剧烈的社会变革与社会转型，我们现在已经进入知识经济时代，也就是"学习化的时代"。在知识经济时代，如果不学习，社会就不会进步，国家就不能强盛，个人就不能成才发展，甚至难以生存。新时代的成功者大多是那些知识丰富、对新知识敏感且善于学习、在自己专业领域不断进取的人，是那些敢于并善于运用新知识、将其物化为满足人们需求的产品和服务的人，是那些善于将分散的知识融会贯通、组合集成，创造出新的知识并付诸应用的人。

树立高尚的理想、确定远大的目标是青年学生学会学习的前提。对学习的态度会影响学习的效果，是否会学习直接关系到他们的未来发展。青年学生应该脚踏实地，从学习职业生涯规划做起，把学习和生活的目标进行分解，通过渐进性和阶段性的方式逐步实现志存高远、追求卓越的人生目标。青年学生还需要树立自主学习的学习观，掌握一定的方法

职业素养

与技能，如学会利用图书馆，学会使用工具书，学会文献检索、资料查询，学会做学习笔记，学会积累和整理资料，学会对所学知识（包括书本上的和实践中的）进行分析、归纳和总结等。另外学会学习的真谛还在于学会创新，在知识经济时代，具有不断掌握新知识、进而创新知识的能力，比掌握现成的知识更为重要，同时还要做到从个人实际出发，采用和创新适合自己特点的科学学习方法，积极投身于这场自主学习、终身学习的革命。

（3）学会积极主动

美国文学家梭罗曾说："最令人鼓舞的事实，莫过于人类确实能主动努力以提升生命价值。"主动是什么？主动就是"没有人告诉你，而你正做着恰当的事情"。主动是一种态度，它反映着一个人对待问题、对待工作的行为趋向和价值取向；主动是成功人士必须具备的一种重要品质；主动是自己装有太阳能发动机的汽车，能够在直奔目标的同时积累新的能量。阿尔伯特·哈伯德曾说："世界会给你以厚报，既有金钱也有荣誉，只要你具备这样的一种品质，那就是主动。"所以，要想在职场上有所成就，就要先从做一名积极主动的员工开始，要培养你的工作热情，对你的本职工作充满热爱；要学会主动服从、认真执行并圆满完成任务；要主动负责，坚守自己的职责和使命，面对问题绝不推卸责任；要敢于主动付出，不在乎自己多做一点；更要主动合作、敢于竞争，把团队的利益放在首位。

成功人生的原因虽然多种多样，但主动地积极进取却是许多成功人士的共同特点。阿尔伯特·哈伯德有本很受美国商界精英追捧的小册子，叫《找准自己的位置》，他在论述员工实现自我价值必须具有的精神时，除了勤奋、敬业、忠诚之外，还特别强调了主动性的养成。他告诫人们：如果你想巩固自己的位置，就要永远保持主动率先的精神，不等老板交代，便主动去做自己应该做的事情。不要满足于完成分内的工作，因为严格地说，单纯地执行任务，你只是一个"执行者"。

任务 2.2 职业技能

2.2.1 高职学生的职业技能

职业技能是指一个人完成工作任务、从事与职业相关活动所必备的本领，表现在所从事的各种工作和职业相关活动中，并在其中得到发展。一般包括专业技能和通用技能。

1. 专业技能

高职教育以培养应用型人才为主，对于高职学生来说，最重要的是专业知识中的专业技能的掌握和运用。

专业技能是从业人员从事职业活动，接受职业教育培训和职业技能鉴定的主要依据，也是衡量从业者的从业资格和能力的重要尺度。专业技能有三个含义：一是必须具备某种能力才能胜任特定职业并表示为资格；二是进入职场后表现出来的专业素质；三是在职业生涯开始后管理职业的能力，每个职业都需要一定的特殊能力才能胜任，例如：教师必须具备专业的教学能力。

2. 通用技能

通用技能指非某一工作特定的，随着社会的发展和要求，职业人普遍应该掌握的，对所有工作、学习和生活都十分重要的技能。就当代社会来讲，人类已进入网络化、智能化时代，像计算机应用技能、网络使用技能、应用文写作技能等，早已被人们默认为通用技能。

通用技能包括计算机应用基础中的办公软件操作、文字录入、文档处理、表格与演示文稿制作、插入图片并美化等基本技能，网络课程中涉及的收发邮件、搜索知识、网上购物、应用文写作基本知识等。应用文写作有的学校已作为一门公共必修课开设。

通用能力包括：独立生活能力、文字表达能力、人际交往能力、开拓创新能力、团队协作能力、实践动手能力、自主学习能力、自治自律能力、解决问题能力、管控情绪能力等。我们重点讲以下一些。

（1）文字表达能力

文字表达能力对于我们高职学生来说也非常重要。我们不论身在学校，还是处于社会之中，都需要良好的文字表达能力。目前据了解，很多大学生毕业后连写一个日常应用文的能力都欠缺，更不用说撰写一些有专业特征的建筑应用文，因为一个人的文字表达能力决定着与他人沟通交往的成功与否。如果一个人的文字表达能力不行，连自己最普通的想法都不能完好地表达出来，估计其他能力也不会太好。如果一个人的文字表达能力不行，那么他怎么与他人沟通、交流思想，以此来提高自己的其他能力呢。

（2）人际交往能力

人际交往能力是指一个人与他人的交往沟通能力，对于大学生来说也是很重要的。无论我们是在学校，还是走出校门，步入社会，都需要与周围的人交往。沟通是人与人之间、人与群体之间思想与感情的传递和反馈的过程，沟通的内涵是信息的传递与理解。日常沟通的形式主要有：口头沟通、书面沟通、非语言沟通。

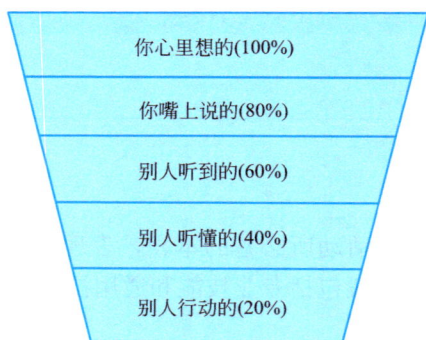

你心里想的(100%)
你嘴上说的(80%)
别人听到的(60%)
别人听懂的(40%)
别人行动的(20%)

图 2-2　沟通漏斗

但是信息在沟通传递过程中，因为主客观方面的各种因素，信息出现递减，这是因为一方不能完全准确无误地表述转达，另一方也不能全部理解把握。同时，理解把握的部分落实到具体行动时又出现信息递减，这就是"沟通漏斗"（图 2-2）。因此我们需要培养沟通能力，提高沟通水平。

（3）团队协作能力

团队协作是指通过团队完成某项指定的事情所显现出来的自愿合作和协同努力的精神，团队协作如果运用得好对管理团队特别重要，可以培养团队的向心力。

团队协作的基础：一是建立信任，看到别人的优点长处，承认自身存在的不足；二是建立良性冲突；三是坚定不移地行动；四是无怨无悔、彼此负责。

团队协作的优势，其核心在于团队成员在工作上加强沟通，利用个性和能力差异，在团结协作中实现优势互补，发挥积极协同效应，带来"1＋1＞2"的绩效。为此，作为在校大学生，我们要积极参加校园活动及社会实践，增强团队意识和合作能力。

（4）实践动手能力

实践动手能力就是实际工作能力。实践是检验真理的唯一标准，实践动手能力则是检验我们掌握知识好坏程度的一种标准。实践动手能力对我们以后参加工作有很大帮助。因为在我们参加工作以后，没有老师的指导，也没有同学的帮助，一切要靠自己独立完成。倘若我们的实践动手能力不强，自己的工作就不能按时完成，到那时，我们面临的就是失业。高职院校学生应该充分利用在校学习和实习期间，"学中做、做中学"的办学特色和有利条件，努力提升实践动手能力。

（5）自主学习能力

自主学习能力是指能够进行学习的各种能力和潜力的总和，是顺利完成学习活动的各种能力的组合，包括感知观察能力、记忆能力、阅读能力、解决问题能力等。对个体而言，包括能够容纳、储存知识、信息的种类和数量，行为活动模式种类，新旧信息更替的能力等，具体表现在如何学、怎样学以及学习的效果等。

学习已成为每个社会成员的终身行为，大学期间各种学科、书籍、资源都可以成为你的学习范围，图书馆是一个你长时间奋战的地方。参加工作以后，当你觉得知识有些不够的时候，可以有意识地去学习，这样能够更好地提升自己的能力。学习不能仅局限于书本上的知识，还包括书本上没有的其他知识。俗话说"活到老，学到老"，因此，我们要不断学习，掌握科学的学习方法，养成良好的学习习惯，勤于思考，主动学习，努力培养终身学习的能力。

2.2.2　提升土木建筑类高职学生职业技能

目前，尽管社会对于人才的需求越来越大，但对于人才的要求也越来越高。在这样的环境下，要想更好地生存和发展，就需要积极培养自身的职业能力。高职学生如果在大学学习期间就开始注重对自身职业技能提升的问题，对今后的事业发展是非常有利的。为此，应该在以下方面进行努力：

1. 抓住大学时光努力学习

理论来源于实践，也能指导实践，没有理论的实践是盲目的实践，因此，要珍惜大学校园时光，努力学习专业理论知识。人的学习途径分为两方面，一是理论的学习，二是实践中的学习。人的学习也是有阶段的，大学期间一定是最好的时机，高职院校的教师很多是双师型的教师，既有丰富的专业理论知识，又有充足的实践经验，有些甚至是行业的能工巧匠，通过老师的培育，能够迅速有效地提升职业技能。同时，还要发展自己的兴趣，在进行专业知识学习的同时，注意自己的兴趣所在，因为兴趣是一个人最好的老师。一个人才能的大小，首先取决于掌握知识的多寡、深浅和完善程度，才能的培养是最主要的。

2. 尽量多参加各种实践活动

在大学里，各种社会实践活动的机会很多，能力是在实践过程中培养形成并在实践过程中表现出来的，因此，实践是培养能力的重要途径。多进行实践活动，有条件参加专业实践活动更好，专业实践是应用型人才培养的基本途径和有机组成部分，通过专业实践，能够较好地将所学专业理论知识与实践相结合，检阅、修正和巩固已有的专业知识和理论体系，训练和提高专业技能，并强化专业思维和职业伦理修养。

大学期间，可多参加一些专业性很强的社团组织，如 BIM 应用技术协会，在这类社团活动中，指导老师都会结合具体项目过程进行 BIM 技术的应用，或者到建筑企业解决实际问题，都是提升专业技能的有效途径。

3. 加强定向职业能力培养

高职学生在校期间，就要对自己的职业生涯有所规划。首先，要认识自我，对自我的优缺点、职业规划有一个把握，并结合自身特点和兴趣，确定职业发展方向，这个职业发展方向可能会是你一生追求的道路，方向确定了，才能更好地走路。同时积极地对此方向有所学习研究和实践，努力地在这个方向上走得更远。这种定向的职业能力培养能让你比其他人更有从事此职业的优势，并且，能提升职业理想实现的步伐。

4. 探索适合自己的培养方法

每个人都有每个人的特点，我们在学习理论知识指导培养自我的同时，还要注意那些方法适合不适合自己。我们应该分析自己，同时了解社会需求，再对自己进行定位，找到适合自己的培养方法，一个正确的定位和方向比什么都重要，这会对能力的提升有很高的帮助；在进行一些培训时，还要注意辨别真伪，谨防上当，以免造成损失，打击积极性；而且，在制定目标和理想的时候，要注意学会调整目标，对于短期和长期的目标有理性的认识和对待；最后，在目标和理想制定完成之后，要坚定不移，可能道路很坎坷，但是我们要始终相信前途是光明的，对自己选择的道路尽力而为，无怨无悔。

5. 不断超越自我

无论做任何职业，对于未来发展的渴望是无比重要的，必须要有永不满足的心，才会有无上的动力去支持自我进行超越，必须有不断超越自我的渴求，才能够在自我的职业发展道路上越走越远。一个永不满足的内心，能够鞭策自己努力进取，在面对困难的时候不抛弃不放弃，最后一定能达到自己的理想，超越了自我才是最珍贵的。同时，还要注意全面发展，一个人在求职的过程中，可以发展自己的优势能力，但仅有优势能力还是不够的，你必须对其他的基本能力都有所扩展，根据木桶定律，决定木桶里面水量的是最短的那块木板，这就要求在注意发展兴趣能力的同时，也要不断地超越自我，注意全面发展和展示自己的各种能力，不能让短的那块木板限制了自我的发展。

2.2.3 提升土木建筑类高职学生职场礼仪

职业礼仪，是指在人际交往中以一定的约定俗成的程序、方式来表现的律己、敬人的过程。

在现代生活中，人们的相互关系错综复杂，在平静中会突然发生冲突，甚至采取极端行为。礼仪有利于促使冲突各方保持冷静，缓解已经激化的矛盾。如果人们都能够自觉主动地遵守礼仪规范，按照礼仪规范约束自己，就容易使人与人之间的感情得以沟通，建立起相互尊重、彼此信任、友好合作的关系，进而有利于各种事业的发展。

所以礼仪是企业形象、文化、员工修养素质的综合体现，我们只有做好应有的礼仪才能为企业在形象塑造、文化表达的提升上做出贡献。

1. 基本的职场礼仪

职场礼仪是指人们在职业场所中应当遵循的一系列礼仪规范。学会这些礼仪规范，将使一个人的职业形象大为提高。了解、掌握并恰当地应用职场礼仪有助于完善和维护职场人的职业形象，做一个成功职业人。成功的职业生涯并不意味着你要才华横溢，更重要的是在工作中你要有一定的职场技巧，用一种恰当合理的方式与人沟通和交流，这样你才能获得别人的尊重，才能在职场中获胜，基本的职场礼仪主要有以下几点。

① 握手礼仪

握手是人与人的身体接触，能够给人留下较深的印象。当与某人握手感觉不舒服时，我们常常会联想到那个人消极的性格特征。强有力的握手、眼睛直视对方将会搭起积极交流的舞台。

女性们请注意：为了避免在介绍时发生误会，在与人打招呼时最好先伸出手。记住，在工作场所男女是平等的。握手时间不宜超过 3 秒，还应注意上身稍往前倾，头略低一些，和颜悦色地看着对方的眼睛。

② 介绍礼仪

首先要弄清职场礼仪与社交礼仪的差别。职场礼仪没有性别之分。比加，为女士开门这样的"绅士风度"在工作场合是不必要的，这样做甚至有可能冒犯了对方。请记住：工作场所，男女平等。其次，将体贴和尊重别人当作自己的指导原则。

③ 道歉礼仪

即使在职场礼仪上做得完美无缺，也不可避免地会在职场中冒犯了别人。如果发生这样的事情，真诚地道歉就可以了。表达出你想表达的歉意，然后继续进行工作。将你所犯的错误当成件大事只会扩大它的破坏作用，使得接受道歉的人更加不舒服。

④ 电梯礼仪

主人先入后出，先入时可以起引导作用，帮助客人带路，而后出则是为了以防后面的客人跟不上前面的人，保证全部的人都能出来。而客人应该先出后入。

⑤ 电子礼仪

电子邮件、传真和移动电话带来了职场礼仪方面的新问题。在有些公司里，电子邮件充斥着笑话、垃圾邮件和私人便条，与工作相关的内容反而不多。电子邮件是职业信件的一种，职业信件中应该没有不严肃的内容。传真应当包括你的联系信息、日期和页数。未经别人允许不要发传真，那样会浪费别人的纸张，占用别人的线路。

⑥ 着装礼仪

不同风格的单位对着装有不同的要求，有些企业非常注重着装，要求上班时着正装，还有一些需要创意的企业对着装则完全没有要求，注意使自己的着装符合企业文化、办公环境就可以了。下面是一些职场正装礼仪。

男士穿西装要遵循三色原则，上衣、裤子、衬衫、领带、鞋袜，不应超过三种颜色。三一定律就是鞋子、腰带、公文包必须是一种颜色。女士职场着装必须符合个性、体态特征、职位、企业文化、办公环境、志趣，等等。女性的穿着打扮应该灵活有弹性，要学会怎样搭配衣服、鞋子、发型、首饰、化妆，使之完美和谐。

⑦ 商务餐礼仪

主客优先。主客还未动筷之前，不可以先吃；每道菜都等主客先夹菜，其他人才依序动手。有人夹菜时，不可以转动桌上的转盘；有人转动转盘时，要留意有无刮到桌上的餐具或菜肴。不可一人独占喜好的食物。避免使用太多餐具。中华料理的精神就是边吃边聊，众人同乐，只要遵守基本礼仪，可以尽情地聊天。

2. 入职初期遵循的礼仪

新入职的大学毕业生除了遵守基本的职场礼仪外，还有些细节需要格外注意。

① 不要在办公室里当众炫耀自己

骄傲使人落后，谦虚使人进步。再有能耐，在职场生涯中也应该小心谨慎，强中自有强中手。

② 保持安全距离

人与人之间应该有个安全距离，大概是在 1 米。除非是你特别亲近的人，否则无论是说话还是其他的交往，逾越了这个距离，都会让人产生不安全的感觉。

③ 办公室里有话好好说，切忌争论

在办公室里与人相处要友善，说话态度要和气，要让人觉得有亲切感，不能用命令的口吻与别人说话，更不能用手指着对方，这样会让人觉得没有礼貌。即使意见不能够统一，也请保留意见，对于原则性并不很强的问题，没有必要争得你死我活。

④ 发出自己的声音

老板赏识那些有自己头脑和主见的职员。如果你经常只是人云亦云的话，你在办公室里的地位就很容易被忽视。

⑤ 要注意对方的年龄

对年长的同事，应该持尊重、谦虚、服从的态度。即使自己认为不正确也要注意聆听，而后再提出自己的意见。在与年长的同事谈话时，不必提起他的年龄，而只去称赞其干的事情，你的话肯定会温暖他的心，使他重新感到自己还年轻，还很健康。

⑥ 谈话必须注意对象的亲疏关系

彼此交情不深的人，切忌什么都说，这是没有教养、冒昧的表现，很容易招惹一些不必要的麻烦。

⑦ 要注意对方的性别特征

对于异性同事，谈话应特别当心，毕竟男女有别。女同事与男同事讲话，态度要庄重大方，温和端庄。

⑧ 要注意对方的地位

与地位、能力、知识、经验智慧比你高的同事谈话，特别要注意采取尊敬的态度，要以他的谈话为主题，听话时不要插嘴，应该全神贯注。同时需要注意，必须维持自己的独立思想，不要做一个应声虫，使他认为你唯唯诺诺，没有主见。

与地位较低的人谈话，也不要趾高气扬，应该和蔼可亲，庄重有礼，避免用高高在上的态度来同他谈话。对于他工作中的成绩应加以肯定和赞美，但也不要显得过于亲密。不要以教训的口气滔滔不绝地讲个没完，使对方感到厌烦。

⑨ 办公室不是互诉心事的场所

自己的生活或工作有了问题，应该尽量避免在工作的场所里议论，不妨下班以后再找个地方跟亲朋好友好好聊聊。

⑩ 话不在多，在于合适

俗话说："病从口入、祸从口出。"虽然很多人都懂这个道理，但在现实生活中，还是有人忍不住时不时地传播些小道消息，或者忍不住地向周围人嚷嚷、发脾气，或者端着评论家的架子点评、责难同事。这些都不是好的习惯。

3. 其他礼仪

在公司讲私人电话已经很不应该，要是还肆无忌惮高谈阔论，更会让老板不满意，也影响同事工作。

跟老板出门洽商时，要主动拿东西，让老板也跟你一起提一半的东西，是很不礼貌的。另外，男同事跟女同事一起出门，男士们若能表现出绅士风范，帮女性提提东西，开关车门，这些贴心的举手之劳，将会为你赢得更多好人缘。打电话找某人的时候，留言时千万别说："请告诉他，我是某先生/某小姐。"正确说法应该先讲自己的姓名，再留下职称，比如："你好，敝姓王，是××公司的营销主任，请某某听到留言，回我电话好吗？我的电话号码是×××××，谢谢你的转达。"

① 在正式会面时，宾主之间的问候，在具体的次序上有一定的讲究：

一个人与另外一个人之间的问候，通常应为"位低者先行"。即双方之间身份较低者首先问候身份较高者。

② 一个人有必要问候多个人时，既可以笼统地加以问候，也可以逐个加以问候。当一个人逐一问候许多人时，既可以由"尊"而"卑"、由长而幼地依次而行，也可以由近而远地依次而行。

问候是敬意的一种表现。当问候他人时，在具体态度上需要注意四点：

① 主动。问候他人，应该积极、主动。当他人首先问候自己之后，应予以回应。

② 热情。在问候他人时，通常应表现得热情而友好。毫无表情，或者表情冷漠，都是应当避免的。

③ 自然。问候他人时必须表现得自然而大方。矫揉造作、神态夸张，或者扭扭捏捏，都不会给他人留下好的印象。

④ 专注。基层公务员在对其交往对象进行问候时，应当面含笑意，以双目注视对方的两眼，以示口到、眼到、意到，专心致志。

问候他人，在具体内容上大致有两种形式，它们各有自己不同的适用范围：

① 直接式。所谓直接式问候，就是直截了当地以问好作为问候的主要内容。它适用于正式的人际交往，尤其是宾主双方初次相见。

② 间接式。所谓间接式问候，就是以某些约定俗成的问候语，或者在当时条件下可以引起的话题，诸如，"忙什么呢""您去哪里"，来替代直接式问好。它主要适用于非正式交往，尤其是经常见面的熟人之间。

项目实践 🔍

案例分析

小王是公司的文员，她的职责之一就是打印公司的文稿。她认为自己的工作就是在尽短的时间内按照上级的草稿一字不差地排好版再打印出来即可，这样任务就算完成，并且是尽职尽责了。小张是另一家公司的文员，她打印文稿的做法是在尽短的时间内按上司的草稿打印并排好版之后再检查原草稿中是否有错别字，语句是否通顺，语法是否正确，修改后她的工作才算完成了。

1. 你更欣赏哪位文员的工作做法？

_____

2. 小王和小张身上体现出的最主要的职业素养是什么？

_____

_____

小李是一所高职院校大三学生，毕业前顺利找到一家大型建筑类企业实习，主要负责协助项目工程的招投标工作。突然有一天学校就业管理部门接到该公司人事经理电话，反映小李前两天在没有和公司人事部门办理任何离职手续的前提下，无故不来公司上班，且不接听回复电话与信息。由于小李的擅自离岗，其手头项目相关的工作内容和文件无法交接导致工作无法顺利进行。为此公司请求学校协助寻找小李并督促其返回公司办理交接手续。

1. 你认为小李的做法是否可取，为什么？

_____

_____

2. 如果你是小李，在准备离职之前应该办理哪些手续才是最基本的职业素养？

_____

_____

项目小结

职业素养是劳动者在一定的生理和心理条件的基础上，通过教育、实践、自我修养等途径形成和发展起来的对社会职业了解与适应能力的一种综合体现。它包括职业道德、职业意识、职业习惯、职业技能等。其特征主要有：专业性、稳定性、整体性、发展性。

职业理想是人们在职业上依据社会要求和个人条件，对未来职业达到的要求的向往。其特征主要有：社会性、时代性、发展性、阶级性、个体性。

职业道德是指人们在职业生活中应遵循的基本道德，即一般社会道德在职业生活中的具体体现，是职业品德、职业纪律、专业胜任能力及职业责任等的总称。其主要内容是：爱岗敬业、诚实守信、办事公道、服务群众、奉献社会。

土木建筑类高职学生应具备的核心职业素养包含责任心、职业技能、沟通能力、团队合作精神、开拓创新精神。提升土木建筑类高职学生的职业素养应培养诚信品质、提升学习能力、学会积极主动。

职业技能是指一个人完成工作任务、从事与职业相关活动所必备的本领，表现在所从事的各种工作和职业相关活动中，并在其中得到发展。一般包括专业技能和通用技能。通用技能包含文字表达能力、人际交往能力、团队协作能力、实践动手能力、自主学习能力等。

　　提升土木建筑类高职学生职业技能有以下几个方面：抓住大学时光努力学习、尽量多参加各种实践活动、加强定向职业能力培养、探索适合自己的培养方法、探索适合自己的培养方法、不断地超越自我。提升土木建筑类高职学生基本的职场礼仪、入职礼仪和其他礼仪。

Chapter 03

项目 3

高职学生职业生涯规划

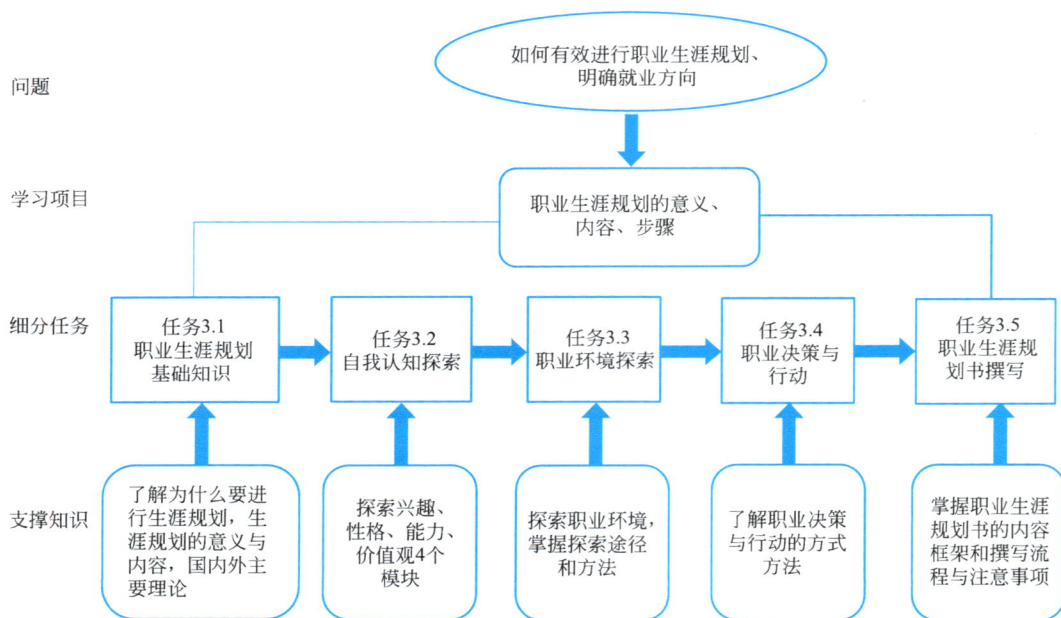

问题	如何有效进行职业生涯规划、明确就业方向
学习项目	职业生涯规划的意义、内容、步骤
细分任务	任务3.1 职业生涯规划基础知识 → 任务3.2 自我认知探索 → 任务3.3 职业环境探索 → 任务3.4 职业决策与行动 → 任务3.5 职业生涯规划书撰写
支撑知识	了解为什么要进行生涯规划，生涯规划的意义与内容，国内外主要理论 / 探索兴趣、性格、能力、价值观4个模块 / 探索职业环境，掌握探索途径和方法 / 了解职业决策与行动的方式方法 / 掌握职业生涯规划书的内容框架和撰写流程与注意事项

项目3　知识（技能）框架图

> 生涯之学，即应变之学。
>
> ——著名生涯辅导专家和心理治疗专家金树人

> 虽然我们做了几十年研究，但预测个人职业选择最有效的方法却是询问这个人自己想做什么。
>
> ——美国著名职业指导专家约翰·霍兰德

【知识目标】

1. 正确理解生涯规划的定义和重要作用；

2. 了解生涯规划的内容和基本步骤；

3. 了解生涯规划的主要理论。

【技能目标】

1. 能认清生涯规划与找工作的区别；

2. 能主动积极对个人生涯规划进行探索；

3. 能结合实际撰写职业生涯规划书。

　　大学生从进入大学校园的那一刻开始，就应该未雨绸缪，好好想想自己未来的道路。职业生涯规划的实践性很强，大学生必须对自身和职业进行细致全面的了解，才能做出科学的职业决策，而职业决策选择正确与否，直接关系到人生事业的成功与失败。有些大学生缺乏对职业规划的敏感性。在职业能力的自我评估上，许多大学生存在高估或低估的倾向，呈现出明显偏差；在职业信息的了解上，大学生们过于关注职业是否符合自身需要，却忽略了职业要求与自身素质的匹配程度；在职业准备的投入上，大多数学生比较被动；在职业选择上不知该何去何从，更多人选择的是盲目从众。"女怕嫁错郎，男怕选错行"，因此，在大学期间唤醒学生的生涯意识，加强自我认知、环境认知等，为未来的成长打下良好的基础。

任务 3.1 职业生涯规划基础知识

3.1.1 职业生涯规划的概念

拓展阅读：

1. 秦宇是一个建筑类高职院校的大一新生，刚入学没多久就觉得大学生活很无趣。他没什么爱好，每天除了上课就是待在宿舍，觉得学习的内容以后在社会上用处不大，所以学习没什么动力。偶尔想起未来的发展，他有些迷茫和焦虑，但觉得那应该是大三时考虑的事情。

2. 李芳现在是大学二年级学生，即将开始实习生活。作为一名"老生"，天天都很忙，上课、听讲座、参加社团活动等，但她很纠结，既希望在校期间的课外活动能为毕业后的工作打个基础，可有时又很茫然，不知道这样的付出对未来的发展有没有作用。

3. 佳明是大学三年级的学生，现在面临 2 个就业抉择：一方面父母希望他找份工作，但是佳明想选择专升本提高学历，在未来求职中增加"选择权"。为此和家人矛盾连连。

点评：作为当代的大学生，有人对自己的未来规划很明确，学习生活有条不紊地进行，但是更多的同学存在困惑和迷思。例如有的同学学习生活浑浑噩噩，希望父母来帮忙安排自己的未来；有的人看似整天忙忙碌碌，却像无头苍蝇，毫无成果；有的人对未来也有自己的想法和打算，但没有清晰的目标和路径，甚至对自己拟定的目标也缺乏信心。总而言之，大部分学生的困惑体现在，不知道自己的职业目标，以及不知道如何达成自己的职业目标。

1. 职业生涯规划中的主要概念

（1）什么是生涯

在日常生活中，我们常听到"生涯"一词，如"艺术生涯""戎马生涯""学术生涯"等说法。中国古人的诗词中也有"生涯"这个词，如《庄子·养生主》："吾生也有涯，而知也无涯。"《辞海》对"生涯"这个词的定义是：指从事某种活动或职业的生活。

生涯的英文是"career"，从字源上看，来自罗马字"via carraria"及拉丁字"carrus"，二者的意义均指古代的战车。在希腊，"career"这个词有疯狂竞赛的精神，最早常被用作动词，如驾驭赛马（to career a horse）。在西方人的概念中，使用"生涯"这个词就如同在马场上驰骋竞技，隐含有未知、冒险等精神。现生涯多被引申为人生发展历程。在汉语中，"career"也被翻译成"职业生涯"。因为时代不同、案例视角相异等因素，国外学者对生涯的定义也有所不同。

（2）什么是职业

职业是指参与社会分工，利用专门的知识技能，为社会创造物质财富、精神财富，获得合理回报作为物质生活来源并能满足精神需求的社会劳动。职业是对人们的生活方式、经济状况、文化水平、行为模式、思想情操的综合反映，也是一个人的权利、义务和职责，是一个人的社会地位的一般性表征。

（3）什么是职业生涯

狭义的职业生涯定义来自霍尔（Hall）：职业生涯包括个人一生与其职业相关的活动和经验。它起始于任职前的职业学习和培训，终止于退休。

目前，大多数西方学者所接受的生涯以及职业生涯的定义是舒伯（Super）的论点：生涯是生活里各种事态的演进方向和历程，它统合了人一生中的各种职业和生活角色，由此表现出个人独特的自我发展形态。生涯也是人生从青春期到退休之后，一连串有酬或无酬职位的综合。除了职业之外，还包括任何与工作有关的角色，如学生、退休者，甚至包含家庭和公民的角色。

两种定义都淡化了职业作为谋生手段的作用，而指向个人生命的意义，在职业生涯中，职业不仅是谋生手段，更是实现个人价值、追求理想的重要途径。因此，职业生涯是指个人一生中的所有与工作相关联的行为与活动，以及相关的态度、价值观和愿望等连续性经历的过程。与职业不同，职业生涯体现了发展的概念，不仅包括一个人的过去、现在和未来可以观察到的连续从事的职业发展过程，还包括个人对职业生涯发展的见解和期望。

生涯的概念给了我们一个系统地看待自己人生或职业发展的视角。这一视角引领我们透过生活或职业中的行为、感受，看到自己内心的渴望，并以此为动力去建构自己的人生。生涯不是一个静止的点，而是一个动态的历程；不只发生在人生的某个阶段，或只跟某个职业经历相关，而是如影随形、相伴人的一生，而且常伴随着冒险或对个人的挑战。同时，因为遗传、家庭、经历、所处社会环境等的不同，每个人的生涯也会不同。所以生涯的发展是个性化的发展，即使处于同一时代或同一文化背景下的人们，因为受到生涯发展中其他因素的影响，每个人也会有属于自己的生涯。

（4）什么是职业生涯规划

职业生涯规划是指一个人对其一生中所有与职业相关的活动与任务的计划或预期性安排，是基于对决定和影响个人职业选择的主观和客观因素、主体和环境条件进行分析和衡量，从而确定个人努力目标并选择实现这一目标的职业及其道路的过程。包含两个方面的内容：第一，个人对于人生理想、职业价值观、兴趣爱好、个性特征、能力状况等主体方面的认识；第二，个人对其一生中职业发展、职位变迁及工作理想实现工程的设计。

职业生涯规划要求一个人根据自身的兴趣、专长，同时也考虑外在条件的支持与制约，最后将自我定位在一个最能发挥自身优势的职业位置上，选择最符合自身综合素质的事业去加以追求。从这个意义上说，一个人一生当中最初的专业选择和最初的职业定位具有非同寻常的意义。

2. 职业生涯规划的意义

在一定程度上，个人生命的价值在于其职业生涯方面的成就。据调查统计，大部分人职业生涯时间占可利用社会活动时间的71%～92%。职业生涯伴随个人大半生甚至更长，因此，职业生涯对个人而言意义重大。

（1）职业生涯规划有助于明确人生奋斗目标

如果去看看很多成功人士的个人简历，你会发现，这些看来非常成功的人并不是因为他们有多么好的机会和家庭背景，最主要的原因就在于他们懂得如何为自己设定职业生涯的目标，他们通过不懈的努力找到了那颗属于自己的北斗星。职业生涯规划，就是我们每一个人根据自己的能力和知识，设计好一个自己将要为之奋斗的目标，然后再通过一步一步的努力朝着那个方向前进，最终实现自己的人生理想。

（2）职业生涯规划有助于突破障碍、开发潜能

如果一个人没有生活目标，就很容易迷失方向，随波逐流。在职业生涯发展的道路上，重要的不是现在所处的位置，而在于迈出下一步的方向。职业生涯规划本身是一个动态的不断发展的变化过程，它提供了一些有效的方法或工具，帮助你形成一种能力，能助你集中精力，全神贯注于自己的优势，在不同发展阶段都能对自己的过去、现在和未来有一个重新审视、评估的机会，这样就有助于你发挥最大的潜力，克服生涯发展困阻，避免人生陷阱，不断修正前进的方向，为自己的每一个人生阶段创造最大的成就感和满足感。

（3）职业生涯规划提升个性发展和综合素质

法国科学家约翰·法伯曾做过一个著名的"毛毛虫"实验。他在一只花盆的边缘摆上了一些毛毛虫，让它们首尾相接围成一个圈，与此同时，在花盆周围撒了一些它们最喜欢的松针。由于这些虫子天生有一种"跟随者"的习性，因此它们一只跟着一只，绕着花盆边缘一圈一圈地行走。时间慢慢地过去，毛毛虫就这样固执地兜着圈子，直到饥饿难当，全部死去了。在对这次实验进行总结时，法伯的笔记本里有这样一句话："毛毛虫如果有一只与众不同，它们就能够马上改变命运，告别死亡。"毛毛虫的悲哀在于它们只知道在老路上盲目跟随，对左右的绝佳食物丝毫不加注意。所以我们每个职场人，一定要有自己的思想，要有自己鲜明的个性，要有自己的立场和观点，要有自己的观察和分析能力。有效的职业生涯规划就是在充分且正确认识自身条件与相关环境的基础上进行的。它是通过专业的职业测评，来确定自己的核心价值观念、个性特点、天赋能力、缺陷、气质、兴趣等影响职业选择和职业发展的重要内在因素，设计个性化的发展道路和发展规划，选择与自己的兴趣、爱好、特点和能力相适应的职业，进而促进个性的全面发展。

拓展阅读：

王涛信心十足地把自己的中英文简历递给一家外资企业。该企业负责人在看过王涛的简历后，不停地点头。接着提了几个常见的问题，王涛都有准备地一一回答了出来，企业负责人再次点头称道。就在王涛满以为有望签约的时候，该负责人突然提出一个问题："如果你加入了我们的企业，能描述一下五年后的你是什么样子吗？"王涛稍稍思考了一下，回答说："我想，我工作会很尽责，很勤奋。"企业负责人马上指出："五年后的你难道只是尽责、勤奋？"当即，这位负责人把简历还给了王涛，并让他回去再仔细想一想这个问题。

点评：这个简单的问题其实并不是考核求职者的能力，而是在考察他有没有对职业生涯进行过规划。连什么用人单位适合自己都不清楚，自己会在什么领域上有所作为也不了解，要么就听父母的意见，要么就"随大流"，哪里人多，就往哪里钻。这类人往往碌碌

无为一辈子，企业当然不欢迎这样的人了。美国一位环保专家说过：世界上没有垃圾，只有放错了地方的资源。同样的道理：世界上没有庸才，只有放错了位置的人才。

3.1.2   职业生涯规划的基本理论

1. 帕森斯的特质因素理论

弗兰克·帕森斯的特质因素理论又称人职匹配理论，帕森斯认为，每个人都有自己独特的人格模式，每种人格模式的个人都有其相适应的职业类型。在选择职业的过程中，涉及三个主要因素：

（1）对自我爱好和能力的认识。

（2）对工作环境及其性质的了解。

（3）以上两者之间的协调与匹配。

帕森斯认为个人选择职业的关键在于个人的特质要与特定行业的要求相匹配，只有这样，人才能适应工作，并使个人和社会同时得益。

2. 霍兰德的类型论

约翰·霍兰德于 1959 年提出最初的类型理论假设，后做过多次修正。霍兰德假设人的职业选择是其人格的反映。"职业选择反映了人的动机、知识、人格和能力。职业代表一种生活方式、生活环境，而不仅仅是工作职能和技巧。"霍兰德的类型论基本观点如下：

（1）大多数人可被分为 6 种人格类型（3.2.2 节中详述）通常用三个字母的代码来表示个人的职业兴趣。这三个字母间的顺序表示兴趣的强弱程度。

（2）工作环境也有 6 种类型，其名称及性质与人格类型的分类一致。

（3）人们寻找这种环境：可以施展才能、表达其态度和价值观、解决其愿意解决的问题、担当适当的角色。

（4）人的行为表现由人格类型和其所处的环境相互作用决定。如果知道自己的人格类型和职业类型，就可以预测自己的职业选择、工作变换、职业成就、个人竞争和教育及社会行为。

3. 舒伯的职业生涯发展理论

舒伯的职业生涯发展理论主要包括以下观点：

（1）人是有差异的。

（2）职业选择与调适是连续过程。

（3）职业发展过程具有可塑性。

舒伯的理论中，生涯规划更注重职业对人的意义。对于个人生涯的分析围绕着职业生涯的不同阶段进行，这构成了舒伯的职业生涯发展理论。舒伯将个人职业生涯发展划分为成长、探索、建立、维持和衰退 5 个阶段。

舒伯通过引入生涯彩虹图，将生涯规划立体化。从长度上，彩虹图（图 3-1）包括一个人从生到死的全部生命历程；从空间上，不局限于对职业角色的关注，也关注非职业角色对生涯的影响。

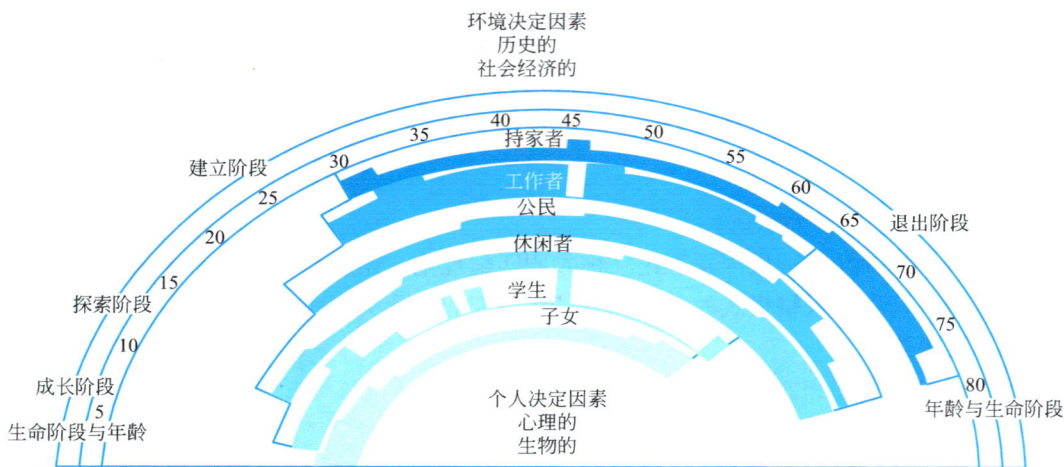

图 3-1　生涯彩虹图

舒伯认为，非职业角色和工作者角色都是个人自我概念的具体表现，自我概念包括个人对兴趣、能力、价值观以及人格特征等方面的认识，是个人生涯发展历程的核心。一个完美的人生，未必仅依赖于职业角色的完美与否，更多的非职业角色使人生有更多自我实现的可能性。工作与生活的满意程度，有赖于个人能否在工作上、职场中以及生活形态上找到展现自我的机会。

3.1.3　职业生涯规划的内容和误区

1. 职业生涯规划的内容

（1）觉知与承诺

通常职业生涯规划就是从"我不知道往哪里去"和"我不知道如何去到那里"这两个问题开始出发。大学生必须认识到职业生涯规划务必由自己来做，任何人无法代替。职业生涯规划是一个循环不断的过程，需要不断地进行再评估和修正，所以必须做好充分的心理准备，对自己作出承诺，为未来负责，不断努力。

（2）自我评估

自我评估是对自我内在条件的评估。只有正确认识自己，才能确定适合自己的职业发展路线。自我评估和定位是个人职业生涯规划的基础，也是能否获得可行的规划方案的前提。其内容包括自己的兴趣、性格、能力、价值观、气质、思维方式、情商等与个人相关的因素。

（3）职业评估

职业评估即职业探索。工作世界中的各种因素对个人职业生涯发展的影响是巨大的。每个人都处在一定的环境中，离开了这个环境，个人就无法生存与发展。个人只有顺应职业环境的需要，趋利避害，最大可能地发挥自身优势，才能实现个人的目标。

（4）决策定位与计划实施

"明确方向是成功的一半"，决策是职业生涯规划的核心。职业生涯决策的目的是确立个人的职业生涯目标。计划实施是指为实现职业生涯目标而制订的行动计划。个人确定职业生涯目标后，就要制订相应的行动方案来实现目标。

（5）行动

在自我评估和职业评估的基础上，作出职业生涯决策并制订了生涯发展的实施计划后，就要根据设定的计划和职业发展路线开展相应的行动。行动包括参加相关的培训，完成原定的学习任务，努力达到阶段性目标等。

（6）再评估与修正

个人的职业生涯发展过程是一个动态的、持续一生的过程。进行职业生涯规划，不能抱着一蹴而就的心态。外部环境不断变化，自身的条件也会随着时间的推移发生变化，所以职业生涯规划必须能够根据变化的内外部因素不断地调适，只有这样的规划才有意义。

拓展阅读：

李强是某建筑类职业院校工程造价专业毕业生，他的职业技能证书已经通过，英语口语也不错，很喜欢用英语表达一些东西。他喜欢旅游，因为可以到不同的地方，见识新鲜的人和事。他对人文、历史都很感兴趣，在学校也选修了不少这方面的课程。在大学，他先后加入了学校的报社、心理社团和红十字会，喜欢组织各种活动。不久前，他刚刚成功地为红十字会组织了一次造血干细胞的志愿捐献活动。他自认为是一个"外向型性格"的人，自己的优点是有创意、喜欢帮助人。周围的人都认为他热情、很有亲和力，善良而富有同情心。

李强虽然成绩不错，但对自己的职业方向比较困惑。因为建筑行业从业人员现在有饱和的趋势，自己在专业和学历上的优势也不明显。将来到底怎样才能在激烈的招聘竞争中胜出，这都是他考虑的问题。像周围所有的同学一样，他也在考虑自己到底是应该先工作还是先专升本。他觉得应该认真考虑自己适合做什么样的工作和未来的发展方向。

点评：从李强的案例中可以看到，他对自己的兴趣、能力甚至价值观都有一些了解。然而，这些如何与未来的职业发展相联系，自己的兴趣和性格到底适合做什么工作，能力是否达到未来工作的要求，是否需要深造，都是他的困惑。李强的困惑可归结为"我要到哪里去"和"我该如何去那里"两个方面。我们将根据生涯规划的六个步骤帮助李强探讨他的困惑。

2. 职业生涯规划的误区

大学生在做职业生涯规划时，常见的错误包括以下一些方面：

（1）职业生涯规划无用论

一个明确的职业目标方向是必要的。有大学生认为，自己尚处于学习阶段，未来有太多的不确定因素，所以现在规划自己为时过早。这种想法造成的后果是学习的无目的性，荒废了宝贵的学习时光。进行职业生涯规划，就是要对我们所能做到的事全力以赴，机会总是青睐那些有准备的人。对于生命中个人无法掌握的因素，应以一颗平常心冷静地应付和面对。

（2）自我评估时过分否定自己

进行自我评估，目的是要找出自己的优势和不足。不幸的是，许多人在评估过程中，看不到自己的优势所在，随之而来是对自己的过分否定，认为自己一无是处。不断地从身

生涯决策的不合理信念

上找缺点并克服这些缺点，的确是难能可贵的，但过分地否定自己，也容易让自己失去信心。缺乏自信的人，其事业是难以成功的。

（3）职业生涯规划只考虑个人兴趣和爱好

一个好的职业生涯规划要根据社会需要、专业特长、兴趣和能力等综合考虑。选择职业是一种社会活动，必然受到一定的社会因素制约，任何人选择职业的自由都是相对的、有条件的，如果择业脱离社会需要，就很难为社会所接纳。另外，每个大学生都经过一定的专业训练，具有某一方面的专业知识，这是每个人的优势。大学生都有自己的专业，每个专业都有一定的培养方向和目标，这应该成为大学生职业生涯规划的依据。根据自己的兴趣、爱好和特长进行职业生涯规划，在未来的职业工作中，能够体会到更多的乐趣，而不是把职业工作仅视为谋生的手段和负担。

任务 3.2　自我认知探索

3.2.1　职业生涯规划自我认知

1. 自我认知在生涯规划中的作用

职业生涯自我认知主要包含四个方面的内容：价值观、兴趣、能力和人格特质，不同的维度有不同的特点和作用。在大学生职业生涯规划中，通过对价值观、兴趣、能力和人格的探索，根据每一个维度确定相应的职业选择范围，在各维度均重复出现的职业就是最适合从事的。具体来说，对价值观的探索，可以了解自身最看重的事物，在面对选择时更知道该如何取舍；对兴趣的探索，可以明确自身愿意充满热情投入其中的活动，以此为基础确定职业选择范围；对能力的探索，可以发现自身具备的能力，一方面可以找出目前能够胜任的职业，另一方面可以和理想职业需要的能力进行比较，看自身是否具备获得和从事该职业的资格，并有针对性地提升个人能力；对人格特质的探索，可以理解自身的行为习惯，在进行职业规划和求职时可以更好地发挥优势，避免劣势。

2. 土木建筑类高职学生自我认知方面的特点

（1）自我认知的广度和深度有了很大提高

自我评价

自我概念就是我们怎样来看我们自己。大学时期的自我概念有了重要的变化，主要表现为：自我概念更丰富、更完整、更概括、更稳定。但由于社会的高评价，自觉社会责任重大，认为自己已成了祖国的栋梁之材，自我概念往往偏高且不准确。

（2）自我认知更具有主动性和自觉性

自我认知更具有主动性和自觉性，并上升到更高的水平；经常参照周围的老师和同学进行自我评价，设想自己的发展或进行自我设计。能自觉地将自我的命运和集体、国家的命运结合起来，经常考虑如何发展自我，如何为社会服务。

（3）自我评价日趋完善而又具有不平衡性

随着大学生活的继续，大学生的知识增加了，社会经验丰富了，大学生善于根据社会、学校、集体和同学对自己的要求，不断地评价自己的思想和行为，并且这时的评价逐渐变得全面、客观，对自己的优缺点有了较正确的认识和评价。自我评价与他人评价无大的差异，自我评价逐渐从片面性向全面性发展，并从身体特点和具体行为的评价向个性品质方面的评价转化。

拓展阅读：

正确认识自己，轻装上阵

李某，女，某建设类高职院校大二学生，来自省内某重点中学。父亲为公司负责人，母亲是公务员，家庭环境优越。初中和高中阶段都担任班长，深得老师的信任和同学的羡慕。高考发挥良好，被录取在学校的一个热门专业。接到录取通知书后，非常得意，决心在大学学习中大显身手。但经过一个学期的学习，学习成绩在班上属中等位置，寝室人际关系也不太融洽，并且在班上没有担任主要干部。学习效果不佳，为了争一口气，经常熬夜学习，造成心动过速和失眠，严重影响了自己的身心健康。

根据分析，她的问题仍属于大学新生适应期的心理问题。虽然她入学已一年多，饮食起居等大学生活节奏都已适应，但心情并不平静、心理上并未取得平衡。她在中学时所处的"尖子"地位，与大学中的成绩水平形成心理上的巨大"落差"，这是她心理失衡的根本原因。帮助她解决心理矛盾，调整失衡心态，应从帮助她正确认识自我，调整心理落差入手。经过学院心理指导老师的耐心访谈，她终于认识到：过去她确实有些骄傲情绪，而现在却又很自卑，总是不能正确认识自己。今后她要设法调整好自己的心态，稳定情绪、改进学习方法，合理安排自己的生活。

3.2.2　兴趣探索

1. 兴趣的含义

兴趣是人们认识事物或从事活动时所表现出来的积极态度与心理倾向。职业兴趣是指人们对某种职业所表现出来的积极态度与心理倾向。

兴趣是影响人们工作满意度、职业稳定度和职业成就感的重要因素，同时也是对职业进行分类的重要基础。因此，兴趣是生涯规划中进行自我探索的一个重要方面。我们在进行生涯规划和职业选择时，可以通过兴趣探索练习和标准化测试等多种方式帮助学生对其兴趣进行探索和分析，以评估其与个人职业兴趣的适配度。

2. 兴趣与生涯、职业发展

（1）兴趣与生涯发展的关系

如果我们所从事的事情是自己所喜欢的，那我们的工作和生活会愉快得多，多半也会对这样的工作更有激情，更有可能在这样的工作中获得满足感。兴趣与能力也有密切的关系。人们倾向于在他们感兴趣的事情上投入更多的时间，往往得以培养更强的能力。由于有较强的能力，人们在从事自己喜欢的事情时就会感到得心应手，因此更增添了对这些事情的兴趣，从而形成良性循环。也有一些人因为担心能力不足而放弃或怀疑自己的兴趣，却忘记了以兴趣为动力，能力更是可以培养出来的，所以需

要注意的是，兴趣并不等同于能力，兴趣测评的分数也不代表能力的高低。因此在进行职业兴趣的探索时，请不要考虑自己是否有能力做好某事，而只需考虑你对某活动的好恶。

（2）兴趣对职业发展的影响

① 职业兴趣能影响职业定向，起到坚定职业理想的作用。

兴趣发展一般经历有趣、乐趣、志趣三个阶段。从有趣开始，逐渐产生乐趣，进而与奋斗目标相结合，发展成为志趣，表现出方向性和意志性的特点，使人坚定地追求某种职业，并为之尽心竭力。

② 职业兴趣能促进智力开发，挖掘自身潜能。

一个人对于某一事物具有较为浓厚的兴趣，就会激发他对寻求该事物相关知识的欲望以及探索热情，并促使他调动全身心的积极性，以饱满的情绪投入到学习和工作之中。这时，他的智力和体力都能够进入最佳状态，从而最大限度地调动主观能动性和创造性，发挥自身潜能，充分施展才华，取得意想不到的成功。

③ 职业兴趣能增强职业适应性，提高工作效率。

职业兴趣可以使人更快地熟悉并适应职业环境和职业角色。有关研究资料表明，如果一个人对某一工作有兴趣，他便能发挥其全部才能的 $80\%\sim90\%$，并且能够长时间、高效率地工作而不感到疲劳；相反，如果某个人对所从事的工作不感兴趣，他在工作中只能发挥其全部才能的 $20\%\sim30\%$，并容易产生疲劳和厌倦。

拓展阅读：

2004 年 4 月，北森测评网与原劳动和社会保障部劳动科学研究所、新浪网联合进行了"当代大学生第一份工作现状调查"。结果表明：找到第一份工作后，有 50% 的大学生选择在一年内更换工作。两年内，大学生的流失率接近 75%，比例之高令人震惊。2015 年，在麦可思研究院发布的《中国大学生就业报告》中显示：2014 届大学毕业生毕业半年内的离职率为 33%，与 2013 届的 34% 基本持平。

点评： 如此高的辞职转业率说明，大多数大学毕业生对自己的第一份工作不满意。究其原因，恐怕与许多人抱持的"先就业后择业"的心态、对职业缺少规划有关。上文 2004 年的调查发现，33% 的大学生"先就业后择业"，认为第一份工作仅仅是由学校到社会的跳板；16.3% 的人"没有太多考虑"就"跟着感觉走"地选择了第一份工作；而仅有 17.5% 的人在择业的同时考虑了"兴趣（爱好）"和"未来的发展空间"这两个因素。

所以，社会上关于大学毕业生找工作难的呼声越来越高，许多大学生认为自己没有资格挑挑拣拣，只能"先就业后择业"；另一方面，"刚就业，便择业"导致高流动率，而这给企业聘用大学生带来疑惑——一个恶性循环的怪圈就此形成。这份调查同样证明了许多其他研究得出的结论：兴趣与工作满意度、职业成就感和职业稳定性之间有着密不可分的关系。选择一份符合自己天赋与兴趣的职业，不仅能使占据自己人生最好时光的职业生活更加愉悦，而且让自己更能面对挑战持续发展，在工作中取得成功。

3. 霍兰德职业兴趣理论

（1）霍兰德职业兴趣理论的定义

约翰·霍兰德是美国约翰·霍普金斯大学心理学教授，美国著名的职业指导专家。他于 1959 年提出了具有广泛社会影响的职业兴趣理论。他认为：① 人的人格类型、兴趣与职业密切相关，兴趣是人们活动的巨大动力，凡是具有职业兴趣的职业，都可以提高人们的积极性，促使人们积极地、愉快地从事该职业，职业兴趣与人格之间存在很高的相关性；②人格可分为实用型（R）、研究型（I）、艺术型（A）、社会型（S）、企业型（E）和事务型（C）六种类型；③个人的职业兴趣往往是多方面的，很少只是集中在某一种类型上。人们可能或多或少具备所有六种兴趣，只是偏好程度不同。因此，为了比较全面地描绘个人的职业兴趣，通常用最强的三种兴趣字母来表示一个人的兴趣，这个代码就成为"霍兰德代码"。这三个字母间的顺序表示了兴趣的强弱程度的不同。比如，SAI 和 AIS 的人具有相似的兴趣，但他们对同一类型是事物的兴趣强弱程度是不同的。

（2）职业兴趣的类型（表 3-1）

职业兴趣的类型　　　　　　　　　　　　　　　　　　　表 3-1

类型	喜欢的活动	重视	职业环境要求	典型职业
实用型 R	用手、工具、机器制造或修理东西。愿意从事实物性的工作，喜欢户外活动或操作机器，而不喜欢在办公室工作	具体实际的事物，诚实，有常识	使用手工或机械技能对物体、工具、机器、动物等进行操作，与"事物"工作的能力比与"人"打交道的能力更为重要	园艺师、木匠、汽车修理工、工程师、军官、兽医、足球教练员
研究型 I	喜欢探索和理解事物，喜欢学习研究那些需要分析、思考的抽象问题，喜欢阅读和讨论有关科学性的论题，喜欢独立工作，对未知问题的挑战充满兴趣	知识、学习、成就、独立	分析研究问题，运用复杂和抽象的思考创造性地解决问题的能力，谨慎缜密，能运用智慧独立地工作，一定的写作能力	实验室工作人员、生物学家、化学家、心理学家、工程设计师、大学教授
艺术型 A	喜欢自我表达，喜欢文学、音乐、艺术和表演等具有创造性、变化性的工作，重视作品的原创性和创意	有创意的想法，自我表达，自由，美	创造力，对情感的表现能力，以非传统的方式表现自己；相当自由、开放	作家、编辑、音乐家、摄影家、厨师、漫画家、导演、室内装潢设计师
社会型 S	喜欢与人合作，热情关心他人幸福，愿意帮助别人成长或解决困难，为他人提供服务	服务社会与他人，公正，理解，平等，理想	人际交往能力，教导、医治、帮助他人等方面的技能，对他人表现出精神上的关爱，愿意担负社会责任	教师、社会工作者、牧师、心理咨询师、护士
企业型 E	喜欢领导和支配别人，通过领导、劝说他人或推销自己的观点、产品而达到个人或组织的目标，希望成就一番事业	经济和社会地位上的成功，忠诚，冒险精神，责任	说服他人或支配他人的能力，敢于承担风险，目标导向	律师、政治运动领袖、营销商、市场部经理、电视制片人、保险代理
事务型 C	喜欢固定的、有秩序的工作或活动，希望确切地知道工作的要求和标准，愿意在一个大的机构中处于从属地位，对文字、数据和事务进行细致有序的系统处理以达到特定的标准	准确、有条理、节俭、盈利	文书技巧，组织能力，听取并遵从指示的能力，能够按时完成工作并达到严格的标准，有组织有计划	文字编辑、会计师、银行家、簿记员、办事员、税务员和计算机操作员

（3）六种类型之间的关系

霍兰德提出了六角形模型（图 3-2），来解释六种职业类型之间的关系：在六角形模型中，任何两种类型之间的距离越近，其职业环境及人格特质的相似程度就越高。例如，企

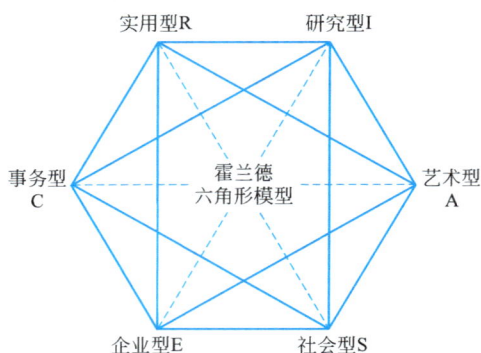

图3-2　霍兰德六角形模型

业型和社会型在六角形模型中是相邻的类型，他们的相似性也最高，因为这两种类型的人都比其他类型的人更喜欢与人打交道，只是他们打交道的方式不同而已。而事务型和艺术型处于对角线的位置上，他们就缺少一致性而具有相反的特质：事务型的人喜欢循规蹈矩，而艺术型的人则追求自由与个性化。六角形模型可以帮助我们对兴趣类型与职业环境类型之间的适配性进行评估。

（4）土木建筑类高职学生如何培养职业兴趣

建筑行业的大多数岗位属于霍兰德环境模式中的"实用型"和"事务型"。土木建筑类高职学生如果从事专业相关岗位工作，需要在大学期间通过课堂学习和课外活动深入了解建筑专业的前沿知识和技术技能，培养自己对专业的兴趣，提高对专业的认同感。

实际上，现实中的适配可以通过多种方式灵活地实现。首先，专业与职业并不是简单的一对一关系，同一个专业其实有相当多的职业可以从事。因此，专业类型的不适配并不一定意味着职业类型的不适配。比如一个建筑工程技术专业的高职学生，他最高的兴趣类型可能是企业型（E），喜欢组织策划集体活动并领导和支配他人。这时候，这个大学生可能感到自己所学的专业与自己的兴趣不完全匹配。但如果他将来从事"项目经理"之类的工作，则完全可以满足他企业型的兴趣（E）并很好地与他的专业知识相结合。

其次，专业类型可以与兴趣类型相结合，哪怕是相对的两种类型也是如此。比如，一个喜爱文学（艺术型兴趣较高）而学习土木工程专业（实用型）的大学生，可以考虑在毕业后去建筑设计院工作，这样就可以将自己艺术型的兴趣与实用型的专业结合起来，在一定程度上满足自己的兴趣。

再次，当我们倡导在职业选择上寻求个人兴趣与职业环境之间的适配时，完全的适配只是我们不断接近的一个理想目标。现实中，我们做不到百分之百的适配，但不必因此而放弃对个人兴趣的重视。我们的职业至少应当在一定程度上体现我们的兴趣，可以是百分之九十，也可以是百分之四十，而其余的部分可以在生活中的其他方面，通过其他活动（如业余爱好志愿活动、辅修专业等）来实现。

3.2.3　性格探索

1. 性格的含义

自己或他人通常会用什么词来形容你？"活泼""沉静""内向"还是"外向"？这些词常常就和一个人的性格有关。关于性格，心理学家们有多种定义，但其中有两个基本概念是一致的：独特性以及行为的特征性模式。具体而言，性格也称为人格特质，是一个人在生活中对他人、对事、对自己、对外在环境所表现出来的一致性适应方式。每个人在其成长经历中，可能受到生理、遗传、家庭教养、文化、学习经验等因素的交互作用，从而形成自己的独特个性，在不同的情境中表现出特定的气质。

2. 性格对职业生涯发展的影响

人们常说"性格决定命运"，而性格其实也是人格的一部分，有时候也会决定职业选择。有这样一个故事：两个女生一起到某公司实习，一样的学历，一样的实习期，工作质量和数量也不相上下，长相也是一个档次。老板痛苦地斗争了一番，最终选择了其中一个，获选理由是："她总是笑嘻嘻的"。人格特质和职业互相促进，当人格发展还不是很成熟时，个体会更多表现出明显偏好的缺陷，会希望自己具备另一极的特点，比如一个内向型的学生可能会不敢表达自己，从而感觉压抑和孤独，希望自己更外向；当个体人格发展较成熟的时候，就可以更多表现出明显偏好的优势，比如一个成熟的内向型的人，可以很好地利用自己喜欢独处思考的特点，在采取行动前会有充分思考，从而让发挥内向的优势。而"选择一份职业就等于选择了一种生活方式"，当人格特质和所选择的职业相一致时，会很有动力去做好职业，同时通过在职业中的锻炼，人格特质也会得到不断完善。

3. MBTI 性格理论

MBTI 性格理论始于著名心理学家荣格的心理类型学说，后经美国的凯瑟琳布里格斯与伊莎贝尔迈尔斯深入研究而成。荣格认为：感知和判断是大脑的两大基本功能。大脑做决定的瞬间可以慢动作分解为两个阶段：感知阶段（又分为触觉感知阶段和直觉感知阶段）和判断阶段（又分为感性判断和理性判断阶段）。我们把大脑做出决定的瞬间直观想象为如下流程：（大脑获取信息后）触觉感知——直觉感知——感性判断——理性判断，最后做出决定。不过请记住实际上这一过程是在瞬间交织（并非想象中简单的线性）完成的。虽然每个人的大脑做出决定的瞬间都要走这四个流程，但是不同的人在其中某个环节中的倾向程度不同（也可以理解为滞留时间长短不同）：有些人更倾向停留在触觉感知环节多一些，而直觉感知一带而过；有些人在判断环节，更倾向停留在感性判断多一些，理性判断一带而过。此外，大脑的这两大基本功能还受到每个人的经历来源不同与生活方式差异的影响，最终的决定就千差万别了。经过多年的实践和不断优化，荣格的人格分类理论已成为目前国际上有数据支撑的性格分类模型的理论基础。

MBTI 性格类型将人的性格分为四个维度，每个维度有两个方向。这四个维度：外倾（E）—内倾（I），表示我们与外界相互作用的程度以及自己的能量被引向的方向，反映态度和心理能量的倾向；感觉（S）—直觉（N），表示我们自然注意到的信息类型，反映某种与获取信息相关的心理功能或知觉过程；思考（T）—情感（F），表示我们做决定和得出结论的方法，反映某种与个体作判断相关的心理功能或判断过程；判断（J）—知觉（P），表示我们喜欢以一种以较固定的方式生活（或做决定），还是以一种更自然的方式生活（或获取信息），反映与外界相处时的态度或倾向。

① 能量倾向：你更喜欢将自己的注意力集中于何处？你从何处获得活力？

E—I 维度

外倾 Extroversion（E） 注意力和能量主要指向外部世界的人和事，从与人交往的行动中得到活力。	内倾 Introversion（I） 注意力和能量集中于自己的内心世界，从对思想、回忆和情感的反思中得到活力。

◆关注外部环境 ◆喜欢用谈话的方式进行沟通 ◆通过谈话形成自己的意见 ◆用实际操作或谈论的方式学习 ◆兴趣广泛 ◆喜欢与人交往、善于表达 ◆先行动、后思考 ◆工作和人际关系中表现积极	◆关注自己的内心世界 ◆喜欢用书面方式沟通 ◆通过思考形成自己的意见 ◆用思考在头脑中练习的方式学习 ◆兴趣比较专注 ◆安静而显得内向 ◆先思考、后行动 ◆当情境或事件有重要意义时采取主动

在工作中，和人打交道的事情往往让外倾的人更有活力，安静独处的时间则令内倾的人更好地发挥才能。讨论问题时，外倾的人通常首先发言，而且观点很多，内倾的人则在深思熟虑后才发表意见，且内容深刻。内倾者常不能第一时间发表意见，往往给人留下的印象是没有什么想法，这会让一些内倾者感到自己缺乏表现的能力，进而缺乏自信。其实，这只是不同的性格有不同的行为方式而已。需要提醒的是，MBTI中所讲的内倾和外倾不同于我们日常所说的"内向"和"外向"。MBTI中所谈的外倾、内倾，是以能量朝向角度来区分的，内倾者并非不能说，只是他们谈话的内容更多朝向内而已。MBTI是从性格角度出发的。例如，内倾者不愿意和不同的人打交道，但不代表他们人际关系能力差。所以在进行内倾、外倾探索时，应当注意区别这些不同。

② 接受信息：你如何获取信息？你从何处获得活力？

S—N 维度

感觉 Sensing（S） 　　用自己的五官来获取信息。喜欢收集实实在在的、确实已出现的信息。对于周围发生的事件观察入微、特别关注现实。 ◆着眼于当前的实际情况 ◆现实、具体 ◆关注真实的、实际存在的事物 ◆观察敏锐，并能记住细节 ◆通过仔细周详的推理一步步得出结论 ◆通过实际运用来理解抽象的思维和理论 ◆相信自己的经验	直觉 iNtuition（N） 　　通过想象、无意识等超越感觉的方式来获取信息。喜欢看整个事件的全貌，关注事实之间的关联。想要抓住事件的模式，特别善于看到新的可能性。 ◆着眼于未来的可能 ◆富有想象力和创造力 ◆关注数据代表的模式和意义 ◆当细节与某一模式相关时才能够记得 ◆靠直觉很快得出结论 ◆希望在应用理论之前先能对之进行澄清 ◆相信自己的灵感

现实生活中感觉型和直觉型人的区别也很明显，比如，对某个人的印象，感觉型的人

往往能够说出他的相貌衣着，如长脸还是圆脸、戴没戴眼镜等，而直觉型的人更多说出的是对这个人的感觉，比如诚实热情等。感觉型和直觉型人的不同，造成他们在工作上可能的冲突：感觉型的人更关注事情的细节和事实，而直觉型的人更喜欢新的问题和可能性；感觉型的人可能会觉得直觉型的人太富幻想、不切实际，而直觉型的人则会认为感觉型的人太保守、抵触革新。其实二者在工作中各有所长，可以很好地配合：直觉型的人因为较重远景和全貌，适于做策划的工作；而感觉型的人注重细节和现实，适于做实施执行的工作。

③ 处理信息：你是如何做决定的？

T—F 维度

思考 Thinking（T）	情感 Feeling（F）
通过分析某一行动或选择的逻辑后果来做出决定。会将自己从情境中分离出来，对事件的正反两方面进行客观的分析。从分析和确认事件中的错误并解决问题中获得活力。目标是要找到一个能应用于所有相似情境的标准或原则。 ◆好分析的 ◆运用因果推理 ◆以逻辑的方式解决问题 ◆寻求一个合乎真理的客观标准 ◆爱讲理的 ◆可能显得不近人情 ◆公平意味着每个人都能得到平等的待遇	喜欢考虑对自己和他人来说什么是重要的。会在头脑中将自己放在情境所牵涉的所有人的位置上并试图理解别人的感受，然后在此基础上根据自己的价值判断做出决定。从对他人表示赞赏和支持中获得活力。目标是创造和谐的氛围，把每个人都当作一个独特的个体来对待。 ◆善于体贴他人、感同身受 ◆受个人价值观的引导 ◆衡量决定对他人产生的后果和影响 ◆寻求和谐的气氛和积极的人际交往 ◆富有同情心 ◆可能会显得心肠太软 ◆公平意味着每个人都被作为独特的个体来对待

情感型的人以人为主。例如：在一家建筑施工企业，员工小王作为某方面的专业人士为公司做出了很多贡献，公司恰好有个不错的项目，如果能够负责该项目的话个人将有很大的成长，小王向公司表达了自己希望负责此项目的愿望，但是公司将项目交给了一位刚入职不久但专业学历背景上略胜小王一筹的新员工。公司只考虑了更高的专业学历背景意味着可能的高质量，而根本未考虑小王之前的贡献。如果小王是思考型的人，他可能因失去这个机会而感到遗憾，但也认同公司的做法，因为毕竟这样可能会把项目做得更好。但是，如果小王是情感型的人，他可能会感到公司对员工冷酷无情，不考虑员工的感受，从而对公司产生疏离感。由此可以看出，思考型的人重在解决问题，而情感型的人更关注感受、建立关系。在工作中，情感型的人很看重所做事情的价值是否符合自己的价值观。

④ 行动方式：你如何与外部世界打交道？

J—P 维度

判断 Judging（J）

喜欢将事情管理得井井有条，过一种有计划的、并然有序的生活。喜欢做出决定，完成后继续下面的工作。生活通常会比较有规划、有秩序，喜欢把事情敲定下来。照计划和日程安排办事对他们来说很重要。从完成任务中获得能量。

◆有计划的
◆喜欢组织管理自己的生活
◆有系统有计划
◆爱制定短期和长期计划
◆喜欢把事情落实敲定力图避免最后一分钟才做决定

知觉 Perceiving（P）

喜欢以一种灵活、自发的方式生活，更愿意去体验和理解生活而不是去控制它。详细的计划或最后决定会使他们感到被束缚。愿意对新的信息和选择保持开放，直到最后一分钟。足智多谋，善于调节自己适应当前场合的需要，并从中获得能量。

◆自发的
◆灵活、随意、开放
◆适应、改变方向
◆不喜欢把事情确定下来，以留有改变的可能性
◆最后一分钟的压力会使他们感到活力充沛

判断型的人乐于制定和执行计划，井井有条的生活是他们乐于追求的。你甚至可以看到判断型人的房间、办公桌都收拾得整齐有序。而知觉型的人则痛恨计划，他们希望所做的事情最好不要有完成期限，他们的注意力常常很快就从一件事转移到其他事情上去，他们最感兴趣的就是最初解决问题的时候以及创造新思路的阶段。他们喜欢在具有挑战性的问题面前寻找自己的灵感。但是在此之后，往往会失去兴趣，缺少一种完成任务的自制力。在工作中，知觉型的人可能会接太多的事情却难以完成，但往往能够很灵活、善于抓住机会。对他们来说，对新的环境或情境去适应和理解它远比管理它要来得有趣。而判断型的人常拘泥于计划和秩序，如果计划被打乱会非常烦躁。在他们眼中，有系统的工作和秩序是最重要的。

将人们在四个维度上的偏好加以组合，一共可以组成 16 种人格类型（表 3-2）。

16 种人格类型及特征　　　　表 3-2

ISTJ	ISFJ	INFJ	INTJ
沉静，认真；贯彻始终、得人信赖而取得成功。讲求实际，注重事实，能够合情合理地去决定做的事情，而且坚定不移地把它完成，不会因外界事物而分散精神。以做事有次有序、有条有理为乐——不论在工作上、家庭上或者生活上。重视传统和忠诚	沉静、友善，有责任感和谨慎。能坚定不移地承担责任。做事贯彻始终、不辞辛劳且准确无误。忠诚、替人着想，细心；往往记着他所重视的人的种种微小事情，关心别人的感受。努力创造一个有秩序、和谐的工作和家居环境	探索意念、人际关系和物质拥有欲的意义和它们之间的关系。希望了解什么可以激发人们的推动力，对别人有洞察力。尽责，能够履行他们坚持的价值观念。有一个清晰的理念以谋取大众的最佳利益。能够有条有理地、果断地去实践他们的理念	有充满创意的头脑、有很大的冲劲去实践他们的理念和达到目标。能够很快掌握事情发展的规律，从而想出长远的发展方向。一旦作出承诺，便会有条理地开展工作，直到完成为止。有怀疑精神，独立自主；无论为自己或为他人，有高水准的工作表现

续表

ISTP	ISFP	INFP	INTP
容忍、有弹性;是冷静的观察者,但当有问题出现,便迅速行动,找出可行的解决方法。能够分析哪些东西可以使事情进行顺利,又能够从大量的资料中,找出实际问题的重心。很重视事件的前因后果,能够以理性的原则把事实组织起来,重视效率	沉静、友善、敏感和仁慈。欣赏目前他们周遭所发生的事情。喜欢有自己的空间,做事又能把握自己的时间。忠于自己所重视的人。不喜欢争论和冲突,不会强迫别人接受自己的意见或价值观	理想主义者,忠于自己的价值观及自己所重视的人。外在的生活与内在价值观配合。有好奇心,很快看到事情的可能与否,能够加速对理念的实践。试图了解别人、协助别人发展潜能。适应力强,有弹性;如果和他们的价值观没有抵触,往往能包容他人	对任何感兴趣的事物,都要探索一个合理的解释。喜欢理论和抽象的事情,喜欢理念思维多于社交活动。沉静,满足,有弹性,适应力强。在他们感兴趣的范畴内,有非凡的能力去专注而深入地解决问题。有怀疑精神,有时喜欢批评,常常善于分析
ESTP	ESFP	ENFP	ENTP
有弹性,容忍;讲究实际,专注即时的效益。对理论和概念上的解释感到不耐烦,希望以积极的行动去解决问题。专注于"此时此地"。喜欢主动与别人交往。喜欢物质享受的生活方式。能够通过实践达到最佳的学习效果	外向,友善,包容。热爱生活、热爱人,爱物质享受。喜欢与别人共事,在工作上,能用常识、注意现实的情况,使工作富趣味性。富灵活性、即兴性,易接受新朋友和适应新环境。与别人一起学习新技能可以达到最佳的学习效果	热情而热心,富于想象力。认为生活充满很多可能性,能够很快找出事件和资料之间的关联性,而且有信心地依照他们所看到的模式去做。很需要别人的肯定,又乐于欣赏和支持别人。即兴而富于弹性,时常信赖自己的临场表现和流畅的语言能力	思维敏捷,机灵,能激励他人,警觉性高,勇于发言。能随机应变地去应付新的和富于挑战性的问题。善于引出在概念上可能发生的问题,然后很有策略地加以分析。善于洞察别人。对日常例行事务感到厌倦。甚少以相同方法处理同一事情,能够灵活地处理接二连三的新事物
ESTJ	ESFJ	ENFJ	ENTJ
讲求实际,注重现实,注重事实。果断,很快做出实际可行的决定。能够安排计划和组织人员以完成工作,尽可能以最有效率的方法达到目的。能够注意日常例行工作的细节。有一套清晰的逻辑标准,会有系统地跟着去做,也想别人跟着去做。会以强硬态度去执行计划	有爱心,尽责,善于合作。渴望有和谐的环境,而且有决心营造这样的环境。喜欢与别人共事以能准确地、准时地完成工作。忠诚,即使在细微的事情上也如此。能够注意别人,赞赏他们和欣赏他们所作的贡献	温情,有同情心,反应敏捷,有责任感。高度关顾别人的情绪、需要和动机。能够看到每个人的潜质,帮助别人发挥自己的潜能。能够积极地协助别人和组织的成长。忠诚,对赞美和批评都能作出很快的回应。社交活跃,在一组人当中能够惠及别人,有启发人的领导才能	坦率、果断,乐于作为领导者。很容易看到不合逻辑和缺乏效率的程序和政策,从而开展和实施一个能够顾及全面的制度去解决一些组织上的问题。喜欢有长远的计划,喜欢有一套指定的目标。往往是博学多闻的,喜欢追求知识,又能把知识传给别人。能够有力地提出自己的主张

3.2.4　能力探索

1. 能力的含义

能力,就是指顺利完成某一活动所必需的主观条件。能力是直接影响活动效率,并使活动顺利完成的个性心理特征。

能力总是和人完成一定的活动相联系在一起的。离开了具体活动，既不能表现人的能力，也不能发展人的能力。但是，我们不能认为凡是与活动有关的，并在活动中表现出来的所有心理特征都是能力。只有那些完成活动所必需的，直接影响活动效率的，并能使活动顺利进行的心理特征，才是能力。

与兴趣、性格不同，人的能力是可以主观改进的，能力的大小与受教育程度和个人主观努力的状况有直接关系，尤其与所接受的专业教育和工种教育有关。例如土木建筑类大学生经过专业学习，可以构建建筑行业专业领域的系统知识结构，在此基础上，他们可以掌握相应的专业能力，并以此成为求职择业的重要砝码。

2. 能力与生涯发展的关系

心理学家罗圭斯特与戴维斯在对个体的工作适应问题进行多年研究以后，提出了明尼苏达工作适应论。他们认为：当工作环境能够满足个人的需求时，个人会感到"内在满意"；而当个人能够满足工作的要求时，个人能够达到"外在满意"（即令自己的雇主、同事感到满意）。当个人能够同时达到内在和外在满意时，个人与环境之间的关系就比较协调，个人的工作满意度会比较高，在该工作领域也能持久发展。

能力类型与职业类型的匹配，一方面是能力水平与职业层次相一致，另一方面则必须充分发挥优势能力。如从思维能力来看，有些人擅长抽象思维，这类人比较适合从事哲学、数学、物理等理论性、逻辑性较强的工作；有些人擅长具体动作思维，这类人比较适合从事建筑施工、机械维修等动作技能性的工作；有些人擅长形象思维，这类人比较适合从事写作、音乐、绘画等文学艺术方面的工作。所以，每个人要根据自己的能力所长来确定自己的职业方向和领域，才能胜任并快乐地工作。做自己能够胜任的工作，培养和发展自己的能力，发挥个人的潜能，常常是个人选择职业时希望得到满足的需求，以及与能力相关的价值观。由此可见，能力与个人的职业满意度、工作适应性以及职业稳定性具有直接的相关关系。

3. 能力的分类

当一个人的能力和工作的要求相匹配时，最容易发挥自己的潜能，并且获得一种满足的感觉。相反，当一个人去做自己力所不及的工作时，就会感到焦虑，甚至产生挫败感。而当个人能力超出工作要求太多时，又容易感到工作缺乏挑战，比较乏味。因此，在选择职业时，高职生同样需要寻求个人能力与职业技能要求的适配。能力按照其获得的方式（先天具有与后天培养），可以分为"能力倾向"和"技能"两大类。

（1）能力倾向

能力倾向是指上天赋予每个人的特殊才能，如音乐、运动能力等。它是与生俱来的，不过也有可能因未被开发而荒废，因此，这是一种潜能。比如，在中国13亿人中，虽然不是每个人都能像刘翔一样跑得那么快，但一定有一些人同样具备刘翔那么好的节奏感和身体的协调能力，只是他们从来没有机会去发展这方面的天资。遗传、环境和文化都可以影响到天赋的发展。

1983年，美国哈佛大学教授、发展心理学家霍华德·加德纳提出了多元智能理论，他把人的智能分为下列八个领域（图3-3）。

① 言语-语言智力（verbal-linguistic intelligence）；

能力

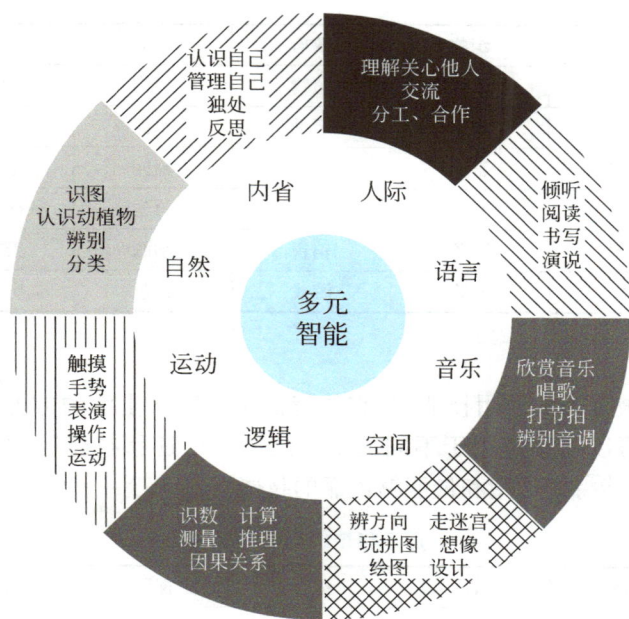

图 3-3　智能领域

② 音乐-节奏智力（musical-rhythmic intelligence）；

③ 逻辑-数理智力（logical-mathematical intelligence）；

④ 视觉-空间智力（visual-spatial intelligence）；

⑤ 身体-运动智力（bodily-kinesthetic intelligence）；

⑥ 自知-内省智力（self-questioning intelligence）；

⑦ 人际交往智力（interpersonal intelligence）；

⑧ 自然观察智力（naturalist intelligence）。

（2）技能

技能是指经过后天学习和联系培养而成的能力，如阅读能力、人际交往能力、表达能力等。在个人成长的过程中，从什么也不会做的小婴儿，到一个生活自理，能够看、听、说、行走、阅读、写字的普通成年人，其实我们每个人都已经学会了无数的技能。辛迪·梵和理查德·鲍尔斯将技能分为三个类型：专业知识技能、可迁移技能和自我管理技能。

① 专业知识技能

专业知识技能是指那些需要通过教育或者培训才能获得的特别的知识或能力，一般用名词来形容（表 3-3）。专业知识技能除了通过正式的专业教育之外，还能通过课外培训、专业会议、讲座或研讨会、自学、就职单位上岗培训等获得。

专业知识技能词汇举例　　　　　　　　　　　　　表 3-3

美学	会计	管理	农业	建筑	园艺	心理学
杂技	飞机	动物	古董	艺术	地板	解剖学
地理	仪器	设备	玻璃	语法	装饰	人类学

数学	城市	织物	政府	时尚	预算	计算机
家庭	机构	气候	植物	纤维	培训	手工艺品
乐器	图表	衣服	运动	水泥	服务	儿童养育
节奏	制图	喜剧	拍卖	新闻	生物学	建筑材料
卡通	沟通	公司	电话	哲学	机械学	教育方法
风景	物理	财务	销售	图画	天文学	电动工具
听力	钟	女装	游戏	角色	房地产	公众演讲

② 可迁移技能

可迁移技能也被称为"通用技能",它的特征是可以从生活的方方面面,特别是工作之外得到发展,却可以迁移应用于不同的工作之中。可迁移技能通常用行为动词来表达(表 3-4),是个人最能持续运用和最能够依靠的技能。

可迁移技能词汇举例 表 3-4

达到	照顾	巩固	指导	探测	执行	运送
建设	洞察	适应	制图	美化	联系	发现
管理	选择	控制	拆除	搬运	做广告	分类
开玩笑	攀登	复制	草拟	管理	分析	训练
纠正	绘制	预测	收集	测量	联络	交流
计数	编辑	安排	比较	预算	创造	授予
装配	比赛	培养	鼓励	学习	声称	编辑
决定	忍耐	评估	完成	维修	定义	加强
协助	构成	代表	提高	阅读	参加	领会
运送	娱乐	审核	计算	修理	证明	建立

③ 自我管理技能

自我管理技能经常被看作是"个性品质",而不是技能,因为它们被用来描述或说明人具有的某些特征。自我管理技能能够帮助个人更好地适应周围的环境,它们以形容词和副词的形式出现(表 3-5),可以从非工作生活领域转换到工作领域。自我管理技能在工作中对取得成就和处理人际关系是不可缺少的,它们是成功所需要的品质,是个人最有价值的资产。

自我管理技能词汇举例 表 3-5

博学的	感恩的	亲切的	精确的	灵活的	努力的	守时的
正确的	优美的	本能的	理解的	熟练的	系统的	强大的
适应的	随意的	可靠的	防御的	宽容的	坦率的	无私的
熟练的	省时的	强健的	聪明的	直率的	坚持的	温柔的
冒险的	关心的	安静的	及时的	愉快的	仔细的	可信赖的
好斗的	努力的	持续的	手巧的	自信的	有趣的	爱思考的

续表

坚持的	兴奋的	快乐的	模范的	可靠的	慈爱的	多技能的
英俊的	仁慈的	镇静的	快活的	体贴的	坚决的	有条理的
无私的	有力的	恰当的	真实的	沉着的	机警的	有礼貌的
开明的	现行的	坚定的	友善的	新颖的	热情的	可信赖的

④ 三种技能的组合

需要注意的是，技能的组合更为重要。通常我们所说的"复合型人才"，正是指具有不同知识技能的人。技能的组合使得我们在人才市场上更具有竞争力，也更有可能将工作完成得更好。例如，如今懂英语的人很多，但既精通英语又精通建筑专业知识的人就不那么多了。而在大型合资建筑工程中，非常需要能与外国专家进行良好沟通的专业人才。再如，一个辅修平面设计专业的心理系学生，更有可能在进行设计工作时运用自己的消费心理学知识与客户进行充分的沟通，令客户更加满意。从这个角度来说，不论你现在学习的专业是否是你所喜爱的、将来要从事的，你从中获得的专业知识在某个时候都有可能派上用场。甚至一些并非你所学的专业，看上去似乎并不那么起眼的知识，都有可能使你在面试的时候显得与众不同、比他人略胜一筹。比如，小时候学的绘画可能会使你更具创意和美感，而这样的创意也许是正式招聘时所需要的。

在现实生活中，个人的能力水平往往是能力倾向和技能两方面的结果。但同时，我们要注意不要将两者混为一谈。比如，我们常常会听某人说"我这方面的能力不行"，那么，是真的不具备这方面的天赋，还是由于缺乏机会培养和练习？事实上，像人际交往能力、沟通能力等等，主要有赖于后天的练习。许多人际交往技能不佳的人，往往是由于在青少年时期家庭教育不当、只注重学习成绩而不注重其他技能的培养造成的。在成年以后，他们可以通过听讲座、看书、向他人请教等方式改善自己这方面的技能。土木建筑类高职生如果能勇于、勤于学习，不怕失败和挫折，那么很多技能是可以通过练习而获得的。

4. 雇主们最重视的技能

根据美国"全国大学与雇主协会"的调查，美国雇主们最为重视的技能和个人品质按顺序排列如下：①沟通能力；②积极主动性；③团队合作精神；④领导能力；⑤学习成绩；⑥人际交往能力；⑦适应能力；⑧专业技术；⑨诚实正直；⑩工作道德；⑩分析和解决问题的能力。

我们可以看到，其中的第①、④、⑥、⑦、⑩都属于可迁移技能，第②、③、⑨都属于自我管理技能，而知识技能排在第⑤和第⑧。

3.2.5　价值观探索

1. 价值观概念与作用

价值观是我们在生活和工作中所看重的原则标准或品质。它指向我们一生中最重要的东西，是个体行为背后的深层动机，对个体的职业选择和发展起到重要的激励、影响作用。价值观就是人们对客观事物（包括人、物、事）在满足主观需要方面的有用性、重要性、有效性的总评价和总看法，是人们用来区分好坏、美丑、益损、对错、符合与违背自己意愿等的心理倾向系统。

马斯洛提出，人有五个层次的需求：生理需求、安全需求、归属需求、尊重需求和自我实现的需求（图3-4）。只有当低层次的需求得到基本满足后，个人才能关注并致力于满足下一层次的需求。这些需求是强大的内在驱动力，我们所做的事情正是为了满足这些需求。它们在我们的生活中反映出来，就体现为我们的价值观。比如：有些学生会比较重视工作能带给自己多少收入，而有些学生可能更多地考虑要做自己喜欢的工作。这两者的不同在很大程度上可以归结于他们所处的需求层次不同，前者在"生理""安全"的层次上，而后者是在较低层次的需求已经得到满足的情况下，追求对"归属""自我尊重""自我实现"的需要。

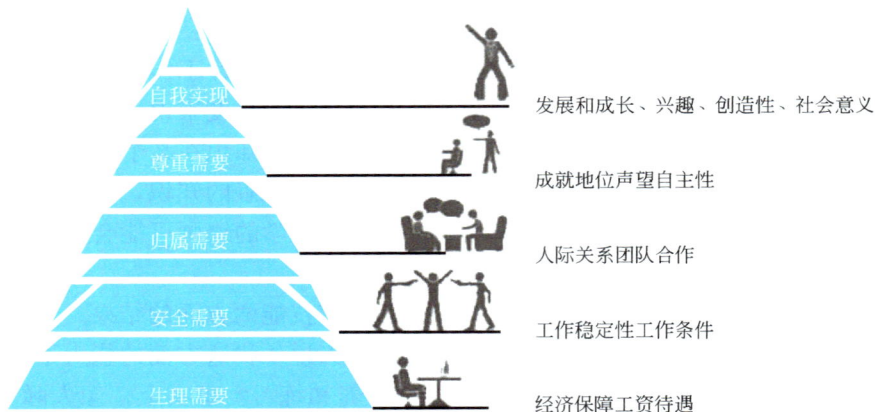

图3-4　需求的五个层次

2. 价值观与职业发展

价值观在职业生涯过程中非常重要，甚至超过了兴趣和性格的影响，是因为它是以人们实际的生活工作经历和他人的反馈为基础形成的。正确的职业价值观对大学生的就业观念、择业行为、职业目标、择业手段以及将来职业发展都具有重要影响。

价值观对职业选择具有决定性的作用。在进行职业选择中，人们面对多种选择机会，不同的人选择不同的行业或职业，其归根结底取决于自身的价值观。孟子说："舍鱼而取熊掌者也。"因为一般来说，熊掌的价值更高，应该放弃鲜鱼而选熊掌。价值尺度有外在的标准，如鱼和熊掌哪个更贵，但更重要的是，它还有每个人内在的标准。在这种内在的标准衡量之下，也许，你会做出和孟子相反的选择，因为，熊掌虽贵重，但你不需要；鲜鱼虽普通，但你能够享受它的美味。在你心中，鲜鱼的价值超过了熊掌。

3. 价值观分类

价值观

一个人越清楚自己的价值观，越了解自己在工作和生活中想要寻求什么、什么对自己来说是最重要的，他的生涯发展目标也就越清晰。即使在鱼和熊掌不能兼得的情况下，也能做出较理智的决策。

心理学家马丁·凯茨找出了10种与工作有关的价值观。

（1）高收入：指够生活的费用之外还有可以随意支配的经费。

（2）社会声望：指是否受到人们的尊重。

（3）独立性：指可以在职业中有更多的自己做决定的自由。

（4）帮助别人：愿意把助人作为职业的重要部分，帮助他人改善其健康、教育与福利。

（5）稳定性：在一定时间内始终有工作，不会被轻易解雇，收入稳定。

（6）多样性：所从事的职业要参与不同的活动，解决不同的问题，不断变化工作场所，结识新人。

（7）领导力：在工作中可以控制事情的发展，愿意影响别人，承担责任。

（8）在自己感兴趣的领域中工作：坚持所从事的职业必须是自己感兴趣的领域。

（9）休闲：把休闲看得很重要，不愿意让工作影响休闲。

（10）尽早进入工作领域：希望节省时间和不支付高等教育的费用而尽早进入工作领域。

一个人的所有工作经历、兴趣、资质、性向等集合而成为他的职业价值观，它告诉此人，到底什么才是最重要的。不管我们未来的职业生涯是否成功，关键是要找准自己的定位，过我们想要的生活，而不是盲从别人的做法。

从舒伯的生涯发展理论和马斯洛的需求层次理论可以看出，个人由于所处的生涯发展阶段、社会环境的不同，他的需求会发生改变，从而可能导致价值观的变化。比如有很多刚毕业的大学生，都希望进外企，做白领，把赚钱当作自己的首要目标。因为在这个阶段，他们面临买房、成家等任务，这些都需要经济支持。在工作十余年有了一定经济基础的人群中，则有不少人意识到，仅仅为了钱而从事自己不喜欢的工作是一件痛苦的事情。所以，他们在考虑职业选择的时候，薪酬就不再是排首位的价值观了。寻找一个适合于自己兴趣爱好的、能够兼顾家庭的工作成为他们的目标。他们的需求发生了改变，他们在职业上所看重的东西（即工作价值观）也随之变化了。

任务 3.3　职业环境探索

3.3.1　工作世界的基本认知

1. 职业、工作、职位的概念

职业是指在业人员所从事的有偿工作的种类。职业是参与社会分工，利用专门的知识和技能，为社会创造物质财富和精神财富，获取合理报酬作为物质生活来源，并满足精神需求的工作。

工作就是在长时间内做重复的动作，通过工作来产生价值。工作的意义在于发挥出我们的才能，使我们得到一种成就感。

职位指在组织中，工作与人的结合，职权和所承担的工作职责的集合体，包括岗位职责和任职资格。

2. 职业的功能

从职业主体看，职业对于个人的发展也是十分重要的，它不仅是一个人谋生的需要，同时也是贡献社会、实现自我的途径。对于每个从业者而言，职业的意义在于：

（1）职业首先是谋生的手段

"民以食为天"，个人通过就业满足生存的需要，获得个人最基本的安全感。在谋生的过程中，个人通过职业活动为社会创造着无尽的财富，为人类的繁衍提供保障。

（2）职业使人获得了社会地位

职业依人们参加社会劳动的性质和形式，形成了不同的社会集团，即不同的社会层次。它区分人们在社会劳动分工中的具体劳动方式及承担的具体工作类型。一方面，由于各种职业主体的劳动方式、经济收入的不同，形成了不同的职业层次；另一方面，又由于政治、经济、文化、历史等方面的差异，形成了特定的等级、地位与身份。

（3）职业为个人发展自我个性、实现自我价值提供了空间

人生价值的实现，无论从哪方面看，都离不开职业活动。职业规定了一个人的工作岗位及其奋斗目标，个人只有以工作岗位为起点，才能实现与社会整体的融合。一个人将丰富的知识、熟练的技能出色地运用于职业活动时，就会创造出一定的效益来回报社会，从而实现自己的人生价值。

3. 职业的分类

职业分类是一个国家形成产业结构概念和进行产业结构、产业组织及产业政策研究的基础，对于社会各行业的发展有着十分重要的指导意义，世界各国国情不同，其划分职业的标准有所区别。

（1）西方国家划分职业的标准

根据西方国家一些学者提出的理论，一般将职业分为三种类型：

① 按脑力劳动和体力劳动的性质、层次进行分类。这种分类方法将工作人员划分为白领工作人员和蓝领工作人员两大类。

② 按心理的个别差异进行分类。这种分类方法是根据美国著名的职业指导专家霍兰德创立的"人格—职业"类型匹配理论，与六种人格类型对应的六种职业类型，即现实型、研究型、艺术型、社会型、企业型和常规型。

③ 依据各个职业的主要职责或"从事的工作"进行分类。这种分类方法较为普遍，例如国际标准职业分类。国际标准职业分类把职业由粗至细分为 4 个层次，细分为 8 个大类、83 个小类、284 个细类、1506 个职业项目，总共列出职业 1881 个。

（2）中国划分职业的标准

根据我国不同部门公布的标准，我国职业分类主要有两种。

第一种是国家统计局、原国家标准总局、国务院人口普查办公室于 1982 年 3 月公布，供第三次全国人口普查使用的《职业分类标准》。该"标准"依据在业人口所从事的工作性质的同性进行分类，将全国范围内的职业划分为大类、中类、小类三层，即大类 8 个、中类 64 个、小类 301 个。其中，8 个大类的排列顺序是：①各类专业、技术人员；②国家机关、党群组织、企事业单位负责人；③办事人员和有关人员；④商业工作人员；⑤服务性工作人员；⑥农林牧渔劳动者；⑦生产工人、运输工人和部分体力劳动者；⑧不便分类的其他劳动者。在 8 个大类中，第①、②类主要是脑力劳动者，第③类包括部分脑力劳动

者和部分体力劳动者，第④、⑤、⑥、⑦类主要是体力劳动者，第⑧类是不便分类的其他劳动者。

第二种分类标准是由原国家计划委员会、原国家经济委员会、国家统计局、原国家标准局批准，于 1984 年公布并于 1985 年实施的《国民经济行业分类和代码》。这项标准主要按企业、事业单位、机关团体和个体从业人员所从事的生产或其他社会经济活动的性质的同一性分类，即按其所属行业分类，将国民经济行业划分为门类、大类、中类、小类四级。门类共 13 个：①农、林、牧、渔、水利业；②工业；③地质普查和勘探业；④建筑业；⑤交通运输业、邮电通信业、物资供应和仓储业；⑥商业、公共饮食业、居民服务和咨询服务业；⑦房地产管理、公用事业；⑧卫生、体育和社会福利事业；⑨教育、文化艺术和广播电视业；⑩科学研究和综合技术服务业；⑪金融、保险业；⑫国家机关、党政机关和社会团体；⑬其他行业。

4. 职业发展的趋势

随着政治、经济、文化、科技的发展和社会的进步，社会职业也在不断发生变化。从总体来看，职业发展趋势主要表现在以下几种情况。

（1）职业分类增多，新职业的出现加快

在职业产生初期，种类少，发展缓慢。随着社会分工的发展和社会的进步，职业种类增加的速度逐渐加快。在封建社会初期（周朝），社会职业与行业是同义语，只被分为六大类，即主公（统治者）、士大夫（负责执行的官吏）、百工（各种手工业、工匠）、商旅（商人）、农夫（种田人）、妇功（纺织、编织的妇女）；到了隋朝，增加到 100 多个行业；到宋朝达 220 个行业；到了明朝增至 300 多个行业，当时人们把社会职业分工统称为"三百六十行"。到了近代社会，随着社分工越来越细和科学技术不断进步，职业的种类越来越多，职业种类的增加速度也越来越快，职业的种类已远远超过了"三百六十行"。

（2）职业分工由简单到精细，第三产业职业数量大增

职业的产生是社会分工的结果，纵观人类社会的历史，产业结构和行业结构的变迁速度逐渐加快，分工由简单到精细。社会分工具有三个层次，即一般分工、特殊分工和个别分工。一般分工可以分为第一产业、第二产业和第三产业；特殊分工出现了不同行业；个别分工出现了职业岗位。

就三大产业而言，在第二次世界大战前，其相互关系、各自比重较为稳定。随着科学技术水平的提高，第三产业的职业数量增加迅速，就业人口显著增多。现在第三产业受到了前所未有的重视，在国民经济发展中的作用越来越大。

（3）同样的职业，在不同的时代，工作的内容有很大的变化

旧的业务知识、技术方法过时了，被新的业务知识和技术方法所取代。社会同一行业或职业对人才的要求也将随时代的不断变化而变化。如会计这一职业，古代很早就有了，如"账房先生"，在电子技术出现以前，只要会簿式记账就行了，所要掌握的业务知识和技术就是懂数学和学会打算盘。随着社会的进步和经济的发展，尤其是电子技术出现以后，对会计的要求越来越高，会计的种类也越来越多，大致可分为出纳会计、成本会计、现金会计等。对会计这一职业的业务知识和技术要求也越来越高。

（4）职业的专业化增强，出现综合化多元化趋势

随着科学技术的发展，职业的专业化越来越强，因此，若不具备一定的专业知识和业

务能力就不能满足职业所需，就不能适应职业的需要。如会计这一职业，随着计算机的普遍使用以及许多财务软件的发明和使用，那些只会打算盘而缺乏现代电子技术的人，将越来越难以胜任此项职业。

此外，现代社会职业开始逐渐向综合化和多元化的方向发展，打破了以往每种职业间相对固定规范的界限，职业与职业之间相互交叉延伸，界限越来越模糊。比如研究人员，以前只搞科研和出成果，现在，在市场经济条件下，很多研究人员既是研究者，又是生产者、管理者，有的还是市场开拓者和经营者。很多企业为了生存和发展，也以一业为主，多业并举；这些企业的工作人员往往在一个岗位上要同时具有几种职能、几种身份。

（5）脑力劳动的职位在社会职位总额中所占比重加大

从中外的历史来看，脑力劳动者比体力劳动者要少得多。但是随着文化、教育、科学技术等的不断发展，社会的不断进步，脑力劳动者逐步增多。进入 21 世纪，随着信息技术的不断发展、进步，脑力劳动者增多现象会越来越明显。

3.3.2　职业环境分析

1. 职业环境分析的意义

（1）促进正确的生涯决策

高职毕业生在求职过程中往往出现一无所知和理所当然的状态，更有学生守株待兔等待着教师、家长的介绍。根据麦克斯关于高职学生在毕业半年后离职情况调查中发现，31%的毕业生因为个人发展空间不够离职，29%的毕业生因为薪资福利偏低离职，18%的毕业生因为想改变职业或行业离职。从高职生离职原因来看，高职生离职的根本原因还是因为就业前对职业环境不了解，盲目求职。如果毕业生能清晰、全面地了解职业环境，仔细分析了解企业用人单位要求及职业发展的普遍路径和规律等，就能结合自己的特点在社会中找到真正属于自己的工作，从而作出合理的生涯决策，而不是盲目跟风追逐别人认为好的工作，最后迷失在求职大军中。

（2）进一步认识和了解自己

在探索工作世界的过程中，学生常常会陷入两难的境地。比如，留在大城市找一份不稳定、目前也不很理想的工作，但是未来的学习、发展机会可能很多；回到家乡小城镇有个待遇不错的、稳定的工作，但是自己将来的发展前景非常有限，缺乏挑战性。世间的事没有完美的，外部条件总给我们设立这样那样的限制，看上去似乎很难，也会有些沮丧，但是深入思考，就会发现我们正是在这种两难的选择当中，越来越知道什么是对自己真正重要的，也越来越了解自己是谁，从而调整自己的行动，走出属于自己的生涯道路。

（3）培养和提升大学生的能力

很多高职毕业生寄希望于学校、职业指导教师或者其他专业的职业辅导工作人员能够告诉他们工作世界是什么样的，但结果常常令人失望，因为每个人（包括专业的职业辅导人员）由于个人知识、经验的局限不可能完全掌握所有工作世界的信息，所以职业环境分析更多是需要高职毕业生自己来完成。在这个分析过程中，高职学生可以培养和提升自己的很多能力。

总的来说，高职生就业受到社会环境、行业环境、组织环境、岗位环境、个体环境等方面的影响。

2. 社会环境

社会环境对每个人的职业发展都有重大的影响。它不但能够影响到我们的职业，还能影响到我们生活的方方面面。通过对社会大环境进行分析，了解所在国家或地区的经济法制建设发展方向，可以帮助我们寻求各种发展机会。

（1）政策环境

政策环境主要涉及国家的方针、政策，直接影响到个人的职业发展。影响职业的政治因素包括：教育制度、政治体制、经济管理体制、人才流动的政策等。比如，国家为了促进大学生就业，从 2003 年开始实施了一系列引导高校毕业生到基层就业的项目，像"三支一扶计划""大学生志愿服务西部计划""农村义务教育阶段学校教师特设岗位计划"等，还有公务员招录政策等，这使得我们进行职业选择的范围更加广泛。

（2）经济环境

经济环境是影响职业选择和发展的重要因素。一般来讲，经济发展形势越好，社会提供的可供选择的职业种类越多，就业的概率越大；相反，当经济处于萧条时期，必然对人才的需求会降低，因而，职业选择和发展的空间就会减少。

（3）法律环境

法律环境指中央和地方有关法规和有关规定，比如政府有关人员招聘、8 小时工作制、最低工资的强制性规定、现行的户籍制度、住房制度、人事制度和社会保障制度，这些因素都会对职业的选择和发展产生重大的影响。

（4）文化环境

文化环境包括教育条件和水平、社会文化设施等。在良好的社会文化环境中，个人能力往往能够得到良好的教育和熏陶，从而也就为其职业发展打下了良好的基础。

（5）价值观念

一个人生活在社会环境中，必然会受到社会价值观念的影响。在现实生活中，大多数人的价值取向在很大程度上都是为社会主体价值取向所左右的。一个人的思想发展、成熟的过程，其实就是认可、接受社会主体价值观念的过程。

3. 行业环境

职业发展是在特定的行业、具体的企业中进行的。组织的行业环境将会直接影响到组织的发展状况，进而也就影响到个人职业生涯的发展。行业分析既包括对目前所在行业的环境分析，也包括对将来想从事的目标行业的环境分析。下面结合建筑行业为例来分析职业环境。

（1）建筑行业现状及发展趋势

过去的几十年里，我国国民经济保持了平稳快速发展，固定资产投资规模不断扩大，为建筑业的发展提供了良好的市场环境，建筑业完成了一系列设计理论超前、建筑结构复杂、科技含量高、施工难度大、令世界瞩目的重大工程。具有产业规模创历史新高、国际市场开拓取得新进展、技术进度和创新成效明显等多项特征和趋势。

我们也可以通过各种行业分析报告、网络、图书等方式了解各行业在国民经济发展中的地位，了解该行业当前的发展现状，探索其未来的发展趋势。

（2）建筑行业人才需求状况

中华人民共和国成立以来，建筑业发展水平不断提高。建筑业总产值比中华人民共和国成立初期增加了 4000 多倍，从业人员占全国就业人口的比重超过 7％，建筑业在国民经济中的支柱产业地位显著增强。数据显示，截至 2019 年 9 月末，全国范围内，建筑人才需求同比增长 11.7％。一线地区中，广东对建筑人才需求增长较快，同比增长达到 15％；北京对建筑人才需求同比增长 13.5％；上海对建筑人才需求同比增长 13.2％。

（3）建筑行业的社会评价

中国特色社会主义进入新时代以来，我国全方位推进务实合作，打造政治互信、经济融合、文化包容的利益共同体。中国政府选择了"一带一路"这一条促进共同发展、实现共同繁荣的合作共赢之路。与此同时，建筑行业在推动我国"一带一路"建设中发挥了重大作用。以"中国建造"为核心的基础设施建设，不仅为互联互通打下了重要基础，还将带动相关产业链的转型升级。目前，中国建设行业各大企业已开始践行"一带一路"倡议，积极"走出去"。后疫情时代下，建筑行业依然为我国和世界经济发展注入新的活力。

（4）建筑行业代表人物

了解行业的代表人物是了解行业的一个较好的手段。三百六十行，行行出状元，各行各业都有自己的代表人物，通过调研行业代表人物的先进事迹、成长历程，可以加深对该行业的认识与了解。梁思成、刘敦桢、童寯、杨廷宝、吕彦直等都是我国建筑史上的主要代表人物。

（5）建筑行业标准及规范

每个行业都有自己的行业标准及规范，这些标准规范可能是明示的，也有可能是潜在的；可能是国家制定的标准，也有可能是行业内部的，这些都是了解行业的大好机会。建筑行业的从业者要详细了解行业标准和规范。

4. 组织环境

（1）组织文化

组织文化决定了一个组织如何看待其员工，所以员工的职业生涯是为其组织文化所左右的。一个主张员工参与管理的组织显然要比一个独裁的组织能为员工提供更多的机会；而一个渴望发展、追求挑战的员工自然也很难在论资排辈的组织中受到重用。当然，从另一方面来看，倘若个人的价值观与组织文化有冲突，难以适应组织文化，他在组织中也难以得到发展。没有优秀的组织文化便不会有卓越的组织。对求职者来说，个人与组织文化能否契合更是至关重要的。

（2）组织制度

组织员工的职业发展是要靠组织管理制度来保障的，包括合理的培训制度、晋升制度、绩效评估制度、奖惩制度、薪酬制度等。诸如组织价值观、组织经营哲学也只有渗透到制度中，才能得到切实的贯彻执行。凡是没有制度或者制度制定不合理、不到位的组织，其员工的职业发展就难以实现。

（3）领导者素质和价值观

一个组织的文化和管理风格与其领导者的素质和价值观有直接的关系。如果组织领导者不重视员工的职业发展，这个组织的员工也就没有希望了。

通过对企业分析可以得出：自己对企业发展战略、企业文化和管理制度的认同程度，企业组织结构发展的变化趋势，与自己有关的未来职务的发展预计。每个人要考虑自己在本企业内实现职业生涯目标的可能性有多大。

（4）组织实力

组织在本行业中是具备了很强的竞争力，还是处于一个很快就会被吞并的地位？发展的前景是什么？在激烈的市场竞争中，不一定是最大、最强的组织才能生存，即不是强者生存而是适者生存。只有适应环境发展趋势的组织才能生存。

5. 岗位环境

岗位是企业的组织细胞，也是个体实施职业行动的具体位置，同学们进入企业之后，都是在具体的岗位上开展工作，接受部门负责人的领导，实现自己的价值。岗位环境分析的主要内容包括：

（1）岗位的工作内容；

（2）岗位的责任人；

（3）工作岗位及其工作环境条件；

（4）岗位操作规范及操作守则；

（5）岗位职责与任职资格；

（6）与相关岗位工作人员的关系要求。

6. 个体环境

每个人总是处在一定的环境之中，离开了这个环境，便无法生存与发展。所以，在进行职业生涯规划时，要分析自身所处空间环境的特点及发展变化，并清醒地认识自己在环境中的地位以及环境对自身的要求。

（1）家庭环境

大学生在进行职业生涯规划时，绝不能忽视家庭这一重要的影响因素，而应多结合家庭的实际情况，争取得到家庭成员更多的帮助和支持，以免对以后的职业发展造成不良影响。从家庭状况的角度判断自身在社会中所处的位置。大学生们在家庭中接受的教育和影响是学校和社会教育无法替代且又是学校和社会教育所要求和希望的，也是人类社会发展所要求的。

① 家庭教育的影响

个人所受的家庭教育方式不同，在长期的潜移默化中所形成的价值观和行为模式就会有所不同，从而形成的职业理想和职业目标就会有一定的差异。

② 家庭经济状况的影响

有的大学生家庭经济条件不错，毕业后有可能选择继续学习深造以推迟就业而不是直接就业，家庭的经济后盾减轻了他在继续求学路上的"后顾之忧"。而有的毕业生因父母年事已高、体弱多病，家庭经济负担过重，不得不考虑现实而放弃原有的职业理想，调整职业发展路线，暂且选择一份高薪稳定的工作，以减轻家庭负担。等家庭经济有所好转、找到更好的起点时，再从事自己喜爱的职业，实现人生理想。所以，在做职业生涯规划时，一定要处理好职业理想和家庭现实状况之间的关系。

③ 家庭职业观念的影响

父母对待职业的态度会在一定程度上影响子女的职业观念，父母所从事的职业或平日较多的行为也会影响子女职业理想的确立和职业方向的选择。

（2）学校环境

大学生所受到的不同阶段的教育具有互补性。各种教育内容的相互交融和渗透，可以促进大学生整体素质的提高。因此，大学生应当自觉认识自己成长的环境与受教育的条件对个性形成的影响，并通过主观努力，改变自身不利因素，全面提高素质，为求职择业创造更加有利的条件。

教育因素不仅包括了个人的教育状况，而且还涉及整个教育的发展水平和社会对教育的要求。同时，社会价值观的导向作用和社会舆论对教育的评价也是一个不可忽视的因素。在实际的生活中，名牌大学或热门专业的毕业生在求职择业时往往有较大的选择余地，这正是社会对大学教育水平的评价和反映。

（3）地域环境

一个城市的地理环境会对该城市居民的工作、学习和生活产生直接影响，如城市的气候条件、行业基础、经济情况、人文环境、国家政策、文化品位、居民素质、城市规划及市政环境、发展定位和发展战略等方面的差异会直接影响到大学生的职业选择和发展前途。同时，大学生也应该把个人喜好与国家号召结合起来，到祖国和人民需要的地方去，自觉到艰苦的地方锻炼自己，加入到西部大开发的行业之中，不仅有利于自己更快地成长，而且还能以实际行动促进国家经济发展战略的实施。

3.3.3　职业探索的途径和方法

研究证明，有过职业生涯探索的个体在工作后，能体验到更高的工作满意度、工作效能感和职业成就感。从某种意义上说，没有职业探索，就没有真正意义上的职业规划、职业决策。在高职生中，仍有不少人在毕业时还没有思考过自己能做什么，喜欢做什么，在工作中自己擅长哪些方面。这在一定程度上造成了毕业后盲目就业和频繁跳槽的现象。因此，在校高职生应该树立职业探索意识，通过各种途径和方法，开展职业生涯探索活动。实践出真知，只有通过实践，才能形成感性认识，从而指导自己的学习和生活，逐步调整自己的职业生涯规划，使自己的职业生涯规划更加趋于合理。

1. 静态资料

静态资料包括网络资料和出版物两大类。

互联网发展到今天，已经渗透到我们学习、工作和生活的方方面面。现在是一个资讯相当发达的互联网时代，人们可以从网络上获取各种各样的信息。

出版物主要是指职业指导相关书籍。通过阅读书籍，了解社会中的众多行业，了解每一职业所需的工作内容、就业范围、求职要求、晋升阶梯、薪酬和工作环境等信息。

2. 动态资料

大学生可以通过参与真实情境的社会实践和专业学习，以及生涯人物访谈等方式了解并认识职业环境。

（1）社会实践

社会实践就是通常意义上的假期实习，高职生可以利用寒暑假，主动联系工作单位进行实习，亲身走进企业，将自己的所学运用到实际的工作环境中去，寻求自身所学与实际能力要求之间的差距，补缺补差，加强自身对本专业的了解、确认适合的职业方向、为向职场过渡做准备，从而增加阅历，积累经验，增长才干，用职场中的所学所感指导今后自己的职业生涯规划。

（2）专业实习

专业实习是教学计划中一个重要的实践教学环节，它的目的是贯彻理论联系实际的教学原则，巩固和提升已经学过的理论知识和实践技能，培养学生运用已有知识分析和解决实际问题的能力。有针对性的、指导性较强的实习不仅能够帮助学生强化专业知识，而且能极大程度地发挥学生的主观能动性，培养良好的学习习惯、积极的探索精神和创新能力。通过教学实践中的摸索与探讨以及专业教师的协助与指导，学生在专业实习中能够逐步获得实践工作的能力。

（3）生涯人物访谈

生涯人物访谈指的是通过与一定数量的职场人士（通常是自己感兴趣的职业从业者）会谈从而获取关于一个行业、职业和单位"内部"信息的一种职业探索活动。

生涯人物访谈对于在高职学生认识职场、了解社会，是非常有帮助的。由于访谈采取的是和职场人士直接交流的方式，采访者可以了解与未来工作有关的特殊问题或需要，如潜在的入职标准、核心素质要求、晋升路径、业内潜规则和工作者的内心感受等，这些信息是通过大众传媒和一般出版物得不到的。采访者还可以通过访谈，检验和印证以前通过其他渠道获得的信息。

生涯人物访谈的具体步骤如下：

① 寻找生涯人物

结合自己的兴趣技能、工作价值观、教育背景和已掌握的职业知识，列出未来可能从事的 3～5 个职业，然后在每个职业领域寻找 3 位以上的在职人士作为生涯人物。生涯人物可以是自己的亲人、老师和朋友，也可以是他们推荐的其他人，而更多的可能是借助行业协会、大型同学录或某个具体组织的网页寻找到的职场人士。

② 整理资料

整理所获取的生涯人物的资料，然后依据各人的具体情况（包括年龄、生活习惯、个人爱好、居住地等）选择访谈目标和具体的时间、地点。

③ 预约生涯人物

预约方式有电话、QQ、电子邮件和普通信件等，其中电话最好。预约时首先介绍自己，然后说明找他（她）的途径、自己的采访目的、感兴趣的工作类型以及进行采访所需要的时间（20～30 分钟）。

④ 设计访谈问题

一次访谈的问题以 5～10 个为宜，不宜过多；所提问题要根据自己的具体要求进行设计，以获得对自己有用的信息；设计的问题最好以封闭式为主，既节约时间，又能得到需要的答案；问题设计要尽量口语化、通俗、易懂。

访谈问题——（针对就业）

问题 1：您是如何找到这份工作的？

问题 2：目前，行业内要求从事这份工作的人应具备什么样的教育和培训背景？

问题 3：您认为做好这份工作应该具备哪些知识、技能和经验？

问题 4：您认为什么样的个人品质性格和能力对做好这份工作来讲是重要的？

问题 5：行业内，单位对刚进入该领域工作的员工一般会提供哪些培训？

问题 6：在行业内，先从什么样的工作岗位做起，能学到最多的知识，最有益于发展？

问题 7：据您所知，从事这种工作的人在单位或者行业内发展的前景怎么样？

问题 8：您如何看待该单位的组织文化和该领域的工作方式在将来的变化趋势？

问题 9：男女工作者在这份工作上机会均等吗？

问题 10：平常在工作方面，您每天都做些什么？

问题 11：您在做这份工作时，觉得什么是最成功的，什么最有挑战性？

问题 12：就您的工作而言，您最喜欢什么，最不喜欢什么？

问题 13：在您的工作领域里，初级职位和略高级别职位的薪水一般是什么水平？

问题 14：据您所知，有什么职业杂志、行业网站或其他渠道能帮助我深入了解这个领域？

问题 15：您的熟人中有谁能够成为我下次采访的对象吗？

以上问题仅供参考，各人提的问题要根据自己的具体情况进行设计。生涯人物访谈是要从生涯人物那里获得对自己有用的信息。设计的问题尽量以封闭式为主，既节约时间又能得到需要的答案。问题设计要尽量口语化，要通俗易懂。

⑤ 采访生涯人物（至少三个）

采访方式可以是面谈、电话访谈、QQ 访谈，最好是面谈。面谈前，采访者一般可以用已经从其他渠道了解的生涯人物的好消息轻松打开话题。之后就可以按设计好的问题开始访谈了。在访谈结束时，请生涯人物再给自己推荐相关的生涯人物。这样就能以滚雪球的方式拓展自己的职业认识领域。

面谈注意事项：

a. 采访前为自己准备一则"30 秒的广告"，因为在访谈过程中生涯人物可能会问采访者的职业兴趣和求职意向。

b. 面谈前，应征求生涯人物的意见，视情况对谈话进行录音或书面记录，或不记录。

c. 面谈一定要守时、简洁，不浪费他人时间。

d. 不要利用访谈找工作，否则会引起访谈者的反感。

e. 访谈结束后，对不允许访谈现场记录的内容应迅速补记。

f. 采访结束后一天内，要通过适当的方式表示感谢。

⑥ 整理访谈记录，总结心得体会，撰写生涯人物访谈报告。

案例研讨：

把握职业环境，轻松搞定工作

小戴是一名东北女孩，考入工程造价专业，迈入大学她就给自己定了目标：毕业要找份好工作。

"就业难"是大学生热点话题，小戴认为"就业难"的根本原因在于大学生对就业市场缺乏足够的了解，与用人单位之间信息不对称，不了解用人单位的需求，导致盲目地求职择业，不能有效地把握机会。

基于这种判断和认识，小戴从大一就开始有意识地加强对就业市场和就业环境的了解。她经常浏览人才网站和学校就业中心网站，了解最新的就业信息与形势政策；她还经常关注与自己专业对口的用人单位，搜集并研究其招聘信息和招聘要求。

面临毕业的时候，小戴通过分析积累的各种信息，结合自己实际，很快确定了自己的求职目标。经过一个月的充分准备，在目标单位组织的招聘考试中取得第一名，高效搞定自己心仪的第一份工作。

总结三年的高职历程，小戴认为自己的成功经验有三点：一是脚踏实地地从基础开始，慢慢积累就业所必需的基础知识；二是一点一滴地做好就业准备，把握人才市场的动态需求；三是按用人单位的需求提升自己的素质和能力。

点评： 了解职业与发展环境，是职业规划的重要环节。职业是同学们职业生涯规划的出发点和归结点。职业发展环境是同学们进行职业生涯规划的重要依据，是实现职业理想的必要条件。科学分析职业环境，合理利用各种信息资源，将会使职业发展更加顺利。总之，对职业本身的认知和对职业环境的有效分析，是同学们合理规划职业生涯的保障。

任务 3.4　职业决策与行动

3.4.1　决策和目标设立的基本知识

1. 概念

决策是为了实现一定目标，采用一定的科学方法和手段，从两个以上的方案中选择一个满意方案的分析判断过程。它是建立在决策者自身和周边环境分析基础上，确定行动目标，并对实现目标的若干可行性方案进行比较和选择，最终确定一个最为优化合理的方案的分析决断过程。简单地说，决策就是做决定的过程。

2. 决策的风格

决策风格是指生涯决策者在进行职业生涯决策过程中倾向的决策策略，属于决策者的主观影响因素。相同条件下，决策者的不同策略倾向将对结果产生很大的影响。因此，明确生涯决策风格将对决策者的决策过程有一定的指导作用。

美国职业生涯专家斯科特和布鲁斯于 1959 年认为决策风格是在后天的学习经验中逐渐形成的，他们将决策风格划分为 5 种类型：直觉型、理智型、自发型、依赖型和回避型。

（1）直觉型

以依赖直觉和感觉为特征，比较关注内心的感受。直觉型的决策风格以自我判断为导向，在信息有限时能够快速作出决策。当发现错误时能迅速改变决策。由于以个人直觉而不是理性分析为基础，这类决策发生错误的可能性较大，因此，易造成决策不确定性，容易丧失对直觉型决策者的信心。

（2）理智型

以周全的探求，对选择的逻辑性评估为特征。理智型的决策者具备深思熟虑、分析、逻辑的特性。这类决策者会评估决策的长期效用并以事实为基础作出决策。理智型决策风格是比较受到推崇的决策方式，强调综合全面地收集信息、理智的思考和冷静的分析判断，是其他决策风格的个体需要培养的一种良好的思考习惯。但理智型的决策风格也并不是理想的、完美的决策方式，即使采用系统的、逻辑的方式，也会出现因为害怕承担决策的后果而不能整合自己和他人观点的困扰。

（3）自发型

以渴望即刻、尽快完成决策为特征。自发型的个体往往不能够容忍决策的不确定性以及由此带来的焦虑情绪，是一种具有强烈即时性，并对快速做决策的过程有兴趣的决策风格。自发型决策者常会基于一时的冲动，在缺乏深思熟虑的情况下做出决策，此类决策者通常会给人果断或过于冲动的感觉。

（4）依赖型

以寻求他人的指导和建议为特征。依赖型的决策者往往不能够承担自己做决策的责任，允许他人参与决策并共同分享决策成果，会受到他人的正面评价，但也可能因为简单地模仿他人的行为导致负面的结果。

（5）回避型

以试图回避作出决策为特征。回避型的决策风格是一种拖延、不果断的方式。面对决策问题会产生焦虑的决策者，往往因为害怕做出错误决策而采取这样的反应。往往是由于决策者不能够承担做决策的责任，而倾向于不考虑未来的方向，不去做准备，不知道自己的目标，也不思考，更不寻求帮助。这样的决策者更容易受到学校等支持系统的忽略。所以，这些学生需要意识到自身的决策风格及其可能造成的危害，努力调整，增强职业生涯规划的意识和动机，才能从根本上得到帮助。

3.4.2　职业决策的影响因素

一般来说，职业生涯决策过程中遇到的影响因素包括以下三个方面：

1. 个人影响因素

知识和信息缺乏，个人缺少决策经验和决策指示，缺乏决策程序和决策技巧的相关知识，对于行业信息缺乏了解等，都会影响个人生涯决策的制订。

个性特征方面的因素，比如意志薄弱、依赖他人、缺乏自信心、非理性信念的影响、动机冲突、能力等。个人的职业选择容易受到外界的影响和干扰，比如当自己喜欢做研究，家人、朋友却说男生做销售好，赚钱多，工作又好找，如果这时候对自己缺乏信心，喜欢依赖别人，就容易影响自己的职业生涯的决策。

2. 他人影响因素

人是社会的人，是在人际关系中存在的人，一个人往往与周围很多人有着千丝万缕的联系，这些联系往往影响着你做出的每一个决定。当自己还是个孩子，喜欢什么、想做什么往往受到父母的影响；等自己慢慢长大，又会经常受到同辈的影响；到成家以后，你的决定又会受到爱人、孩子、老人的影响等。

3. 社会影响因素

我们决策的时候要考虑到家庭因素，更要考虑社会因素。社会大环境中的经济、历史、文化的力量都在干扰着有效决策的作出。

经济衰退，政局动荡不安，都是影响个人职业生涯规划的重大阻力；性别或种族歧视等同样也存在于社会这个大环境中，对于女性的性别歧视也严重阻碍着女性的职业生涯规划，很多领域中女性遭到排斥；年龄歧视同样存在，一些单位可能因为你已经超过了 35 岁而不愿接受你。这些困难的确在社会中存在，需要在很多决策过程中慎重考虑。有效的职业生涯决策应该逐渐发展出一套策略，通过调整、修正、扬长避短，以克服来自社会的干扰决策的因素。

3.4.3　生涯决策的方法

对一名高职生而言，成功的职业决策，要达到"四吻合"，即性格和职业的吻合、兴趣与职业的吻合、能力和职业的吻合、气质与职业的吻合；同时要能对社会和家庭的发展起到良好的促进作用。因此，完美的职业决策能使所选择的职业带来愉悦的内心体验，能达到工作成效、社会成效和个人幸福感、家庭幸福感的完美统一。

目前较为常用的决策方法主要有 CASVE 循环分析法、SWOT 决策分析法、生涯决策平衡单。

1. CASVE 循环分析法

在进行重大决策时，为了降低风险，尽可能充分地考虑决策所涉及的多方面因素，我们推荐使用 CASVE 循环分析法。美国心理学家彼得森及其同事在认知信息加工理论（CIP）中提出了 CASVE 决策模型。该模型认为一个良好的决策需要经历五个步骤：沟通（Communication）、分析（Analysis）、综合（Synthesis）、评估（Valuing）、执行（Execution）（图 3-5）。

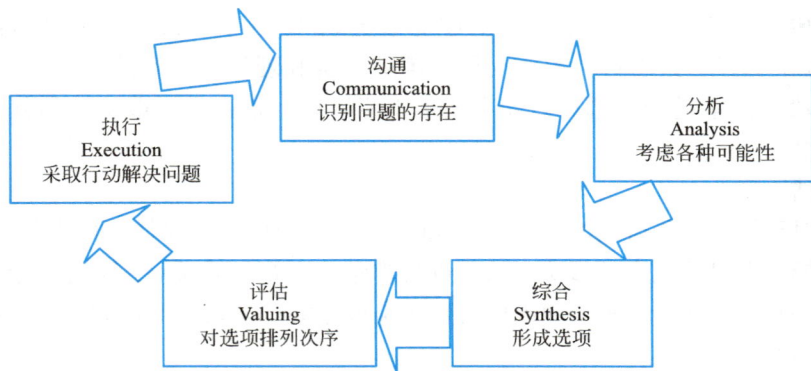

图 3-5　CASVE 循环模型图

（1）沟通（Communication）

沟通，包括内部和外部的信息交流，通过交流使个体意识到理想和现实之间存在的巨大差距。内部的信息交流，是指个体自身的身心状态，比如在毕业找工作的时候，你可能会感受到焦虑、抑郁、受挫等情绪，在躯体上会有疲倦、头疼、消化不良等反应，这些情绪和身体状态都是一些提醒你需要进行内部交流沟通的信号。外部的信息交流，是指外界的一些对你产生影响的信息，比如宿舍同学开始准备简历就是给你提供了一种外部信息，你也需要开始准备找工作了；又如在求职过程中父母、老师、朋友给你提供的各种建议。通过内部和外部沟通，你意识到自己需要解决某些问题，这样的交流对开始生涯选择十分重要。沟通阶段需要回答的最基本的问题是：此刻我正在思考并感觉到的自己的职业选择是什么？

（2）分析（Analysis）

分析，是通过思考、观察和研究，对兴趣、能力、价值观和人格等自我知识以及各种环境知识进行分析，从而更好地理解现存状态和理想状态之间的差距。

在分析阶段需要对两方面的知识进行了解。首先是自我知识，包含了兴趣：我喜欢做什么？做什么事情的时候我最能够投入？做什么事情能让我得到享受？能力：我擅长做什么？什么事情是我能做得比别人好的？我都掌握了哪些专业知识？价值观：我看重什么？我这辈子希望达到的目标是什么？我希望工作可以带给我什么？人格：我是内向的还是外向的？我关注宏观抽象的事物还是具体细节？我倾向理性思考还是感性体验？我习惯于有条不紊还是随机应变？

其次是环境知识，每一个选择处于什么样的环境？会带来什么样的生活？需要付出什么努力？比如：对于专升本来说，需要付出什么努力？花多长的时间准备？本科之后的生活是什么样的？本科生毕业之后的求职情况如何？而对于找工作也需要了解每一份职业相关的信息。

（3）综合（Synthesis）

综合，是根据分析阶段所得出的信息，先把选择范围扩展开来，然后再逐步缩小，最终确定3～5个最可能的选项。这个先扩大后缩小的过程非常重要。通过分析阶段，我们对自我的各方面都有了很多了解，每一个方面都分别对应着很多职业，把这些职业都列出来，就会得到一个范围很广的选择列表；然后选取其中的交集，就得出了缩小的职业选择范围；然后，把最可能从事的职业限定到3～5个。最后，可以问自己"假如我有这3～5个选择，是否可以解决问题，消除现实和理想状态的差距？"如果可以，就进入评估阶段做出最适合的选择，如果还是不能解决问题就需要重新回到分析阶段了解更多信息。

（4）评估（Valuing）

评估，对于综合阶段得出的3～5个职业进行具体的评价，评估获得该职业的可能性，以及这个选择对自身及他人的影响，从而进行排序。比如，可以问：①对我个人而言什么是最好的？②对我生活中的重要他人而言什么是最好的？③大体上，对我所处的环境而言什么是最好的？

（5）执行（Execution）

执行，是整个CASVE的最后一部分，前面的步骤只是确定了最适合的职业，需要在执行阶段将所有想法付诸实践，如：开始具体的求职过程；也为再一次回到沟通阶段提供线索，以确定沟通阶段所存在的职业问题是否得到了很好的解决。在执行阶段，需要制订计划，进行实践尝试和具体行动。如果没有解决可以再次回到沟通阶段，重新开始一次 CASVE 循环，直到职业生涯问题被解决为止。

2. SWOT 决策分析法

SWOT 决策分析法是由哈佛商学院 K. J. 安德鲁斯教授于 1971 年在其《公司战略概念》一书中提出，是企业战略决策、市场营销分析最常用的方法之一。其中：S 代表 Strength（优势），W 代表 Weakness（弱势），O 代表 Opportunity（机会），T 代表 Threat（威胁）。S、W 是内部因素，O、T 是外部因素。在职业生涯规划决策中，如能对自己进行细致的 SWOT 决策分析，你会清楚知道自己的优势和弱点在哪里，并会仔细评估出自己所感兴趣的职业道路的机会和威胁。

（1）优势分析——自己出色的地方

优势分为个人优势和资源优势。个人优势属于个人因素，不随外界因素变化，如口才好、交际能力出众、有文体特长等，是显性优势，容易把握。另外一些优势相对隐性，如对数字敏感、逻辑能力强等，不管对职业有无帮助，都要先罗列出来。若担心不够全面，可请同学帮忙，互相提醒，认真挖掘。

资源优势包括人力资源、财力资源、品牌资源、知识资源等，如认识有能力的朋友、出身名校、专业紧俏，当然最重要的资源，还是知识资源。把自己的专业重新解读一下，会豁然开朗。

（2）劣势分析——自己落后的方面

找出劣势，对于战略规划意义重大。在了解自己能做什么之前，应先了解最好不要做什么、可能遇到什么麻烦，这样可以降低失败的概率。过度自信或自卑都可能影响我们的判断力，不要把"没有优势"直接看作"劣势"，在某方面没有优势仅仅说明不够出众，如果妄自菲薄为"劣势"，就可能真的成为劣势。客观地剖析一下自己的短处，如不善言辞、粗枝大叶、缺乏一技之长等。分析劣势的目的不是使自己变得沮丧，而是要了解如何避开劣势，在职业道路上走得更顺畅些。大学生也有些共性劣势需要注意，如缺乏经验、自我期望较高，从而导致跳槽频繁，知识过时不适用于企业等。

（3）机会分析——有利于职业选择和职业发展的一些机会

宏观上，包括国家经济形势、产业政策、法律法规、各区域产业发展态势、行业趋势等；微观上，包括搜集到的来自各企业、政府部门、人才市场、学校或学长们提供的有利信息，尤其要关注和自己专业或自身优势相关的边缘型、复合型职业领域，还有职业竞争者薄弱、国家强烈倾向的人才政策等利好信息，对机会的分析需要宽广的视角。

（4）威胁分析——存在潜在危险的方面

威胁包括人才市场竞争激烈、人才需求饱和、所学专业领域增长过缓甚至衰退、新的低成本竞争者、人才需求方过强的谈判优势、不利的政策信息、新提高的职业门槛等；也包括自身的健康隐患、家庭不稳定、财务状况糟糕等。若能对威胁有所预防，就等于先确立了一定程度的优势，普遍存在的各类威胁也能成为我们参与社会竞争的有力工具。罗列四个维度的要素时，应把内部因素和外部因素分别列出，并将各部分最重要的因素压缩到 5 个左右，然后开始职业机会分析（表 3-6）。

SWOT 矩阵示例 表 3-6

内部因素	Strength(优势) 指个体可控并可利用的内在积极因素: (1)工作经验丰富; (2)良好的教育背景; (3)丰富的专业知识和技能; (4)特定的可转移技巧(如沟通、团队合作、领导能力等); (5)人格特质(如职业道德、自我约束能力、承受工作压力能力、创造性、乐观等); (6)广泛的个人关系网络; (7)在专业组织中的影响力	Weakness(弱势) 指个体可控并努力改善的内在消极因素: (1)缺乏工作经验; (2)学习成绩差,专业不对口; (3)缺乏目标,且对自我的认识和对工作的认识都十分不足; (4)缺乏专业知识; (5)领导能力、人际交往能力、沟通能力和团队合作能力较差; (6)寻找工作的能力; (7)负面的人格特征(如职业道德败坏、缺乏自律、缺少工作动机、害羞、情绪化等)
外部因素	Opportunity(机会) 指个体不可控但可以利用的外部积极因素: (1)就业机会增加; (2)再教育的机会; (3)专业领域急需人才; (4)由于提高自我认识、设置更多具体的工作目标带来的机遇; (5)专业晋升的机会; (6)专业发展带来的机会; (7)职业道路选择带来的独特机会; (8)地理位置的优势; (9)强大的关系网络	Threat(威胁) 指个体不可控但可以使其弱化的外部消极因素: (1)就业机会减少; (2)由同专业的大学毕业生带来的竞争; (3)具有丰富技能、经验、知识的竞争者; (4)拥有较好的寻找工作技巧的竞争者; (5)名校毕业的竞争者; (6)缺少培训、再学习造成的职业发展障碍; (7)工作晋升机会十分有限或者竞争激烈; (8)专业领域发展有限; (9)公司不再招聘与你同等学历或专业的员工

案例研讨:

毕业生小丁的 SWOT 分析

小丁是某高职院校建筑工程技术专业学生,在校期间专业成绩优秀,多次深入工地现场参与实训,且一直担任学生干部,得到老师和同学的一致认可。但小丁性格有些急躁,遇事易冲动,有时候很难踏踏实实完成工作。现在,小丁面临毕业,想找一份与专业相关的工作,他是这样做自己的 SWOT 分析的(表 3-7)。

SWOT 分析 表 3-7

SW＼OT	机会 建筑类方面人才需求旺盛; 建设行业发展前景不错; 建筑施工现场人才较受重视	挑战 就业竞争激烈; 金融危机影响企业招聘; 企业更加看重实际经验
优势 专业成绩优秀; 学生干部经历; 企业实训经历; 人际关系和谐	优势-机会策略 发挥专业优势,融入企业; 发挥担任学生干部的优势; 加强人际沟通,打动招聘官	优势-挑战策略 准确定位竞争优势; 强调自身学习适应能力; 合理明确就业定位
劣势 工作阅历缺乏; 性格急躁,容易冲动	劣势-机会策略 增加跨行业实训经验; 学习职业技能课程; 完善自身性格	劣势-挑战策略 克制冲动的个性; 加强学习,差异化竞争; 积极寻找能够发挥自身优势的企业
职业决策结论	定位于本区域内中小型施工企业,从事具体现场施工工作,在工作中进一步提升自己	

3. 生涯决策平衡单

生涯决策平衡单技术是由詹尼斯和曼设计，将重大事件的思考方向集中到四个主题上：

（1）自我物质方面的得失；

（2）他人物质方面的得失；

（3）自我赞许与否；

（4）社会赞许与否。

著名生涯辅导专家和心理治疗专家金树人将最后的两项"自我赞许与否"和"社会赞许与否"改为"自我精神方面的得失"与"他人精神方面的得失"，就是从以"自我—他人"，以及"物质—精神"所构成的四个范围内来考虑，如图3-6所示。

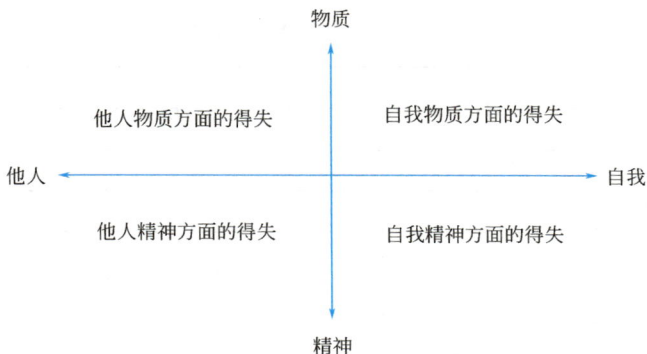

图3-6 生涯决策平衡的主题

在决策过程中对可能的选择进行评估排序时，需要详尽地考虑到所涉及的各方面因素。一个有效的方法是用"生涯决策平衡单"，他将重大决策的思考方向集中到四个主题上：个人物质方面的得失、他人物质方面的得失、个人精神方面的得失、他人精神方面的得失，然后依据其在利弊上得失的加权排定各个选项的优先顺序，以执行最优先或偏好的选项。生涯决策平衡单如表3-8所示。

生涯决策平衡单   表3-8

考虑项目（权重-5～+5）		选择一				选择二			
		得（+）		失（-）		得（+）		失（-）	
		原始分	加权分	原始分	加权分	原始分	加权分	原始分	加权分
个人物质方面的得失	1. 收入								
	2. 工作的困难								
	3. 升迁的机会								
	4. 工作环境的安全								
	5. 休闲时间								
	6. 生活变化								
	7. 对健康的影响								
	8. 就业机会								
	9. 其他								

续表

考虑项目 （权重−5～+5）		选择一				选择二			
		得（+）		失（−）		得（+）		失（−）	
		原始分	加权分	原始分	加权分	原始分	加权分	原始分	加权分
他人物质方面的得失	1. 家庭经济								
	2. 家庭地位								
	3. 与家人相处的时间								
	4. 其他								
个人精神方面的得失	1. 生活方式的改变								
	2. 成就感								
	3. 自我实现的程度								
	4. 兴趣的满足								
	5. 挑战性								
	6. 社会声望的提高								
	7. 其他								
他人精神方面的得失	1. 父母								
	2. 师长								
	3. 配偶								
	4. 其他								
合　计									
相关差数									

生涯决策平衡单使用方法：

第一步：在第一行列出你的可选职业生涯方向的方案。

第二步：在"考虑项目"列中，根据个人关注的内容，填入在选择中需要考虑的因素（以上表格所列项目仅为参考范例，个人可根据各自实际情况罗列）。

第三步：将表的各项加权打分。

（1）根据各方案具有的优势（得分）、缺点（失分）来考量，给出每个项目的得分或失分，计分范围1～10分。

（2）给每个"考虑项目"赋予权重：重要性因人、因时、因地而不同。对于此刻的你，可以根据考虑项目的重要性与迫切性，乘上权数，加权范围1～5倍。

第四步：合计每个方案的优点总分和缺点总分，正负相加，算出得失差数。

案例研讨：

生涯决策平衡单应用案例

小明是某建筑类高职院校工程造价专业的毕业生，他一直对心理学比较感兴趣，想读心理学专业的本科，将来从事心理咨询师的工作。但是由于本专业毕业生就业机会多，薪水高，而且如果进入自己不熟悉的领域又有一定难度。父母和同学建议先就业，小明有些犹豫。处在人生道路的十字路口，小明利用决策平衡单法，坚定地做出了自己的选择（表 3-9）。

小明的生涯决策平衡单 表 3-9

考虑因素		权重	直接就业		心理学专业深造	
	项目		打分	权重分	打分	权重分
个人物质方面得失	就业前景	2	5	10	−2	−4
	薪水	4	4	16	2	8
	对健康的影响	4	−2	−8	4	16
	未来展望	4	3	12	−2	−8
个人精神方面得失	兴趣发挥	5	−3	−15	5	25
	工作对象	2	−2	−4	3	6
	价值观	5	0	0	0	0
他人物质方面得失	家庭收入	4	3	12	−2	−8
	与家人相处的时间	4	−2	−8	4	16
	与朋友相处的时间	2	−3	−6	2	4
他人精神方面得失	家人支持	2	4	8	−2	−4
	家人的荣耀感	3	2	6	−2	−6
合计			23		45	

3.4.4　职业生涯规划的反馈与修正

俗话说："计划赶不上变化"。影响职业生涯发展规划的因素有很多，而变化因素并不能时刻被预测到。这种情况下，让职业生涯规划行之有效的唯一途径就是不断地结合个人收获发展等思考职业规划的可行性，不断地对该规划进行评估和更改修订。职业的二次选择、发展模式、实施措施、自我努力方向等都是修订职业生涯规划时需要考虑的内容。

1. 自我评价与调整

职业生涯规划的目标受周围环境的影响较大，因而在不了解自身及外界环境时定下的职业生涯规划大多存在模糊不清或偏离实际等问题。时间是检验职业目标是否正确的有效依据，应该在不断学习和生活中汲取经验，回顾自身行为反思自我，进而判断自己职业生涯规划的有效性和可行性。同时，应在实施的过程中有意识地总结经验教训，不断对职业生涯规划进行评估和修订，拉回阶段目标的偏差以达到自己的最终职业目标。

大学生在职业生涯发展过程中不能急于求成，要不断地将预期目标与现实状况进行比较分析，筛选出有效的阶段目标，制定出有效的实施方案；要不断提升自我能力，结合自身及环境影响，制定可行的措施和合理的目标，实现对职业生涯的阶段进展和不断调整。因此，大学生的职业生涯是在不断的尝试、调整中确定和完成的。

2. 反馈与修正

信息反馈虽然是职业生涯规划过程中的最后一个步骤，但却是极其重要的。由于原定的职业生目标总会受不确定因素的影响而与实际状况产生偏差，所以对职业规划进行再认识、再发展的反馈调整机制是非常有必要的。生涯规划的实施反馈要求我们时时注意内外环境的变化，不断地审视自我，不断地调整自我，不断地修正策略和目标，以确保个人生涯规划的有效性。

任务 3.5　职业生涯规划书撰写

职业生涯规划书是对职业生涯规划的书面化呈现，不仅能展现大学生的宏观职业生涯规划，还能对具体的学习和工作起到指导及鞭策作用。

3.5.1　职业生涯规划书的基本格式和主要内容

大学生职业生涯规划书的基本内容主要包括以下几个方面。

1. 扉页

包括题目、姓名、基本情况介绍、生涯目标、规划年限、年龄跨度、起止时间等。

2. 自我分析

一个有效的职业生涯设计必须是在充分且正确认识自身条件的基础上进行的。要审视自己、认识自己、了解自己，做好自我分析，包括自己的兴趣、特长、性格、学识、技能、智商、情商思维方式等。即要弄清我想干什么，我能干什么，我应该干什么，以及在众多的职业面前我会选择什么等问题。职业生涯规划书中可包括以下内容：

（1）我的职业倾向分析；

（2）我的职业价值观判断；

（3）我的性格评估；

（4）我的能力盘点；

（5）我的兴趣梳理；

（6）个人经历回放；

（7）自我分析与评估总结。

3. 环境评估

职业生涯规划还要充分认识与了解相关宏观和微观环境，评估环境因素对自己职业生涯发展的影响，分析当前所面临的环境条件的特点和发展变化情况，把握环境因素的优势与限制。了解本专业、本行业的地位、形势以及发展趋势。职业生涯规划书中可包括以下内容：

（1）社会环境分析；

（2）学校环境分析；

（3）家庭环境分析；

（4）行业环境分析；

（5）组织环境分析；

（6）职业分析；

（7）岗位分析；

（8）环境分析结论。

4. 职业决策与定位

职业定位就是要为职业目标与自己的潜能及主客观条件谋求最佳匹配。良好的职业定位是以自己的最佳才能、最优性格、最大兴趣、最有利的环境等信息为依据的。这个规划环节包括确定职业方向、各阶段职业目标和总体目标、职业发展路径等内容。职业生涯规划书中可包括以下内容：

（1）明确可选的职业目标；

（2）职业评估与决策；

（3）职业生涯路径设计；

（4）职业定位结论；

（5）备选方案分析。

5. 职业生涯实施计划

就是要制订实现职业生涯目标的行动方案，要有具体的行为措施来保证。没有行动，职业目标只能是一种梦想。要制订周详的行动方案，以逐步缩小差距实现各阶段目标，更要注意去落实这一行动方案。职业生涯规划书中可包括以下内容：

（1）长期、中期、短期职业生涯计划；

（2）各阶段计划的分目标、计划内容（专业学习、职业技能、职业素养）；

（3）计划实施策略。

6. 评估与反馈

职业生涯规划是一个动态的过程，必须根据实施结果的情况及变化进行及时的评估与修正。整个职业生涯规划要在实践中去检验，看效果如何，及时诊断生涯规划各个环节出现的问题，找出相应对策，对规划进行调整与完善。职业生涯规划书中可包括以下内容：

（1）可能存在的风险；

（2）预评估的内容；

（3）风险应对方案。

3.5.2　职业生涯规划书撰写注意事项

1. 资料翔实，步骤齐全

收集资料有多种途径，可以通过访谈、从报刊图书中摘抄、上网下载等方式获取资料，要尽可能注明资料的出处，并多运用图表数据来说明问题，以提高资料来源的可信度和说服力。

2. 论证有据，分析到位

要了解有关的测评理论及知识，认真审视并思考自己的测评报告并对照自我认识与测评结果的异同，分析与测评结果形成差距的原因，从而确定自我评估结果，达到"知己"。

3. 结构紧凑，逻辑严密

语言朴实简洁，用词精练准确，行文流畅，条理清楚，这是最基本的写作要求。撰写时还应密切注意整篇文章的结构和重点所在。必须紧紧围绕职业目标这条主线来展开，从而体现文章论述的逻辑性和连贯性。要将重点放在自我评估、环境评估、目标实施上。

4. 目标明确，合理适中

撰写职业生涯规划书应围绕论述的中心展开，职业生涯目标不能过于理想化，应"择己所爱""择己所长""择世所需""择己所利"。职业生涯规划书撰写是否成功，在很大程度上取决于有无正确适当、切实可行的目标。

5. 分解合理，组合科学，措施具体

目标分解实现路径选择要有理论依据，而且备用路径之间要有内在联系。目标组合要注意时间上的并进连续，功能上的因果、互补作用，全方位的组合要涵盖职业生涯、家庭生活、个人事务等方面。

项目实践

完成以下自我认知探索任务

任务一：生涯彩虹图

第一步：绘制生涯彩虹图。一个人一生中扮演的许许多多角色就像彩虹同时具有许多色带，每一条色带代表一个生涯角色。按照不同时期各个角色的重要性和比重，用粗细深浅的线条涂在各个角色的色带上，代表在不同时期需要对不同角色付出的努力和时间，角色重要性的急剧变化可以用色带粗细的明显改变表示。

第二步：分析生涯彩虹图。完成自己的生涯彩虹图后，查看颜色涂的较深的时间段以及较多的时间段。分析这些时间段的规划是否太忙或者过于空洞？是否需要做出一些调整？

第三步：构思未来十年的人生圈。思考未来十年在不同角色需要完成的事情或目标是什么？

角色名称	目标
持家者	
工作者	
子女	
休闲者	
学生	

任务二：自我认知测评

1. 完成 MBTI 性格测评

① 我的 MBTI 类型是：_____、_____、_____、_____

② 根据 MBTI 性格测评的结果，我对自己的描述大致为：

③ 根据《自我认知-兴趣》,在你列出的 10 项你喜欢的职业中,结合本次性格探索,遴选出适合你的职业:

_____、_____、_____、_____、_____

2. 完成霍兰德职业兴趣测评

① 我的霍兰德兴趣是:_____、_____、_____

② 请标注出自己的霍兰德六角形:

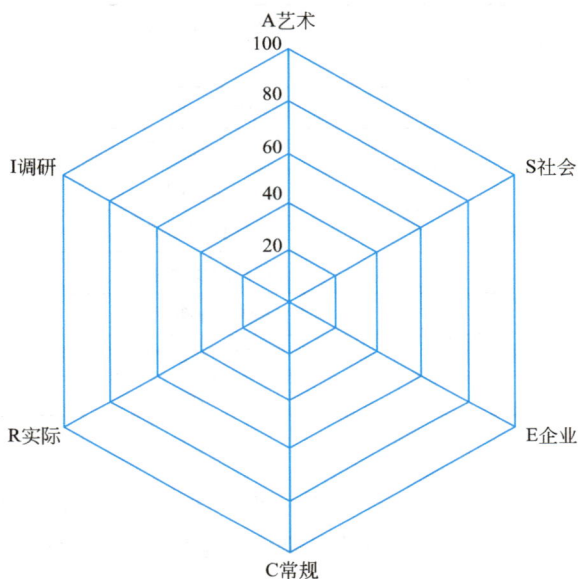

3. 完成职业技能测评

① 以下 10 种职业技能,每项技能分为 10 分,请根据自身实际情况予以打分。

职业技能类型	含义	分数
1. 理论分析能力(10 分)	从纷繁复杂中提取分拣资料或数据的能力	
2. 环境适应能力(10 分)	为了在社会更好生存而进行的心理上、生理上以及行为上的各种适应性的改变,与社会达到和谐状态的一种执行适应能力	
3. 人际交往能力(10 分)	与周围环境建立广泛联系和对外界信息的吸收、转化能力,以及正确处理上下左右关系的能力	
4. 语言表达能力(10 分)	指在口头语言及书面语言的过程中运用字、词、句、段的能力	
5. 创新思维能力(10 分)	表现为创造性地提出问题和创造性地解决问题	
6. 专业胜任能力(10 分)	从事一定领域的工作或者可以处理好特定行业事项的一种能力	
7. 学习能力(10 分)	指以快捷、简便、有效的方式获取准确知识、信息,并将它转化为自身能力的能力	
8. 团队协作能力(10 分)	在团队的基础之上,发挥团队精神、互补互助以达到团队最大工作效率的能力	
9. 领导能力(10 分)	把握组织的使命及动员人们围绕这个使命奋斗的一种能力	
10. 自省能力(10 分)	自我评价、自我反省、自我批评、自我调控和自我教育	
总分:100		

② 你认为自己最擅长的职业技能是哪一项？请举一个生活中的例子说明。

4. 完成职业价值观测评

下面列举了人们在选择工作时通常会考虑的 10 种因素，请根据自身实际进行选择对自己最重要的 5 个价值观并排序。

序号	工作价值标准
1	薪资高、福利好
2	工作环境舒适
3	人际关系良好
4	与个人兴趣相符
5	兼顾家庭与生活
6	工作稳定有保障
7	有较高的社会地位
8	工作轻松,外部压力小
9	能发挥个人能力
10	社会贡献大

5. 职业环境探索

建筑行业是一个涵盖专业多、细分行业多的领域，包含项目前期咨询、勘察、设计、造价咨询、招标代理、施工、监理、项目管理、房地产等。请列举出与自身专业相对应的三个目标职业，并分析其职业环境。

目标职业	平均薪资水平	职业证书	需求专业技能	升职路径

续表

目标职业	平均薪资水平	职业证书	需求专业技能	升职路径

项目小结

　　职业生涯规划是指一个人对其一生中所有与职业相关的活动与任务的计划或预期性安排，是基于对决定和影响个人职业选择的主观和客观因素、主体和环境条件进行分析和衡量，从而确定个人努力目标并选择实现这一目标的职业及其道路的过程。职业生涯规划有助于明确人生奋斗目标、有助于突破障碍、开发潜能、提升个性发展和综合素质。

　　职业生涯规划的基本理论包含帕森斯的特质因素理论、霍兰德的类型论、舒伯的生涯发展理论。职业生涯规划过程分为六个步骤：觉知与承诺、自我评估、职业评估、决策定位与计划实施、行动、再评估与修正。

　　兴趣是人们认识事物或从事活动时所表现出来的积极态度与心理倾向。职业兴趣是指人们对某种职业所表现出来的积极态度与心理倾向。职业兴趣的类型有实用型 R、研究型 I、艺术型 A、社会型 S、企业型 E、事务型 C。

　　性格也称为人格特质，是一个人在生活中对他人、对事、对自己、对外在环境所表现出来的一致性适应方式。MBTI 性格类型将人的性格分为四个维度，分别为外倾（E）—内倾（I）、感觉（S）—直觉（N）、思考（T）—情感（F）、判断（J）—知觉（P）。

　　能力是指顺利完成某一项活动所必需的主观条件。能力是直接影响活动效率，并使活动顺利完成的个性心理特征。能力按照其获得的方式（先天具有与后天培养），可以分为"能力倾向"和"技能"两大类。

　　价值观是我们在生活和工作中所看重的原则标准或品质。它指向我们一生中最重要的东西，是个体行为背后的深层动机，对个体的职业选择和发展起到重要的激励、影响作用。心理学家马丁·凯茨找出了 10 种与工作有关的价值观，即高收入、社会声望、独立性、帮助别人、稳定性、多样性、领导力、在自己感兴趣的领域中工作、休闲、尽早进入工作领域。

　　职业环境是一种社会存在。职业生涯规划除了受自身内在因素影响之外，还受职业环境的影响。大学生可以通过参与真实情境的社会实践和专业学习，以及生涯人物访谈等方式了解并认识职业环境。

　　职业生涯决策这一概念是由乔普森等人在 1974 年提出的，他们认为职业决策是一个复杂的认知过程，通过此过程，决策者组织有关自我和职业环境的信息，仔细考虑各种可供选择职业的前景，从而做出职业行为的公开承诺。简单来说，职业生涯决策是对所要从事的职业进行选择的行为。较为常用的决策方法主要有 CASVE 循环分析法、SWOT 决策分析法、生涯决策平衡单。

项目4

就业形势、政策、流程

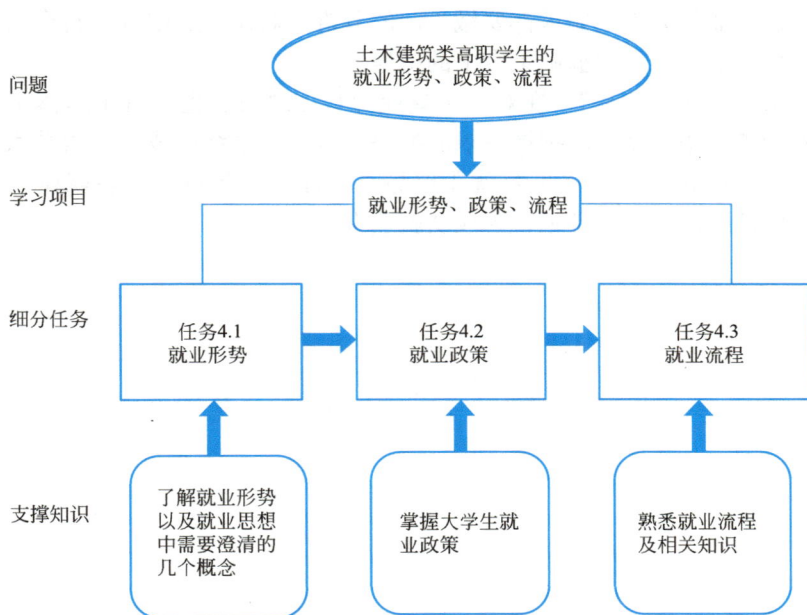

Chapter 04

问题　　　　　　土木建筑类高职学生的
　　　　　　　　就业形势、政策、流程

学习项目　　　　就业形势、政策、流程

细分任务
| 任务4.1 就业形势 | 任务4.2 就业政策 | 任务4.3 就业流程 |

支撑知识
| 了解就业形势以及就业思想中需要澄清的几个概念 | 掌握大学生就业政策 | 熟悉就业流程及相关知识 |

项目4　知识（技能）框架图

凡事预则立，不预则废。

——西汉·戴圣《礼记·中庸》

【知识目标】

1. 了解当前的就业形势；

2. 熟悉毕业生就业的相关政策；

3. 掌握就业流程。

【技能目标】

对大学生就业外部环境进行分析，并客观分析自身的职业能力，努力找到适合自己的工作岗位。

大学生就业难是一个现实问题，更是一个社会问题。社会主义市场经济体制的建立和发展，产业结构的不断优化升级，正猛烈地冲击着我国的高等教育，大学生就业在社会转型期遇到了很大的挑战。

许多求职的成功经历充分证明在就业问题上需要了解就业形势，积累就业信息。在求职择业的关键时刻，一定要注意政策方面的信息，尤其是各地接收毕业生的基本条件，包括生源、层次、专业等方面的要求都要做一定的分析、对比，从中寻找符合自身条件的政策信息，有的放矢地求职，把握政策带来的机遇。

俗话说"磨刀不误砍柴工"，在对整个就业形势、政策、程序有了整体了解的基础上进行求职，有利于让毕业生主动把握好求职的每一步，对最终的成功有着莫大的助益。通过本项目的学习，让同学们能够了解就业形势、掌握就业政策、熟悉就业工作的一般流程，充分整合资源，制定择业计划，为成功就业夯实基础。

任务 4.1　就业形势

拓展阅读:

困惑与思考

小王到学校就业指导中心寻求帮助,他是土木专业毕业生,比较喜欢自己的专业,但是不知道毕业之后除了应聘施工员、资料员或者设计人员以外,还有什么工作可以选择。对于与自身专业可对接职业的具体情况以及需要哪些职业技能,小王也不是很清楚,因此希望老师能告诉他。

小李是一名工程造价专业的学生。想到大学毕业后的前途,她觉得自己很迷茫。一方面她觉得做一名预算员也许很适合自己,但另一方面,她并不满足于只给别人打工,希望能够打造出一片属于自己的天地。对于自己未来究竟能做什么,能做到什么样的程度,能否实现自己的人生目标和理想,小李感到很迷惑。

小吴到某销售公司面试后,被告知已被录用并通知近日去体检,谁知公司所指定的医院居然要收取 1800 元体检费用,这让求职期间并不宽裕的她更加感到捉襟见肘。

点评: 你是否对上述几位同学的经历感到非常熟悉?临近毕业的这段时间,大学生也面临着来自各方面的巨大压力。但是有的同学并不熟悉自己将来的就业环境,也不知道自己能否很好地胜任这一份工作,更不知道自己应该忙些什么。还有一些同学在找工作的过程中,受到了各种不平等的待遇却不知道如何去保护自己的合法权益。

4.1.1　正视当前就业形势

1. 就业形势的主要特点

(1) 需求不平衡

近年来,随着我国各项改革的不断深入,经济形势的稳中向好,社会对大学毕业生的需求量呈现出"行情看涨"的趋势。然而,这其中仍然存在着学科专业、学历层次、毕业生的其他需求、地区、院校及用人单位等方面的不平衡。

(2) 社会对毕业生的素质要求在提高

用人单位选择毕业生更加理性,更看重毕业生的综合素质。一般来说,用人单位对毕业生的综合素质要求主要体现在以下几个方面:更加注重毕业生的个人品德;更加注重毕业生的专业水平和知识结构;更加注重毕业生的实际应用能力;更加注重创新能力和团队协作精神。

(3) 就业竞争日益激烈

一方面大学生择业受到其毕业时间相对集中、选择职业时间较短的影响;另一方面,近几年来随着高等教育大众化的实施,毕业生的数量不断增多,而社会的有效需求却在短期内增加有限,从而造成就业岗位有限,就业压力增大,就业竞争更加激烈。

正视就业形势

（4）形成以学校为基础的毕业生就业市场

以学校为主体的就业市场，由于学校与用人单位常年保持较密切的联系，供需双方专业较对口，学校的中介作用可以充分得以发挥，这样就使得学校的就业签约率较高，市场的效益发挥较好。以学校为主体的就业市场，以其高效、可靠、真实、规范的特点受到了毕业生和用人单位的普遍欢迎。

2. 国家促进大学生就业的相关举措

促进高校毕业生就业创业，既是民生，也是国计，事关群众切身利益，事关社会和谐稳定，事关中国特色社会主义现代化建设，事关高等教育健康发展。目前，就业形势总体不错，但也存在一些问题，主要有：一是就业总量压力不减，高校毕业生人数达到新高；二是结构性矛盾仍然突出；三是就业难和招工难并存，普工难招、技术工人短缺；四是疫情的影响复杂多变，国际疫情还在蔓延，"外防输入、内防反弹"的压力也比较大，给大学生就业增加了不确定性和风险挑战。

党的十八大以来，党和政府坚持实施就业优先战略和积极就业政策，把"稳就业"放在更加突出的位置，认真细致地做好就业创业服务，大力拓宽毕业生就业渠道，创造更多适应毕业生特点和成才需要的就业岗位，千方百计保持高校毕业生就业水平总体稳定，努力实现高校毕业生更高质量和更充分就业。

（1）拓宽就业领域，着力促进高校毕业生多渠道就业

① 引导毕业生到基层就业

要深入贯彻落实中央《关于进一步引导和鼓励高校毕业生到基层工作的意见》；要继续组织实施好"三支一扶""大学生志愿服务西部计划"等基层就业项目；要结合地方实际适当扩大地方基层项目的实施规模；要围绕乡村振兴战略，引导毕业生到农业生产、经营等领域就业创业；要鼓励毕业生到社会组织就业。

② 促进毕业生到中小微企业就业

要鼓励和促进高校毕业生到实体经济就业。充分发挥中小微型企业吸纳毕业生就业的主渠道作用。要积极配合有关部门落实中小微企业吸纳毕业生的社保补贴、培训补贴、降税减费等优惠政策。要加强与中小微型企业沟通联系，广泛收集中小微型企业的招聘信息，积极组织中小微型企业进校园招聘。

③ 服务国家战略开拓就业岗位

鼓励大学生主动对接国家经济社会发展的人才需要，围绕"一带一路"建设、雄安新区建设、长江经济带、粤港澳大湾区、海南自贸区建设等国家重大倡议和战略，鼓励毕业生到中西部地区、东北地区和艰苦边远地区就业创业。结合实际制定激励政策，引导毕业生到贫困地区就业创业。

④ 继续做好大学生征兵工作

认真落实学费资助、复学升学、就业创业等优惠政策。面向毕业生、在校生、新生开展有针对性的宣传，集中播放征兵公益宣传片，发放应征入伍宣传单。落实好预订兵工作机制，为大学生入伍开辟绿色通道，鼓励更多大学生参军入伍。

（2）推动双创升级，着力促进高校毕业生自主创业

① 全面深化高校创新创业教育改革。要将创新创业教育贯穿人才培养的全过程。把创新创业教育和实践课程纳入高校必修课体系，促进创新创业教育与专业教育有机结合、

与思想政治教育深度融合。着力培养学生的创新意识、实践能力和奋斗精神。

②落实完善创新创业优惠政策。各地要配合有关部门进一步完善落实税费减免、创业担保贷款、创业培训补贴等优惠政策。各高校要按照《普通高等学校学生管理规定》要求，进一步细化创新创业学分积累与转换、弹性学制管理、保留学籍休学创业、支持创新创业学生复学后转入相关专业学习等政策。

③加强创业指导与服务。要进一步建立健全各级各类大学生创新创业服务平台，为大学生创业提供项目对接、财税会计、法律政策和管理咨询等深度服务。鼓励各高校聘请行业专家、创业校友和企业家等担任大学生创业团队指导教师，鼓励专业教师、校外创业导师全程指导大学生创新创业。

（3）强化服务保障，着力提高就业创业指导服务水平

①健全就业信息服务机制。建立毕业生数量和用人单位需求数据库，使用大数据技术实现供需智能匹配，为毕业生精准推送政策和指导。要进一步发挥招聘市场的主体作用，鼓励组织分层次、分类别、分行业的校内招聘活动，支持举办区域性、行业性联合招聘活动。

②提升毕业生就业能力。各高校要加强高校学生职业生涯发展教育，对低年级学生着重进行职业生涯启蒙，对高年级学生注重提升职业素质和求职技能。要结合就业形势和毕业生特点，帮助毕业生调整就业预期，找准职业定位。要多方搭建社会实践实训、实习等实践平台，增强学生专业技能和职业能力。鼓励学生在取得毕业证书的同时考取职业资格证书。

③强化就业困难群体帮扶。各高校要建立学院领导、专业教师、辅导员等全员参与的"一对一"精准帮扶机制。充分挖掘校友、行业企业等社会资源，优先为困难毕业生群体推荐岗位。各地要积极创造条件，开展就业困难毕业生专项培训，提高其就业能力。要配合有关部门落实好求职创业补贴政策，做好离校未就业毕业生的信息衔接和服务接续工作。

④切实保护毕业生就业权益。要加强校园内招聘活动管理，严格审核用人单位资质、工作岗位信息，重点审核就业中介机构和境外用人单位，严密防范招聘陷阱、就业欺诈、"培训贷"、传销等不法行为。普及就业创业有关法律法规知识，提高大学生的法律意识和维权意识。加强毕业生和用人单位诚信教育和管理，做到诚信签约、诚实履约。

拓展阅读：

你能从中看出什么？

有一位年轻人毕业后来到美国西部，他想当一名新闻记者，但人生地不熟，一直没找到合适的工作。于是，他想起了大作家马克·吐温。就写了一封信给他，希望能得到他的帮助。马克·吐温在接到信后，给年轻人回了信，说"如果你按照我的办法去做，你肯定能得到一席之地"。马克·吐温还问年轻人，希望到哪家报社工作。年轻人看了十分高兴，马上回信告诉了马克·吐温。于是马克·吐温告诉他"你可以先到这家报社，告诉他们你现在不需要报酬，只是想找到一份工作，打发时间，你会在报社好好干。一般情况下，报社不会拒绝一个不要薪酬的求职人员。你获得工作以后就努力去干。把采写的新闻给他们看，然后发表出来，你的名字和业绩就会慢慢被人知道，如果你很出色，那么社会上就会

有人聘你。然后你可以到主管那里对他说，如果报社能够给我相同的薪酬，那么我愿意留在这里。对于报社来说，他们不愿放弃一个有经验且熟悉业务的工作人员。"年轻人听了有些怀疑，但还是照马克·吐温的办法做了，不出几个月，他就接到了其他报社的聘任书，而这家报社知道后，表示愿意出更高的薪酬挽留他。

点评：在求职择业的关键时刻，一定要注意就业形势和环境方面的信息，树立"先就业后择业"的观念，要有长远的打算，尤其是结合毕业生的基本条件，对岗位要求进行一定的分析、对比，谋划适合自己的求职之路，把握就业形势、政策带来的机遇，从而取得求职的成功。

4.1.2 建筑行业就业形势

目前，随着经济的企稳向好，房地产和建筑企业也迎来了新的发展阶段，主要表现有以下几点：

1. 建筑行业人才需求旺盛

近年来，随着我国建筑企业生产和经营规模的不断扩大，建筑业总产值持续增长，用人需求不断增加。因此，从事房地产及建筑类行业的毕业生人数在不断增加，建筑行业在推进新型城镇化建设和维护社会稳定等方面继续发挥了显著作用。

2. 建筑行业从业人员待遇有保障

随着建筑业的持续发展，需要大量的建设人才，特别是各类持证人才，更是吃香。专业积累是关键，具备"硬"技能才有机会。

3. 建筑行业新技术层出不穷

（1）增强现实（AR）。这是一种通过照相机镜头来想象真实世界的能力。尽管它会带来一些成本，但这肯定会为建筑业带来许多新的机遇。对于那些有能力现在就开始使用它的公司来说，它将彻底改变它们的项目和构建方式，这一趋势在未来几年将进一步扩大。

（2）建设软件与数据生态系统。实时协作软件已经被认为是整个建筑过程的重要组成部分，其影响预计在不久的将来还将大幅度增加，而数据在这一范式转变中发挥了不可或缺的作用。数据生态系统的出现，使整个行业的所有创新参与者聚集在一起，分享数据、经验和项目知识，这比我们想象的更近。毫不夸张地说，这是建设行业的唯一出路。将现有的流程和系统集成到一个完全连接的平台中的能力，可以增强业界人员的工作方式。在建设项目过程中，针对不同功能和学科的大量软件解决方案现在可以轻松地结合在一个地方实现。

（3）BIM再一次成为最热门的建筑技术趋势之一。如果我们考虑到开放和高度协作的数据生态系统即将出现，那就不足为奇了。BIM技术可以成为我们管理、设计和开发建设项目的根本变革的催化剂。通过BIM启用了许多不同级别的编程。4D和5D BIM在这方面是两个很有代表性的例子。从一般的观点来看，BIM将为建设过程带来更高的准确性，并使众多利益相关者之间能够交换重要的项目信息。此外，预计它的进一步演变将具有革命性的可持续性和安全措施，从而使建筑项目更加富有成效。

（4）增加预制、模块化和生态友好性。有一个越来越明显的趋势，很多行业都出现了预制件。这也是多行业预制会议目前正在讨论的问题。这是有史以来第一次为实施越来越多预制战略的建筑公司举行的多行业会议。在这方面迪拜就有一个很好的例子。在那里，一座 3D 办公大楼在 17 天内被打印出来，然后只花了两天时间在现场组装。许多建筑业专家认为，在未来几年里，我们将继续看到这一做法的增长，尤其是在成本和时间不再令人望而却步的情况下。

4.1.3　土木建筑类专业就业情况分析

我们选取某省建筑类高职院校相关就业情况进行分析，得出以下信息。

1. 近五年毕业生就业率比较稳定，保持在 96％以上（图 4-1），说明建筑类毕业生用人需求比较旺盛。

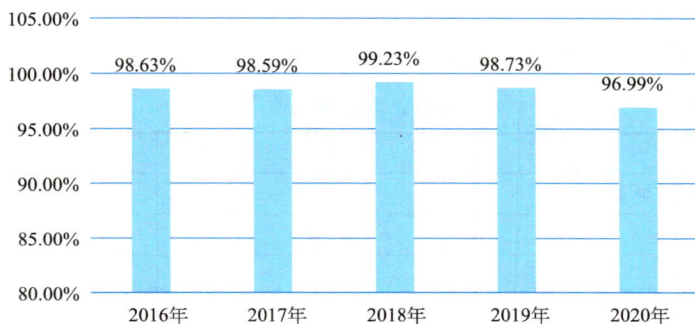

图 4-1　毕业生总体就业率

2. 毕业生就业率达 100％的专业较多，占全校专业总数的 28％（表 4-1）。

毕业生专业就业率　　　　　　　　　　　　　　　　　表 4-1

学校专业	毕业生人数	就业人数	就业率
城市信息化管理	85	85	100％
给排水工程技术	92	92	100％
园林工程技术	91	91	100％
数字媒体艺术设计	70	70	100％
环境艺术设计	75	75	100％
地下与隧道工程技术	42	42	100％
建筑钢结构工程技术	43	43	100％
建设工程监理	93	93	100％
建筑经济管理	120	120	100％

3. 毕业生就业去向比较广泛，绝大部分毕业生选择以签订就业协议的形式就业（图 4-2）。

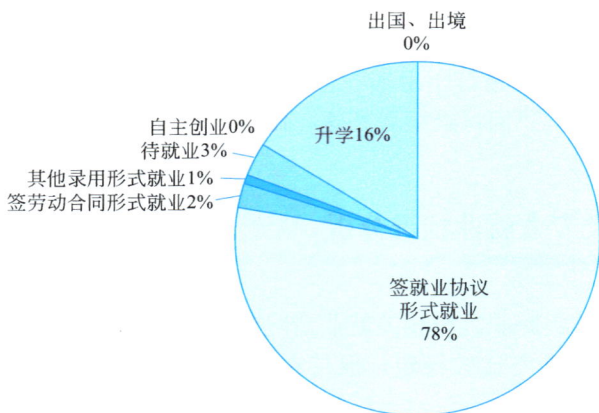

图 4-2　毕业生就业去向

4. 建筑类毕业生大多在中小民营企业就业（表 4-2）。

毕业生就业单位性质　　　　　　　　　　　　　　　　　　表 4-2

用人单位性质	毕业生人数	百分比
中小型民营企业	2238	76.67%
国有企业	84	2.88%
部队	36	1.23%
科研设计单位	7	0.24%
机关	4	0.14%
中初教育单位	1	0.03%
医疗卫生单位	0	0.00%
高等教育单位	0	0.00%

5. 毕业生就业岗位的专业匹配度比较高，一半以上的毕业生在建筑和房地产行业就业（表 4-3）。

毕业生就业行业流向统计　　　　　　　　　　　　　　　　　表 4-3

用人单位所处行业	毕业生人数	百分比
建筑业	1427	48.89%
租赁和商务服务业	291	9.97%
批发和零售业	87	2.98%
信息传输、软件和信息技术服务业	86	2.95%
房地产业	81	2.77%
制造业	78	2.67%
水利、环境和公共设施管理业	55	1.88%
居民服务、修理和其他服务业	51	1.75%

续表

用人单位所处行业	毕业生人数	百分比
科学研究和技术服务业	39	1.34%
军队	36	1.23%
文化、体育和娱乐业	25	0.86%
教育	19	0.65%
住宿和餐饮业	17	0.58%
交通运输、仓储和邮政业	16	0.55%
农、林、牧、渔业	15	0.51%

4.1.4 就业思想中需要澄清的几个概念

当我们毕业求职时，请思考以下几个问题：

（1）选择升学，还是工作？

（2）选择大企业，还是小公司？

（3）选择本地，还是外地？

（4）选择专业，还是兴趣？

（5）你还有哪些特长？

不管如何选择，毕业生一定要认清形势，积极应对，把握就业机会。面对日益激烈的就业竞争，大学生在求职过程中需要把握以下几点：

1. 认清形势再谈发展，做好就业准备

我国高等教育已经从精英教育进入了大众化教育阶段，大学生不再是"天之骄子"，只是普通劳动求职者中的一部分。由于企业的社会招聘往往对工作经验、综合素质等方面要求更高，竞争压力也会加大，作为缺乏工作经验的毕业生更要提高认识，查漏补缺，积极做好各方面的准备，务必要把握好机会，争取找到适合自己的理想岗位。

2. 了解社会需求，调整期望值，合理定位

目前，毕业生大多青睐大城市、大公司、大企业，但由于招聘名额有限，就业竞争异常激烈，即使经过千辛万苦进入这些地方工作，更有可能被大量优秀的人才埋没，个人才华很难得到施展；另一方面，许多中小企业、经济相对落后地区的基层单位大量缺乏综合素质高的大学毕业生。因此，大学生在就业过程中，不应该过多地从眼前利益考虑就业单位的"好不好"，这些往往是传统观念的偏见，而应该更多地考虑自己适合不适合，从个人的综合素质和职业取向出发，做出正确的就业选择，找一份能够充分实现自身价值的工作，追求属于自己的成功之路。

3. 提高就业技能，增加择业成功砝码

著名企业家唐骏曾经说过："养成一个好的性格远远要比学会一门知识重要。"所以我们要在大学期间就给自己的未来做准备，从多方面培养自己的职业能力，并在这个过

程中潜移默化地增强自己的学习能力、组织力、思考力等，为自己的未来增加成功的砝码。

任务 4.2　就业政策

4.2.1　大学生就业政策

国家在毕业生就业问题上，贯彻统筹安排、合理使用、加强重点、兼顾一般和面向基层的方针，贯彻学以致用、人尽其才的原则。依据目前国民经济和社会发展的需求，优先保证国防、军工、国有大中型企业、重点科研和教学单位的需要。鼓励和引导毕业生面向城乡基层、中西部地区及民族地区、全国地区和艰苦边远地区就业。

高校毕业生凡取得毕业资格的，享有平等就业的权利。男女平等，用人单位对毕业生择业不得做出有性别歧视的规定。同时毕业生有执行国家就业方针、政策和根据需要为国家服务的义务。

就业
政策

近年来，围绕推动和促进高校毕业生就业，国家出台了一系列方针政策，为毕业生充分就业提供了制度保障、政策保障和工作保障。例如，在自主择业方面，破除了一切部门限制和地区限制，毕业生可以在全国范围内自由流动；在自主创业方面，免除了创办企业的有关行政事业性收费项目，并可提供小额贷款资助；在鼓励下基层方面，除给予一定的生活保障外，在落户、职称、考研、考公务员等方面享受优惠政策；在就业服务方面，不仅学校有周到的指导和服务，政府有关部门特别是人才市场和毕业生就业市场也提供多种公益性服务；在择业期限方面，不仅毕业前可以找，而且毕业后两年内仍可双向选择；在困难救助方面，毕业后可以登记失业，享受失业人员优惠政策，特别困难的还可以申请临时救助，可以得到比如生活救助、医疗救助、司法救助等方面的支持。可以说，现有政策涵盖了毕业生就业的各个方面，基本形成了比较完善的政策框架体系。

国家支持大学生积极就业的政策主要有"三支一扶"项目、鼓励高校毕业生应征入伍服兵役、积极聘用优秀高校毕业生参与国家和地方重大科研项目、鼓励和支持高校毕业生到中小企业就业和自主创业、强化对困难家庭高校毕业生的就业援助等。

1. "三支一扶"项目

鼓励高校毕业生到基层、到中西部地区就业，对到农村基层和城市社区公益性岗位就业的，给予社会保险补贴和公益性岗位补贴；对到农村基层和城市社区其他社会管理和公共服务岗位就业的，给予薪酬或生活补贴，按规定参加社会保险。项目服务期满并考核合格的，高职（高专）学生可免试入读成人本科。在事业单位选聘时优先录取，今后相应的自然减员空岗全部聘用参加项目服务期满的高校毕业生。

2. 鼓励高校毕业生应征入伍服义务兵役

① 士兵提干。大学生入伍后，符合军队有关规定条件的，经批准可直接提升为军官。

② 复学（入学）。应征入伍前正在高校就读的学生（含高校新生），大学生服役期间按国家有关规定保留学籍或入学资格，退役后 2 年内允许复学或入学。

③ 专升本。大专在校生参军，退役后进行专升本，实行计划单列；应届大专毕业生参军，退役后可报考省内本科院校，录取率将适当提高。

④ 专业调剂。退役后复学，按学校有关规定在当年开放转专业的专业和人数范围内，不受专业门槛、成绩、学科限制，优先转入本校其他专业学习。

⑤ 免试读研。在部队荣立二等功以上的，符合研究生报名条件的可免试（指初试）攻读硕士研究生；拥有硕士、研究生推免资格的高校，每年安排不低于 2％ 的推免生招生计划，招收本校应届毕业的退役大学生士兵免试攻读硕士研究生。

⑥ 免修课程。大学生退役复学后，可免修体育、军事技能、军事理论以及相关公共选修课。

⑦ 退役安置。入伍地方政府接受安置，各地政策不一。例如广东省公务员招录面向退役大学生士兵设置专门岗位，每年至少安排 300 名指标；本科以上大学生士兵参加粤东西北乡镇事业单位招聘，可报免试岗位；国有企事业单位定向招聘退役大学生士兵，不低于当年退役大学生数的 15％。

3. 积极聘用优秀高校毕业生参与国家和地方重大科研项目

（1）被聘用高校毕业生办理社会保险的政策。项目承担单位应当为毕业生办理社会保险，具体包括基本养老保险、基本医疗保险、失业保险、工伤保险、生育保险，并按时足额缴费。参保、缴费、待遇支付等具体办法参照各项社会保险有关规定执行。

（2）服务协议期满就业政策。协议期满，如果项目承担单位无意续聘，则毕业生到其他岗位就业。同时，国家鼓励项目承担单位正式聘用（招用）人员时，优先聘用担任过研究助理的人员。

（3）毕业生服务协议期满被用人单位正式录（聘）用后落户及工龄接续政策。担任过研究助理的人员被正式聘用（招用）后，按照有关规定，凭用人单位录（聘）用手续、劳动合同和《普通高等学校毕业证书》办理落户手续；工龄与参与项目研究期间的工作时间合并计算，社会保险缴费年限合并计算。

4. 鼓励和支持高校毕业生到中小企业就业和自主创业

（1）了解自主创业优惠政策

1）创业享受税收减免政策

毕业年度内的高校毕业生在校期间创业，可向所在高校申领高校毕业生自主创业证。为鼓励高校毕业生自主创业，以创业帮动就业，国家明确毕业生从毕业年度起三年内自主创业可享受税收减免的优惠政策。其中，高校毕业生在校期间创业的，可向所在高校申领高校毕业生自主创业证书；离校后创业的，可凭毕业证书直接向创业地县以上的人社部门申请核发就业失业登记证，作为享受政策的凭证。

2）自主创业政策的具体内容

国家以创业优惠政策鼓励毕业生自主创业。对持有就业失业登记证的毕业生从事个体经营（除建筑业、娱乐业以及销售不动产、转让土地使用权、广告业、房屋中介、桑拿、按摩、网吧、氧吧外）的，在 3 年内按每户每年 8000 元为限额依次扣减其当年实际应缴纳的营业税、城市维护建设税、教育附加费和个人所得税。

3）高校毕业生自主创业证申领流程

高校毕业生离校后创业：

① 学生申领就业失业登记证。毕业生凭毕业证书直接向创业地县以上人社部门提出申请，县以上人社部门在对提交申请相关情况审核认定后，对符合条件的毕业生相应核发就业失业登记证，并注明"自主创业税收政策"。

② 学生享受创业税收优惠政策。毕业生持就业失业登记证、减免税申请及税务机关所需提供的其他相关材料，向创业所在地县以上主管税务机关申请减免税，通过审核后，享受相关创业税收优惠政策。

毕业生在校期间创业：

① 学生网上申请。注册登录全国大学生创业服务网（https：//cy.ncss.cn/），按要求在网上提交高校毕业生自主创业证申请。

② 高校网上初审。所在高校对毕业生提交的相关信息进行审核，通过后注明已审核，并在网上提交学校所在地省级教育行政部门。

③ 省级教育行政部门复核。省级教育行政部门对毕业生提交的相关信息进行复核并确认。

④ 高校发放高校毕业生自主创业证。复核通过后，由所在高校打印并发放高校毕业生自主创业证，相关部门和学生本人都可随时查询。

⑤ 学生申领就业失业登记证。毕业生持高校毕业生自主创业证向创业地县以上人社部门提出就业失业登记证认定申请，由创业地人社部门核发就业失业登记证，一并作为当年及后续年度享受税收扶持政策的管理凭证。

⑥ 学生享受税收创业优惠政策。毕业生持就业失业登记证（注明"自主创业税收政策"或附高校毕业生自主创业证）、减免税申请及税务机关所需提供的其他相关材料，向创业所在地县以上主管税务机关申请减免税，通过审核后，享受相关创业税收优惠政策。

4）高职学生自主创业要注意的几个方面

近年来，很多大学生毕业后选择创业，有些大学生甚至在校期间就开始了创业实践。要想创业成功，要注意以下几点。

① 创业前要三思而行

开始创业前，一定要做足功课，要做到知己知彼。所谓知己，就是看看自己是否具备创业者应有的能力、素质和胸怀；自己的核心资源优势是什么，有什么行业经验和客户资源；是否有技术创新和商业运作能力；是否有足够的耐心和经济能力度过创业期的消耗；能够得到的人脉资源有哪些；如果创业失败，最坏的结果自己能否接受，对风险是否有充分的心理准备等。所谓知彼，就是要了解整个行业的现状、竞争对手的情况；行业未来的发展趋势；国家政策、法规方面的支持或者限制等。

② 自主创业定要有核心竞争力

自主创业一定要有一个好的切入点，那就是所选的项目一定是别人没有的或者与别人相比有明显优势的。例如摩拜共享单车之所以最先快速占领市场，是因为它的独创性；褚时健的"褚橙"之所以供不应求，除了褚时健的名气，还有它绝对过硬的品质；美国沃尔玛的成功是因为它可以把管理费用控制在销售额的 2% 以内；滴滴出行打车平台的成功一个重要的原因是强大的资金支持。

③ 自主创业一定要快速反应、脚踏实地

创业前要三思而后行，但是一旦确立了目标，一定要快速行动，抢占先机。弃文从商的上海泽大投资有限公司董事长吴永春，曾在短短的 4 年就创办并开发了 3 个商业地产项目，累计总投资超过 10 多亿元人民币，吴永春曾经说过："发一次财是靠机遇，发一辈子财则需要智慧。"

4.2.2　树立正确的就业观念

1. 明确就业的目的和意义

就业简单来说就是找到工作，获得报酬，满足自身需要。而工作是人类进行劳动生产，创造价值，推动社会发展的活动。

2. 树立正确的价值观和择业观

大学毕业生是国家宝贵的人才资源，是社会主义经济建设的重要力量。以理性心态对待就业形势，重要的是我们如何从自身学会看待社会，看待别人，又如何从社会正确对待自己。只要不过分强调自我，调整好就业心态，你就必定能在社会上找到适合的定位。

3. 树立长远的发展观和基层成才观

中西部地区、基层单位条件相对差一些，但机会更多，发展空间更大，为青年建功立业提供了广阔舞台。对某些条件相对艰苦的基层单位，实际上更容易发挥出自己的能力，更有利于长远发展，成功成才。

4. 正确认识自己，把握择业良机

面对现实，务实择业；增强就业意识，全面提高自身素质，为就业做好充分准备；增强竞争意识，正确把握择业期望和机遇。

大学生求职过程中要立足多渠道就业，建立三种就业意识：

第一，无论什么单位，不论国营还是私企，都有可能实现个人职业生涯发展。

第二，无论什么性质的工作，不论脑力劳动还是体力劳动，技术工作还是社会服务，都有可能发挥个人潜能。

第三，无论什么地方，不论城市还是农村，南方还是北方，沿海还是西部，都有可能是自己的志向所在。

拓展阅读：

熟悉就业政策，理性就业

有一位求职者很顺利地通过了一家公司的面试，并且参观了该公司，觉得非常正规。很快公司就通知他参加培训，并且要缴纳 300 元培训费。这位求职者认为机会难得，交了钱并参加了培训。培训之后公司又组织体检，体检费是 150 元。其最终因为视力不好而被公司拒绝录用。这位求职者、后来发现，几乎每一次招聘会这家公司都在招人而且录取的概率几乎为零，这才知道自己上当受骗了。

任务 4.3　就业流程

4.3.1　毕业生就业流程

全国普通高校毕业生就业工作程序和时间安排由教育部统一部署。一般的工作程序为：①毕业生领取《就业协议书》《推荐表》；②毕业生、用人单位通过双向选择达成意向；③用人单位、毕业生、学校三方填写《就业协议书》；④用人单位报上级主管部门办理接收审批手续；⑤《就业协议书》上交学校就业指导中心；⑥制定全校就业方案并上报上级就业主管部门审核；⑦学校依据就业方案到省教育厅办理《毕业生就业报到证》；⑧毕业生领取报到证、户口迁移证等手续。以上各个阶段的工作均按照国家和省有关政策规定有序地进行。

1. 就业准备

学校将对毕业生开展就业指导活动，高校开设就业指导课，学校就业指导的专职人员将向毕业生介绍全国和当地高校毕业生就业的状况和形势；通过邀请用人单位代表，向毕业生介绍企业和公司的选人要求；向毕业生宣传国家、地方和学校毕业生就业工作的法规政策和规定；使毕业生基本掌握如何寻找和处理毕业生就业信息，如何写就业自荐信，如何应聘工作岗位，如何签订就业协议书以及如何处理就业中遇到的困难等。就业准备是就业活动中帮助毕业生了解就业的重要阶段。

2. 就业行动

这一阶段，用人单位对大学毕业生的需求信息将不断出现，一直持续到毕业生派遣前一段时间，这是毕业生就业的关键时期。毕业生通过社会发布的就业信息参加就业招聘活动，了解用人单位的招聘专业和条件，参加用人单位的面试和笔试，收到用人单位的录用通知书，与用人单位签订就业协议书等。

3. 就业派遣

与用人单位的就业协议书签订完毕，毕业生的就业行动暂时告一段落，学校将依据毕业生的就业协议书，制订本校毕业生的就业建议方案上报地方就业主管部门，地方高校学生就业主管部门根据上报的就业方案审批后下达该年的高校毕业生就业方案。每年从 6 月底开始，学校根据毕业生的就业协议，向毕业生核发就业报到证，办理户口迁移等有关手续，毕业生根据就业报到证上的单位、地点和时间，到录用单位报到就业。

4.3.2　就业过程的几个重要环节

对于有的毕业生来说就业很容易，而对于有的毕业生来说却很复杂。不管容易还是复杂，就业中的几个环节对于每个毕业生而言都是必不可少的。

1. 就业协议书

经过考核，用人单位决定录用毕业生，一般要与毕业生签订《就业协议书》。《就业协议书》有一定法律效力，违反就业协议，会受到一定的处罚。其主要填写步骤如下：

（1）毕业生到所在院（系）领取《就业协议书》一式三份，复印件一律无效，经院（系）审查后签署意见，加盖公章。

（2）毕业生与用人单位双向选择、洽谈。毕业生要全面了解用人单位的基本情况及接收毕业生的基本条件和要求，如实向用人单位介绍自己。

（3）经双方充分协商达成一致意见后，毕业生与用人单位签订就业协议书，双方均应如实填写，并签字、盖章。如有其他约定，要以文字方式在备注栏中注明并签字、盖章。双方签好的协议书由用人单位拿到上级主管部门审批盖章后，直接邮寄或由学生本人带回学校并经院（系）审核后交到学校备案。

（4）学校审查合格后加盖公章。三份协议书中的其中一份返给用人单位，一份返还毕业生本人，一份在学校备案，学校汇总协议后，制定当年的毕业生就业方案，上报省教育厅审批后打印《就业报到证》。

2. 就业推荐表

《就业推荐表》是由国家或地方教育部门印制的，是学校为每一个毕业生就业所出具的包含毕业生本人基本情况的证明信，也是毕业生的身份证明。推荐表一般包含毕业生的基本概况、院系鉴定和主要成绩表。用人单位对毕业生的初步印象首先从推荐信上获得的，因此毕业生不要忽视推荐信的重要作用。

3. 就业报到证

毕业生到用人单位报到，统一使用由教育部授权毕业生就业主管部门审核签发的《全国普通高等学校毕业生就业报到证》，毕业生须在规定时间内到用人单位报到，用人单位凭报到证接收毕业生并及时办理毕业生档案、户口迁移等。毕业生报到后，其工资标准和福利待遇按国家规定或就业协议书约定执行，工龄从报到之日计算。

4. 户口迁移证

入学时户口迁入学校的毕业生，毕业生到学校户籍管理部门领取《户口迁移证》，毕业生持《户口迁移证》到转入地公安部门办理入户手续；入学时未迁入学校的毕业生，回原籍公安部门办理户口迁移手续。

5. 就业方案

就业方案是政府和学校掌握毕业生就业情况的手段，其制订的来源是毕业生就业协议，也是政府派遣毕业生的重要依据。为了毕业生能按时准确地走上工作岗位，毕业生应将就业协议书及时上报学校做登记。

上述几个毕业生就业环节是政府、毕业生就业主管部门和学校管理毕业生就业工作的重要手段，毕业生在就业过程中要严格遵守。毕业生到就业单位报到需出具《报到证》《户口迁移证》等，党员需向接收单位的党组织上交党员组织关系转移介绍信，团员需向接收单位团组织出具《团员证》。

毕业生离校后，学校学生档案管理部门将按照毕业生报到证的单位地址或就业协议书的档案交寄地址，集中整理交寄毕业生档案。毕业生档案通过机要通信或者邮政交寄。毕业生在报到后 3 个月至半年内，应向接收单位了解本人档案是否已交寄到单位。若单位未收到毕业生档案，毕业生可联系学校进行查询。

4.3.3　人事代理

1. 毕业生人事代理

毕业生人事代理是指政府人事部门所属的人才交流机构，本着充分尊重毕业生自主择业的原则，高效、公正、负责地为各类毕业生解决在择业、就业中遇到的人事方面的有关问题，并提供以档案管理为基础的社会化人事管理与服务。人事代理工作由县（市）以上（含县、市）政府人事部门所属的人才交流服务机构负责。按照有关文件规定。高校毕业生联系到的接收单位是非国有经济单位（外资、合资、民管、民办、个体、乡镇、区街）及实行股份制改造的国有企业以及自费出国留学、择业期满尚未落实就业单位的毕业生需要办理人事代理手续。

2. 毕业生人事代理的服务内容

毕业生人事代理的服务内容包括：向毕业生提供人事法律、法规和政策方面的宣传咨询服务；为毕业生保管、整理人事档案及提供档案借阅、传递服务；负责档案工资的核定调整，工龄连续计算；为毕业生办理见习期满后的转正定级及专业技术职务资格评审；代办养老保险、失业保险、医疗保险等社会保险业务；负责管理毕业生的组织关系；为毕业生挂靠户口关系；负责接转毕业生的人事关系手续；为毕业生办理出国（出境）政审呈报手续；承办与人事管理相关的其他事宜。

3. 毕业生人事代理的作用

（1）保护毕业生的合法权益。不同体制的单位，其人事劳动政策有显著区别，毕业生在不同体制单位中频繁流动会有许多人事问题需要衔接处理。而毕业生人事代理业务对毕业生流动中个人的档案保存、工龄的连续计算、社会保险的接续、职称评定等问题都能发挥很好的衔接作用，使毕业生在人才流动中的合法权益得到有效的保护，实现由单位人向社会人的转化。

（2）帮助毕业生从烦琐的事务中解脱出来。人事代理机构可以为毕业生迅速办理各项与其息息相关的福利及劳动人事事务，毕业生可以全身心地投入到自己的工作、学习当中，免去了后顾之忧。

（3）人事代理制度削弱了毕业生对单位的依附感，在这种用人机制下毕业生增加了工作的危机感和责任感，能够促进毕业生刻苦学习努力工作，为单位创造更大的效益。

4. 毕业生人事代理的类型

根据毕业生的不同情况，毕业生人事代理手续办理程序也有所不同，具体有以下三种类型：

（1）择业期内已联系到接收单位的毕业生将由接收单位签章的就业协议交到省、市（县区）人才交流中心，由省、市人才交流中心审核后签署人事代理意见。毕业生将就业协议送交学校，由学校统一办理就业报到证、户口迁移证，并将毕业生档案送交到省、市（县区）人才交流中心。毕业生可持就业报到证、户口迁移证等材料到接收单位报到，就业单位无集体户口的，可直接落入省、市（县区）人才交流中心集体户口。

（2）择业期内暂未联系到接收单位以及准备升学、出国的毕业生，可持就业协议到省、市（县区）人才交流中心，由省、市（县区）人才交流中心审核签署人事代理意见。毕业生将就业协议交至学校，由学校统一办理就业报到证、户口迁移证，并将其档案送交省、市（县区）人才交流中心。毕业生可持就业报到证、户口迁移证、身份证等材料到省、市（县区）人才交流中心报到，签订人事档案管理合同，户口落入省、市（县区）人才交流中心集体户口。

（3）择业期满仍未联系到接收单位的毕业生，由学校将其报到证开具到生源地的人事部门，由人事部门所属的人才交流中心负责接收并管理毕业生的人事关系。

项目实践

案例分析，并收集毕业生就创业政策

1. 案例分析：回家与坚持，如何抉择？

小王是一个德才兼备的高职大学生，在校期间各方面都比较优秀。临近毕业，父母为他在老家县城找了一份稳定且待遇尚可的工作，但是工作与自身专业不太相符，而小李更希望留在省会城市寻找一份更有发展潜力的工作，闯出一番事业。毕业之后，小李顺利找到一个专业对口工作，但是因为缺乏工作经验，工资较低。半年之后，面对父母再次要求其回老家工作的要求，小李陷入迷茫了，到底是听从家里的安排，做一份稳定安逸的工作，还是在大城市继续坚持？这个问题令小李进退两难。

（1）对上面的案例进行讨论，阐述自己的论点和论据。

_____

_____

_____

（2）如果你是小李，你会如何进行抉择？

_____

_____

2. 请收集学校所在地或者本人生源地市的毕业生就创业政策，以电子版形式上交。

项目小结

就业形势的主要特点包含需求不平衡、社会对毕业生的素质要求在提高、就业竞争日益激烈、形成以学校为基础的毕业生就业市场。

国家促进大学生就业的相关举措包含拓宽就业领域，着力促进高校毕业生多渠道就业；推动双创升级，着力促进高校毕业生自主创业；强化服务保障，着力提高就业创业指导服务水平。

建筑行业就业形势包含人才需求旺盛、从业人员待遇有保障、行业新技术层出不穷。

国家支持大学生积极就业的政策主要有"三支一扶"项目、鼓励高校毕业生应征入伍服兵役、积极聘用优秀高校毕业生参与国家和地方重大科研项目、鼓励和支持高校毕业生到中小企业就业和自主创业、强化对困难家庭高校毕业生的就业援助等。

全国普通高校毕业生就业工作程序为：毕业生领取《就业协议书》《推荐表》；毕业生、用人单位通过双向选择达成意向；用人单位、毕业生、学校三方填写《就业协议书》；用人单位报上级主管部门办理接收审批手续；《就业协议书》上交学校就业指导中心；制定全校就业方案并上报上级就业主管部门审核；学校依据就业方案到省教育厅办理《毕业生就业报到证》；毕业生领取报到证、户口迁移证等手续。以上各个阶段的工作均按照国家和省有关政策规定有序地进行。

毕业生人事代理是指政府人事部门所属的人才交流机构，本着充分尊重毕业生自主择业的原则，高效、公正、负责地为各类毕业生解决在择业、就业中遇到的人事方面的有关问题，并提供以档案管理为基础的社会化人事管理与服务。

项目5

Chapter 05

土木建筑类学生求职技巧

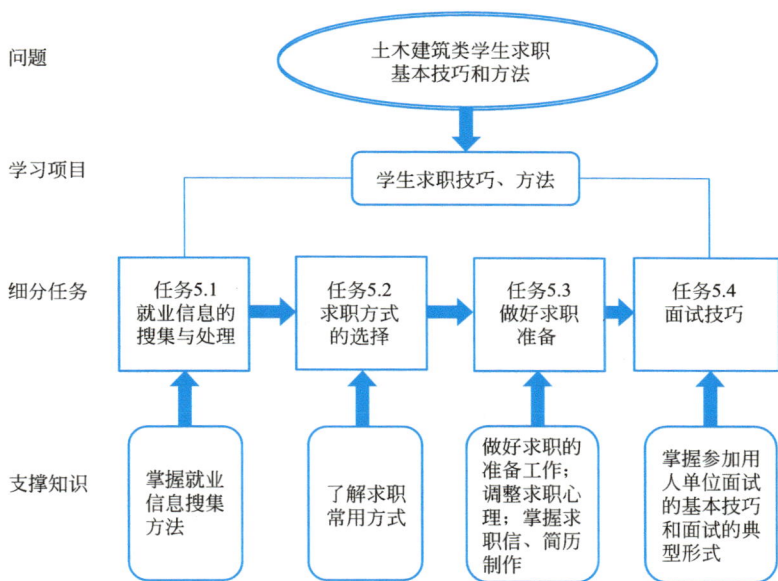

问题　　　　土木建筑类学生求职基本技巧和方法

学习项目　　学生求职技巧、方法

细分任务
- 任务5.1 就业信息的搜集与处理
- 任务5.2 求职方式的选择
- 任务5.3 做好求职准备
- 任务5.4 面试技巧

支撑知识
- 掌握就业信息搜集方法
- 了解求职常用方式
- 做好求职的准备工作；调整求职心理；掌握求职信、简历制作
- 掌握参加用人单位面试的基本技巧和面试的典型形式

项目5　知识（技能）框架图

> 我并不期待人生可以过得很顺利，但我希望碰到人生难关的时候，自己可以是它的对手。
>
> ——加缪

【知识目标】

1. 掌握就业信息的搜集方法；

2. 了解求职的几个方式；

3. 做好求职准备，调节心理，撰写简历、求职信；

4. 掌握面试的基本技巧。

【技能目标】

1. 就业信息的比较方法；

2. 求职方式的应用。

要谋取一个自己喜欢的职业岗位，不仅仅取决于个人素质、国家经济形势、社会人才市场供求等因素，同时也取决于求职者获取的就业信息。谁掌握了就业信息，谁就能争取主动权而不失时机地选择适合自己的职位。

任务 5.1　就业信息的搜集与处理

5.1.1　就业信息的搜集

1. 就业信息的获取渠道

（1）社会关系

每个人都是纷繁社会关系网中的一个结点，人际间的互相联络是交流社会信息的纽带，要善于利用这一渠道获取信息。相关的研究表明，大约有 65% 的人是通过自己的社会关系网成功就业的。这种社会关系包括自己的父母、亲戚、朋友、邻居、教师、同学、校友等。

（2）学校就业指导部门

许多用人单位往往直接到院校招聘，不少院校已经与一批用人单位建立了较为固定的联系，有一些建立了良好的校企合作关系。因此，通过这条渠道得到的就业信息，既十分准确可靠，又比较详细全面。就业政策也能从此渠道获得。

（3）人才招聘会

招聘会一般由政府所辖人才机构及高校就业中心举办，主要服务于待就业群体及用人单位。

招聘会一般分为现场招聘会和网络招聘会，日常中所讲的招聘会通常指的就是现场招聘会。招聘会分行业专场和综合两种，参加招聘会前先要了解招聘会的行业和性质，以免和自己要找的岗位不对口而浪费时间。

（4）新闻媒介的招聘广告

有些报纸、电视、广播电台经常刊登、播发招聘广告。这是一种省钱又省时间的收集就业信息的方法，而且信息量大、覆盖面广、选择机会多。缺点是广告篇幅有限，登广告的用人单位又大多谢绝来访和打电话，只是要求求职者寄出个人简历和各种证明复印件，使求职者对招聘单位了解甚少，而且因用人单位的知名度和所用媒体的影响面，有些广告虽然只招聘几个人却能收到成百上千份简历。

（5）人才市场或中介代理机构

近年来，这种机构犹如雨后春笋，纷纷登台亮相，其中有政府部门主办的人才市场，也有经相关部门批准建立的职业介绍所，还有未经批准以职业中介为名赚钱的"黑中介"。

（6）互联网

随着信息时代的来临，网络媒体每天给我们提供大量的信息，所以互联网是我们获取就业信息的重要方式，目前能够获取就业相关信息的网站主要有以下几类：

① 政府公共就业服务机构网站：如国家人力资源和社会保障部官方网站、教育部就业信息网、浙江省人才市场、杭州市人才市场等网站，这些网站的信息具有非常高的可信度且招聘岗位质量较高。

② 专业招聘网站：如智联招聘、中华英才、前程无忧等。这些网站招聘信息量大，但同时求职者众多，与所投简历相比，获得面试机会的概率较低。

③ 综合型网站：如新浪、搜狐、网易等，这些知名网络媒体都开辟了招聘版块，提供的信息也具有很高的可信度。

④ 行业人才网：各行业人才交流中心，如住房和城乡建设部人才交流中心、国土资源部人才交流中心、社科院人才交流中心等，这些行业性网站提供的很多都是本系统的用人需求。这些网站的主办单位都是事业单位，可信度很高，毕业生可以放心登录。

⑤ 院校就业信息网：毕业生所在学校和院系提供的就业信息，通过本校就业信息网来发布，由于针对性强，成功率较高。

⑥ 企业自身网站：一些企业自己的网站会及时登载本单位的招聘需求，要有选择地浏览获取。一般大型用人单位往往选择自己的网站发布招聘信息。

2. 就业信息的内容

（1）政策信息

作为一名高校毕业生，在择业之前，一定要认真学习国家、有关省市及所在院校当年毕业生的就业政策和规定，从宏观上明确自己的择业方向。

（2）法规信息

毕业生必须了解有关就业法规，学会运用法律保护自己。当前有关毕业生就业的法规有《普通高等学校毕业生就业工作暂行规定》《中华人民共和国劳动法》《中华人民共和国劳动合同法》等。

（3）行业信息

国家大的就业形势随着社会形势的变化而变化，对此毕业生应有所了解，并学会审时度势，恰当地选择择业方向，把握好就业机会。如政府机构精简、国有企业改革、扩大外资规模、扶持民营经济、西部大开发等，这些政策分别给就业带来不同的影响。

（4）用人单位的信息内容

关于用人单位的信息，包括岗位信息、招聘条件与程序、联系方式、单位性质、隶属关系、规模、行业地位、经营现状、发展前景等。

5.1.2 几种就业渠道的比较

1. 网络求职

当今网络求职是一种新兴的，也是一种日益重要的求职渠道，它是借助互联网途径进行求职的方法。求职者通过互联网获取信息，进而与用人单位联系获得面试和实习就业的机会。

（1）如何提高网络应聘成功率

① 选择规模大、知名度较高、门户型招聘网站；

② 网上注册，投放求职简历；

③ 充分利用网站的交互查询功能；

④ 求职的自荐材料内容应仔细推敲；

⑤ 加强追踪；

⑥ 保持平和的心态。

（2）网络求职的不足

① 由于竞争激烈，网络求职成功率相对较低；

② 招聘信息有效性打折扣；

③ 个人信息容易被泄漏而遭人利用；

④ 难显个性。

2. 人才招聘会

参加人才招聘会是应届大学毕业生接触社会、收集实习就业信息、成功就业的最主要渠道。

近年来，毕业生应聘时间前移，不少毕业生实习期间就着手找工作，有些人"逢会必到"忙得疲惫不堪。据调查，在求职过程中，平均每名毕业生要参加 3～4 场以上招聘会才能找到"归宿"。如何在招聘会上获得用人单位垂青，找到一份较为理想的工作？如何在"供大于求"的就业局势中"笑到最后"呢？

① 准确自我定位，树立良好的心态；

② 对洽谈会现场要了解，确定应聘重点；

③ 加强沟通，展实力树形象；

参加
招聘会

④ 加强与用人单位会后沟通，及时做好信息联络；

⑤ 提高求职简历质量。

3. 校园应聘活动

校园应聘就是利用在校园举行的招聘会实现就业，是大学生就业的主渠道，根据招聘会的集中程度，可将校园应聘活动分为校园就业供需双向选择洽谈会和小型专场招聘会。主要特点包括：

① 针对性强；

② 信息可靠；

③ 服务到位；

④ 方便学生，成本低廉；

⑤ 规模较大。

任务 5.2　求职方式的选择

在求职中，没有永远的失败者，只有不断的拼搏者。要想获得一份较为理想的职业，自荐是起步，也是基础，自荐的艺术和技巧如何，会直接影响到择业的效果。

5.2.1　自荐和电话求职

1. 自荐求职

自荐时所呈现出的礼仪是面对面沟通的第一张无形的名片，这张名片如果用得好，求职之路就会逐渐向着阳光大道迈进。求职礼仪一般要求如下：

自荐求职

（1）准时守信；

（2）沉着自然；

（3）应答自如；

（4）精神饱满。

2. 电话求职

在信息化的时代，恰当的求职电话是一种成功的自我推销手段，你在电话中所表现出的语气、语调、语速都能在不同程度上反映出你的性格特征与习惯，如果一个电话就能让招聘者对你留下"虽未谋面却已入心"的印象，则求职将会事半功倍。

现在，毕业生很多时候求职都会首先进行电话联系，能不能在电话中建立一个良好形象，将影响到以后的笔试与面试，因此，电话求职时须掌握一些基本要诀。

（1）选择适当的电话自荐的对象。应选择对用人单位较了解的情况下使用。

（2）选择打电话的时间。一般应选择在上午 9～10 点钟较为合适。最好不要一上班就打电话，要给对方一个安排工作的时间。一般情况下，下午 4 点以后不宜再打电话。

（3）注意音量、语速的控制。说话的声音要清晰、吐字要清楚，语速适中，保持平稳。

（4）通话时间要短。电话自荐要注意控制双方的通话时间，尤其要控制自我介绍的时间，力争在不超过两分钟的时间内把自己的情况介绍清楚，并且要能够引起对方的注意。

（5）道别的技巧。尊称和礼貌用语的使用要贯穿始终，尤其在道别时更应体现出一个人的修养和交际水平，同时婉转地提出面试意愿。

5.2.2 中介求职

中介在初入职场的毕业生们与用人单位之间架起了一座沟通的桥梁，在解决就业中起到了很大的积极作用，然而，某些不规范的中介严重扰乱了劳动力市场的正常运转，给毕业生们带来了物质和精神上的双重伤害。那么到底该如何搭上中介这趟顺风车，让自己的求职顺水又顺风呢？选择中介须注意以下环节：

（1）须选择口碑好的中介；

（2）须警惕网络中介；

（3）须实地考察中介。

5.2.3 广告和网络求职

1. 广告求职

通过广而告之，择业信息大大增加，但招聘广告中哪些是真、哪些是假就需要毕业生们擦亮眼睛仔细辨析。一个真实有效的职位广告至少应包括六个核心要素：

（1）广告标题：如"高薪诚聘""某某公司招聘"等，而且应将单位的名称堂堂正正写在广告上；

（2）公司简介：包括企业名称、性质、主营范围等；

（3）核准机关：发布招聘广告，一定要经过人事或劳动主管机关的核准，广告中还需特别注明"已经核准"的字样；

（4）招聘职位：包括职位名称、任职要求、工作能力、工作地点等；

（5）公司政策体现：包括工资薪酬、社会保障、福利待遇、学习培训等；

（6）联系方式：包括联系电话、通信地址、邮政编码、传真、电子信箱、联系人等。

2. 网络求职

随着我国就业信息化进程的加快，同上搜寻就业信息已成为如今事业生最常用的求职手段之一。网络求职摆脱了时间、地点、金钱上的限制，让找工作变得更加方便和快捷。网上求职注意事项：

（1）心态平和；

（2）防范骗局；

（3）注意保密。

虽然求职网站能够提供给应聘者大量的有用信息，但网络求职只是求职道路中的一条，记住"条条大道通罗马"，毕业生千万别过分依赖网络去求职。

任务 5.3　做好求职准备

5.3.1　求职心理准备

现今的就业市场竞争越来越激烈，要想找到称心如意的工作，往往要通过求职面试这一道关口。准备面试时首先要克服以下不良心态：

（1）自视甚高的心态

这种求职者常把个人估计过高，自认为学历、能力，甚至长相都不错，用人单位肯定人见人爱，自然顺利通过。但是用人单位对这种自视甚高的应聘者，往往不买账。

（2）无所谓的心态

这类求职者在面试时表现出一种大大咧咧、满不在乎的神态，回答任何问题都不够正经，迷离马虎，不认真推销自己，这种无所谓、碰运气的侥幸心态，很难使应聘获得成功。

（3）自惭形秽的心态

这类求职者在多人面试场合，看到别人学历、能力比自己优秀，自己心理就一下子垮了下来，等叫到自己面试时，只见手发抖、心发慌、头发胀，心想：我完了……这就是我们所说的"面试恐惧症"。

5.3.2　求职简历和求职信的制作撰写

1. 简历的制作

（1）简历内容

① 个人资料：姓名、性别、家庭地址、政治面貌、身体状况、兴趣、爱好、联系方

优秀简历
要点

式等，一定要保证准确无误，确保公司能准确快速找到你；

② 教育背景：就读学校、所学专业（主修的课程）、学位、外语以及计算机掌握程度等；

③ 本人工作实践经历：入学以来的简单经历、在校策划组织参加的重大活动、加入党团等方面的情况，还有社会实践、假期实习方面的经历；

④ 所获荣誉：获奖级别、等次越高的优先；

⑤ 本人特长：如计算机、外语、驾驶、文艺、体育方面等；

⑥ 求职意向：简短清晰，主要表明本人对哪些岗位、行业感兴趣及相关要求，让招聘者知道你要的是什么，能做的是什么；

⑦ 其他：本人的能力、性格评价等。

个人简历应该浓缩大学生活的精华部分，要写得简洁精练，切忌拖泥带水。个人简历后面，可以附上个人获奖证明，如三好学生、优秀学生干部证书的复印件，外语四、六级证书的复印件以及驾驶执照的复印件，这些复印件能够给用人单位留下深刻的印象。

（2）简历要点提示

① 简洁——个人简历有一两页即可，不可太长，字数最好不要超过 1200 字。

② 准确——就是简历中所用的术语、词汇要正确恰当。

③ 真诚——要求简历中的内容既不要夸张，也不要消极评价自己。

④ 在简历中一定要明确地提出职业要求，否则就会失去马上告诉雇主自己想找什么工作的机会。

⑤ 一般而言，白纸黑字应该是个人简历的最佳载体。打印排版时，注意间隔及字体的常规性，同时注意语法、标点、措辞。

（3）简历注意事项

① 匹配与价值。"匹配"指你和目标职位的匹配，在你的简历中要让招聘者感觉到"你是最适合这个职位的人选"；"价值"指老板为什么雇佣你，你能为他创造多大效益，让他感受到你的能力和潜力。

② 简洁与详实。"简历"突出一个"简"字，让招聘者看过简历后对你的基本情况一目了然，字数尽量控制在一页以内；但是我们也不只是要招聘者了解我们，而是要他聘任我们。那么该简则简，而当详必详。与目标职位相关的内容尽量详实，不可含糊不清和泛泛而谈。

③ 主题与关键。突出主题词，突出关键词。以第一点为指针，我们的简历要突出的就是与目标职位要求相匹配的主题词、关键词。

④ 通俗与得体。"通俗"，要求尽量使用大众词汇，具体实在的客观陈述方式更能让人信服，让招聘者感觉你是诚实踏实可靠的人选。"得体"，简历是正式文体，语言使用不能过于夸张、煽情。

⑤ 扬长与避短。"扬长"一定是"有效长处"，是这个职位需要的长处。"避短"，不谈你的缺点、失败的经历或羞于谈及的往事，但是有些短处无法回避，这时我们可以在其他方面扬长，突出个人才能，说明你是这个工作的不二人选。

⑥ 清晰与美观。层次条理清晰，色彩搭配适当的一份新颖且具个性的简历，让招聘

者心情舒畅地看懂你的信息的同时，送上的是你的诚意。

简历应避免出现的情况：

① 出现拼写、语法、标点或者打印错误。

② 避免咬文嚼字以及令人难以理解的措辞。

③ 篇幅过长，或者过于简单。

④ 条理不清，会使得阅读和理解困难。

⑤ 虚假不真实。

⑥ 求职目标不明确。

2. 求职信的撰写——突出自己的亮点

求职信也叫求职函，是求职者写给招聘单位的信函，是一种自我介绍、自我推荐的书面表达方式。

写求职信的目的是争取面试机会，进而获得工作。求职信的作用，就是求职者向欲供职单位提供一种最初印象、最基本的了解。

（1）求职信的基本结构与写法

一般来说，求职信是属于书信范畴的，所以，基本格式应当符合书信的一般要求：主要包括称谓、问候语、正文、祝颂语、附件、落款、联系方式共七方面的内容。

① 称谓：称谓只是单位或部门名称时，问候语可以省略。

② 问候语：是对受信人礼貌的表示。求职信的受信人是单一的，只要求突出礼节性，用"您好"即可。

③ 正文：这是求职信的中心部分，正文由连接语、主体、结束语三部分组成。一般都要求说明求职信息来源、应聘岗位、本人基本情况、工作成绩等内容。正文结束时，应简要概括全文内容，再次强调自己的求职愿望，以加深对方的印象。一般应写明：希望对方给予答复，并盼望能有机会参加面试。如"如蒙赐复，不胜感谢""若本人条件尚可，请惠予面试""静盼（候）佳音""若蒙聘任，将十分荣幸"等。

④ 祝颂语：根据受信人的具体情况，按一般书信的格式，要写出有针对性的结尾应酬语，即简短地表示敬意、祝愿之类地祝词。如"祝贵公司兴旺发达""顺候安康""深表谢意"等等，也可以用"此致，敬礼"等适合对方身份的敬语、通用词。

⑤ 附件：求职信有时还要有"附件"，指能够向对方证明自己能力和水平的相关材料。"附件"的书写位置应在落款之上祝颂语之下。祝颂语下空一行，左侧空两字写"附件"或"附"后加冒号。如附件不是一个，可用阿拉伯数字标注顺序号上下依次排列。

⑥ 落款：按一般书信格式写出求职人的姓名、日期。一般写在右下方，日期写在署名下一行，最好用阿拉伯数字写，并把年、月、日全写上。

⑦ 联系方式：落款之下左侧空两字，依次写出通信地址、邮编、电话、电子信箱等必要的联系方式。

（2）求职信的注意事项

① 实事求是地介绍自己；

② 求职态度要诚恳、谦虚；

③ 篇幅短小、语言简洁；

④ 文面整洁大方、清晰无误。

任务 5.4　面试技巧

面试是主考官通过与应试者直接交谈或将应试者置于某种特定情境中观察，从而对应试者的知识、能力、经验、气质和性格等基本素质进行测评，并为人员录用提供重要依据的考试活动。这也是目前高校自主招生常用的一种办法。

5.4.1　面试概述

1. 面试的特点

（1）面试以谈话和观察为主要手段

面试过程中的一种重要方式就是谈话。在面试过程中，主考官向应试者提出各种问题，应试者要对这些问题进行回答，主考官能否正确地把握提问技巧十分重要。他不仅可以直接地、有针对性地了解应试者某一方面情况或素质，而且对于驾驭面试进程，营造良好的面试心理氛围，都有重要影响。观察是面试过程中的另一个主要手段。对应试者非语言行为的观察，主要有面部表情的观察和身体语言的观察。在面试过程中，除面部表情外，身体、四肢等在信息交流过程中也发挥着重要作用。比如手势，它具有说明、强调、解释或指出某一问题、插入谈话等作用，它是很难与口头语言分开的。

（2）面试是一个双向沟通的过程

面试是主考官和应试者之间的一种双向沟通过程。在面试过程中，应试者并不是完全处于被动状态。主考官可以通过观察和谈话来评价应试者，应试者也可以通过主考官的行为来判断主考官的价值判断标准、态度偏好、对自己面试表现的满意度等来调节自己在面试中的行为表现。同时，应试者也可借此机会了解自己应聘的单位、职位情况等，以此决定自己是否可以接受这一工作。

（3）面试内容具有灵活性

面试内容对于不同的应试者来说是相对变化的、灵活的，具体表现在以下几个方面：

① 面试内容因应试者的个人经历、背景等情况的不同而无法固定；

② 面试内容因工作岗位不同而无法固定；

③ 面试内容因应试者在面试过程中的面试表现不同而无法固定。

（4）面试对象的单一性

面试的形式有单独面试和集体面试。在集体面试中多位应试者可以同时在考场之中，但主考官不是同时向所有的应试者发问，而是逐个提问逐个测评，即使在面试中引入辩论、讨论，评委们也是逐个观察应试者的表现。面试的问题一般要因人而异，测评的内容应侧重个别特征，同时进行会相互干扰。

（5）面试时间的持续性

每一位应试者的面试时间，不能做硬性规定，而应视其面试表现而定，如果应试者对所提问题对答如流，阐述清楚，主考官很满意，在约定时间甚至不到约定时间即可结束面试；如果应试者对某些问题回答不清楚，需进一步追问，或需要进一步了解应试者的某些情况，则可适当延长面试时间。

（6）面试交流的直接互动性

面试中主考官与应试者的接触、交谈、观察也是相互的，是面对面进行的。主客体之间的信息交流与反馈也是相互作用的。面试的这种直接性提高了主考官与应试者间相互沟通的效果与面试的真实性。

（7）面试评价的主观性

面试官的评价往往受个人主观印象、情感、知识和经验等许多因素的影响，不同的考官对同一位应考者的评价往往会有差异，而且各有各的评价依据。所以，面试评价的主观性是面试的一大弱点。但另一方面，由于人的素质评价是一项十分复杂的工作，考官可以把自己长期积累的经验运用到面试评价中。在这个意义上，面试的这种主观性有其独特价值。

2. 面试的主要内容

（1）求职动机

了解应试者为何希望来本单位工作，对哪类工作最感兴趣，在工作中追求什么，判断本单位所能提供的职位或工作条件等能否满足其工作要求和期望。这是对求职者最基本的了解和判断。

（2）专业知识

了解应试者掌握专业知识的深度和广度，其专业知识是否符合所要录用职位的要求，以此作为对专业知识笔试的补充。面试对专业知识的考察更具灵活性和深度，所提问题也更接近空缺岗位对专业知识的需求。

当然，对于初入职场者，专业知识方面的问题最多是一些本专业和岗位的基本知识点，不会涉及一些较难的问题。

（3）工作实践经验

一般根据查阅应试者的个人简历或求职登记表的结果，做相关的提问，查询应试者有关背景及过去工作的情况，以证实其所具有的实践经验。通过对工作经历与实践经验的了解，还可以考察应试者的责任感、主动性、思维能力、口头表达能力及遇事的理智状况等。

（4）口头表达能力

考查应试者是否能够将自己的思想、观点、意见或建议顺畅地用语言表达出来。考察的具体内容包括：表达的逻辑性、准确性、感染力、音质、音色、音量以及音调等。

（5）综合分析能力

考查应试者是否能对主考官提出的问题通过分析抓住问题的主旨，并且说理透彻、分析全面、条理清晰。

（6）反应能力与应变能力

本项主要看应试者对主考官所提问题的理解是否准确贴切以及回答的迅速性、准确性。对于突发问题的反应，应试者是否机智敏捷、回答恰当以及对于意外事情的处理是否得体妥当等。

（7）人际交往能力

在面试中，询问应试者经常参与哪些社团活动，喜欢同哪种类型的人打交道，有哪种社交倾向以及与人相处的技巧。

（8）自我控制能力与情绪稳定性

自我控制能力尤为重要。一方面，在遇到上级批评指责、工作有压力或是个人利益受到冲击时，能够克制、容忍、理智地对待，不致因情绪波动而影响工作；另一方面工作要有耐心和韧劲。

（9）工作态度

一是了解应试者对过去学习、工作的态度；二是了解其对现报考职位的态度。在过去学习或工作中态度不认真，做什么、做好做坏都无所谓的人，在新的工作岗位也很难做到勤勤恳恳、认真负责。

（10）上进心、进取心

上进心、进取心强烈的人，一般都有明确的奋斗目标，并为之积极努力，表现在努力把现有的工作做好且不安于现状，工作中常有创新。上进心不强的人，一般都是安于现状，无所事事，不求有功，但求能敷衍了事，因此对什么事都不上心。

（11）业余爱好与兴趣

通过询问应试者休闲时间爱从事哪些运动，喜欢阅读哪些书籍以及喜欢什么样的电视节目，有什么样的嗜好等，可以了解一个人的兴趣与爱好，这对录用后的工作安排常有好处。

（12）仪表风度

这是指应试者的体形、外貌、气色、衣着举止、精神状态等。国家公务员、教师、公关人员、企业经理人员等职位，对仪表风度的要求较高。研究表明，仪表端正、衣着整洁、举止文明的人，一般做事有规律，注意自我约束，责任心强。

（13）其他

面试时主考官还会向应试者介绍本单位及拟聘职位的情况与要求，讨论有关工薪、福利待遇等应试者关心的问题，以及回答应试者可能问到的其他一些问题等。面试主考官可能采用提问方式，也可能是场景设置方式，总之，一旦进入面试场或者等候区域，面试就已经开始。

3. 面试的基本原则

在参加面试中，需要掌握三个原则：实事求是、随机应变、自圆其说。其中后两个主要体现了灵活性的特点，但必须以实事求是为前提和基础。

（1）实事求是的原则

实事求是指在面试中应试者回答考官提问时要从本人的实际情况出发，不夸大，不缩小，正确对待和处理考官的发问。

（2）随机应变的原则

随机应变是指面试考官要考查应试者能否随着情况的变化掌握时机，具有灵活应付的多变能力。可以先做自我介绍，并逐渐把重点转移到自己所精通的专业知识上，甚至可以向考官们提出一些问题，以突显自己是位谈吐清楚、头脑灵活、反应敏捷、随机应变的人。

（3）自圆其说的原则

参加面试时，主考官所问的问题并不一定有标准答案，只要能回答得近乎"自圆其说"，便算是成功。几乎所有的面试问题都有可能被主考官深化和挖掘，因此回答问题前要尽可能想得周到些，多思考然后再回答。

5.4.2　面试的几种典型形式

1. 结构化面试

结构化面试是当前面试实践中应用最广的一种面试方法，公务员录用考试、公开选拔党政领导干部面试、竞争上岗等都把它作为一种主要方法。

2. 情景模拟面试

情景模拟面试也是人才测评中应用较广的一种方法，它主要测试应试者的各种实际操作能力。

拓展阅读：

建筑施工企业在模拟测试中，给了应试者有关项目部财务资料，要求应试者据此写出一份财务分析报告，内容包括数据计算、综合分析、个人的观点、意见和建议。建筑企业财务部给应试者提供了项目部的原始凭证和记好的账目，要求应试者据此检查出错误，并定行为、定性质、改错账。

上述模拟测试就是针对财政工作和审计工作的需要和现实问题设计的。

3. 无领导小组讨论面试

无领导小组讨论是评价中心技术中经常使用的一种测评技术，它有助于应试者较好地发挥其特长，展现其优势，并能在锻炼中提高各方面的能力。其采用情景模拟的方式对考生进行集体面试。它通过给一组考生（一般是 5～7 人）一个与工作相关的问题，让考生们进行一定时间（一般是 1 小时左右）的讨论，来检测考生的组织协调能力、口头表达能力、辩论能力、说服能力、情绪稳定性、处理人际关系的技巧、非言语沟通能力（如面部表情、身体姿势、语调、语速和手势等）等各个方面的能力和素质是否达到拟任岗位的团体气氛，由此来综合评价考生之间的优劣。

4. 演讲法面试

演讲又称讲演或演说，是指演讲者在特定的场合，运用有声语言（为主）和体态语言如姿态、动作、表情、手势（为辅），向听众系统阐述宣传自己的观点和主张，以感召听众并促使其行动的一种现实的信息交流活动。演讲法在这里是指面试演讲中面试者根据招聘者的提问导向，结合自身的情况和观点，运用语言、动作、表情、姿态等向招聘者表达自己的意愿、观点，以让招聘者认为其合乎招聘要求标准为目的的一种现实信息交流活动。这是面试中面试者与用人单位考评人员面对面交流信息的手段。它兼具答辩与一般演讲的特点，既有问，又有较长时间表达自己的观点。

演讲既可以是即兴的，也可以是有所准备的。即兴的可以在抽到一个题目以后稍作准备，5 分钟以后上台演讲；而后者可以有稍长的时间准备，同时还可以安排评委提问。

5.4.3　面试注意事项和技巧

1. 心态准备

理想的面试结果是面试官能全面而准确地了解到应试者的优势所在，这是每一位应试者所期望的结果。但在实际的面试中很难实现，其原因是多方面的，但主要是由于认知的偏差、焦虑、恐惧等莫名的情绪引起。在面试之前，明智的应试者应该挖掘自己潜在的力量，用积极的心态来消除负面心理的影响，在面试中满怀信心地展现自己的风采。

（1）充满自信

面试还没有开始，很多人就已经被即将到来的恐惧击垮了。他们知道面试是关键的一环，因而习惯性地、无限度地夸大面试中的每一个因素，把每个因素都当成难以逾越的大山。结果不战而败，弃甲投降。

（2）具有顽强意志

所谓意志是人为地达到一定的目的，自觉地组织自己的行动，并与克服困难相联系的心理过程，它是人的意识的能动表现。一个意志明确而又坚强的人，一般都具有自觉性、坚定性、果断性、自制力等几种意志品质。

决定事业成功与否的关键是人的意志品质，这就是"有志者事竟成"的道理。一项对诺贝尔奖获奖者的研究也表明，他们所取得的成就虽各具特色，但无一例外地拥有两大共同特征：一是学识渊博；二是目标明确、兴趣持久、坚忍顽强，具有不达目的誓不罢休的精神。

（3）具有竞争意识

从某种意义上说，人生就是一场竞争，应试者应该正视现实，抓住机遇，扬起理想的风帆，在竞争的激流中奋力拼搏，驶向成功的彼岸。市场经济就是竞争性经济，竞争已成为社会生活的普通法则。职业竞争是最重要的竞争之一，随着人才劳动力市场全面放开，优胜劣汰作为职业竞争的法则，必然给强者带来机遇，使弱者面临危机。所以，应试者就必须克服焦虑、自卑、怯懦、优柔寡断等心理障碍，敢于参加竞争，大胆地与竞争对手一比高低。

（4）消除完美主义心理

绝对的完美主义者即意味着永远的自我否定者，因为他永远达不到他为自己所定的任何一个目标；绝对的完美主义者也意味着不知轻重、不分主次，他会强迫自己在每一个细节上做过分且不必要的停留。完美主义者只是希望别人把他看成是一个无可挑剔的人。他认为，如果在日常工作中让老板发现了不完美之处，自己就会错失良机。于是，他平时不轻易讲话，开会时坐在后排，尽可能地不引人注意，唯恐被他人发现了缺点。

（5）克服焦虑心理

焦虑主要是生理层面的内容，它要来便来，绝不会因你欲摆脱它而消失。你越想摆脱焦虑，你就会越焦虑，而你越焦虑，你便越想摆脱它，结果形成了一个恶性循环。摆脱这个恶性循环的唯一办法便是自己在心里暗示自己"由它去吧"。一旦你不再注意你身上的焦虑，焦虑状态便会自然而然地"去"了。面试前，包括面试中，应试者要学会接纳自己正常的焦虑，要带着正常的焦虑去做自己该做的事。

2. 调查研究应聘单位和应聘职位

面试前对应聘单位和应聘职位进行调查研究，是获取有用信息的必要和有效的手段。面试有一个重要的评价要素，就是求职动机。对所要应聘单位和应聘职位进行调查研究，会减少你应聘的盲目性，从而减少你被录用以后可能产生的心理反差，也有利于你今后顺利开展工作和职业生涯的设计和开发。求职动机不单是主考官必须关心的问题，也是应试者必须关心的问题。应试者必须对自己的求职动机有明确的认识，而这种明确的认识必须建立在可靠的信息基础上，因此你必须了解应聘职位尽可能多的情况，从而能更快地面对现实，适应单位的环境，采取有效的应对措施。

我们再从如何争取面试成功这个角度，提出一些需要调查了解的具体问题。

① 调查研究应聘单位的性质、主要职能、组织结构和规模。

② 了解有关应聘职位尽可能全面真实的信息。如工作的性质、中心任务和责任，所需的知识结构、能力结构以及对兴趣爱好、个性特征、技术特长等的专门要求。

③ 调查研究应聘单位的人员结构，如年龄结构、专业结构以及人际关系状况等。

④ 了解单位主管、你所应聘职位的直接上司以及可能的面试考官的个人情况，如姓名、教育程度、专业、出生地、民族、信仰、家庭、兴趣爱好等。

⑤ 了解面试的大约时间、面试室的环境、面试可能采取的形式等。

⑥ 了解有关单位的新闻报道，分析有无可能会出现在面试问题中。

5.4.4　面试问题准备

1. 应试者个人信息

主要是有关应试者自身情况的基本情况，如精力、活力、兴趣、爱好、特长、宗教信仰、理想和抱负、人生观、价值观、世界观等。这些问题的答案没有正确和错误之分，个人根据自身情况可以有多种回答，但应注意以下几点：①要与个人简历和求职信上的信息对应一致，千万不能自相矛盾；②不要谈一些与做好所应聘工作无关的东西，即使是你的特长和优点；③谦虚谨慎，不可表现得野心勃勃、唯我独尊。

2. 求职动机

弄清应试者的求职动机，是主考官的基本任务之一。但凡有经验的考官，都不会放过考查、验证应试者求职动机的任何机会。这一类问题一般有如下几种：

（1）你为什么来本单位应聘？

（2）你对应聘职位有哪些期望？

（3）如果你被录用，今后五年内你会如何发展自己？

（4）你在工作中追求什么？

3. 教育和培训

主考官一般会验证一下你在简历和求职信上所说的是否属实，你所受的教育和培训是否有利于完成你应聘的工作。这类问题有如下几种：

（1）你是哪个学校毕业？哪个专业毕业？

（2）简单介绍一下你的专业好吗？

（3）你最喜欢的功课是什么？

（4）你受的哪些教育和培训会有助于做好你要应聘的工作？为什么？

（5）简要谈一下你的毕业论文或毕业设计，好吗？

（6）你的学习成绩怎样？你是否满意？

对自己所受的教育和培训一般应如实回答，不可把自己拔得太高，回答时要谦虚一点，不可旁若无人，夸夸其谈。要特别突出自己所受教育培训与你所应聘的工作之间的关系，要有所分析，不能简单地下结论。

4．未来的计划和目标

用人单位非常关心新进员工的心态和打算，特别想知道他们是否能全身心投入到工作中去，有没有明确的计划和目标。因此，主考官对这些可能成为本单位新进员工的应试者往往会问及其未来的计划和目标。这类问题有如下几种：

（1）如你被录用，你准备怎样开展工作？有什么设想？

（2）如有其他的工作机会，你怎样看待？

（3）你五年至十年的职业规划是什么？十年后你希望从事什么工作？

（4）进入我们单位后，你认为自己的优势和不利因素是什么？

（5）你是否确定了在我们单位的奋斗目标？你怎样去实现自己的目标？

对于未来的计划和目标，你自己必须要有所考虑，要理清自己的思路，在回答时要把握住这样一个原则，即个人的计划和目标应当服从于组织的计划和目标，不能太理想化，不能犯个人主义的错误。这类问题不太好回答，事先要仔细、全面地考虑，面试时不可避而不答，应大胆地提出自己的设想和方案，尽管可能不成熟，但总比一无所知好得多，因为主考官关心的往往不是你的设想和方案是否可行，而是你对这类问题有没有认真考虑过。如果你能提出可行性的计划和方案，符合组织的利益和需要，那么你将成为优先的被录取者。

至于面试中考查表达能力、归纳能力、分析能力、想象力、创造力、组织能力、应变能力、判断能力、自控力等的问题，你可以做一定的准备，但一般不是短期能见效的，因此不要为此劳神费力。树立起自信心，发挥出正常的水平，你就成功了。

此外，如果你想问主考官一些问题，事先一定要想清楚该不该问、怎样问，提前整理好、归纳好，提问要谦虚、谨慎，不要自找没趣。所提问题应限制在询问应聘单位和应聘职位的范围内，但在招聘告示、单位介绍中已有的内容，主考官已经介绍过的内容要排除在提问之外。不要问特别简单或复杂的问题，要回避敏感性的问题。通过其他渠道可以了解的信息，一般不要在面试时发问，如工资、待遇问题。可以问一些有关应聘单位在前进中取得的成绩、存在的问题和面临的困难以及未来的发展战略之类的问题。总之，在面试前除非感觉确有必要，不要费心费力去准备一些所谓的问题，但即使准备了，也不是到时候必须要问，临场应试一定要随机应变，不能拘泥于自己制定的计划。例如，当你发觉主考官迫切希望结束面试，你就不要反其意而行，非得追问几个问题不可。虽然面试是双向的交流，但不要忘了还有主考官和被面试之分，不要忘了自己是应试者而不是主考官。

5.4.5 形象准备

面试形象的准备也非常重要，俗话说"人靠衣装"，包装自己，不仅仅是面试前的那个上午才要做的事。细心的应试者，很早便开始装扮自己的形象了。

（1）最佳形象

包装自己的理想效果是，虽然的确精心修饰过，但却看不出修饰的痕迹，也让人挑不出毛病。包装自己时要记住一点，服饰和装扮本身就是一种无声的自我介绍，有经验的面试官会从这里读出你的许多内容，比如：年龄、家庭状况、经济条件、教育程度等信息。

两个错误理解

漂亮的形象并不一定是最佳形象，一定要适合自己，适合自己的学生身份或者最好是将来进入职场工作岗位的身份。平时，我们可以是只顾及自己的品位，随着心情去追随潮流或自创风格去着装，但在面试中，你必须给自己定位——"我要凭我的个人形象来赢得面试官的首肯。"这时，服饰和装扮一定要符合以下要点：①与面试环境、气氛协调；②自然大方地显示你的形象；③与你的气质相协调；④与你的举止相符合。

（2）发式

男性的头发处理起来比较简单，因为可供男性选择的发型不多。如果使用发胶，需要注意，临出发前一定要用梳子把固结成络的头发梳开，刚理过发后，尤其是换新发型后有一个适应期，一定要提前准备。

女性的头发最忌讳的一点，是有着太多的头饰和过分的装扮。在面试这样的场合，大方自然才是真。所以，不要弄"爆炸式"的发型或者过于时髦耀眼的发型或颜色，会使面试官对你有着本能的排斥；高挽的头髻也不可取，它会让面试官倾向于以家庭型女性来评判，这无疑是对你求职的否定；披肩的长发已渐渐被接受，但应稍加约束一下，不要让它太随意。显得干练精神的发型会更受到用人单位的青睐。

（3）着装的艺术

一般而言，面试官评判应试者的服装的标准是：协调中显示着人的气质与风度的档次；稳重中表达着人的可信赖的程度；独特中言说着人的个性。

服饰的最高境界是自然协调，如果你的衣着首先与你自己的个性、品味不协调了，就很难与面试的气氛相一致。

面试的着装是要郑重一点，但也不必为此而改变你日常中一贯的形象。比如，如果你从来不穿西装，大可不必为了面试买一件西装，这样会让自己特别紧张很不自在，反而影响面试效果。当然，也要根据自己面试岗位的基本要求来定。要学会从过去的你的无数形象中选择和面试相匹配的。要相信自己的审美能力和身旁的众多"参谋"的审美能力。

（4）面部的化妆

面试中，脸部的化妆一定要淡而自然。因为一副浓妆无异于在向面试官诉说着："我没有自信，所以我要掩去我的本来面目。"

在面试中，尤其拒绝浓妆，因为它使人的脸部不自然，它破坏了人脸上的表情，而一张脸最生动的地方就在于它的细微生动感人的情绪表达。

当然，像黄脸婆一样去面试也不行。最好略略将面颊修饰打扮一下，让自己看上去健

康、精神焕发。

眼睛是情绪交流的焦点，一双明亮而自信的眼睛必然会给自己的面容增色不少，所以，要注意修饰一下自己的眼睛，但不要露出修饰的痕迹来，切忌不要在眼睛四周描上黑而深的眼影。

合理地修饰嘴唇，可以吸引人的视线，而让其忽略自己面部的其他缺陷，即便是男士，也不要干瘪着嘴去面试，干巴巴的嘴唇会给面试官一种仓促匆忙的感觉。

可适当地注意一下鼻子。如果你的鼻子容易出油发亮，可略施淡粉。如果有粉刺鼻、酒糟鼻，最好提前到医院去诊治一下，不要让这些本来无关的东西影响面试的效果。鼻毛长的人，面试前最好要认真修剪一下。

面试的早上，冲个淋浴会使你容光焕发，早餐中不要吃大蒜、洋葱，亦不要抽烟、喝酒，要让你在面试中的气味像初春的微风一样清新怡人。

拓展阅读：

盲目求职的小王

小王是一名即将毕业的大学生，看着同学们纷纷落实了就业单位，自己心里非常着急，于是他开始投递简历。他海量地投递简历，以至于他自己都不记得投递了多少家，有一天他接到一家公司的电话通知，希望他能去公司面试，他信心满满地穿了一身正装，第二天按时前往。

面试开始了，面试官很礼貌地和他沟通，请他讲述一下他的学习、工作经历，在过程中也询问了一些情况，小王的学习、工作经历与他所应聘的岗位有一定相关，但也有很多不足之处。于是面试官询问小王对所应聘的职位的职责和要求是否清楚，小王竟然不记得自己到底应聘的是什么职位，更说不清该岗位具体负责什么和该岗位的要求。不仅如此，当面试官提示了他之后，他依然对该销售岗位所要求的产品方面的知识一无所知。这样的情况下，面试官对小王感到非常失望，一个即将毕业的大学生，应聘工作的时候竟然是如此盲从。面试官告知小王在面试前需要对行业知识进行一下了解，小王竟然自负地说："公司又不是只有你们一家，用不着你来教我怎样面试！"之后愤然起身离去。

点评： 1. 应聘时需要有针对性地投递简历，切忌盲目乱投；2. 应聘工作要做到知己知彼，对公司的情况、公司招聘的岗位职责和任职要求要非常熟悉，再对自己进行分析，看自己是否能承担这样的职责，是否能符合该岗位的要求，从而沉着应对；3. 对该岗位的相关行业知识要做深入了解，做个主动积极的人，这样能让自己在应聘过程中表现得更加专业，即使不能应聘成功，学习一些有用的行业知识总是没有坏处的；4. 在面试过程中，秉持谦虚的态度，不要狂妄自负，双方应保持互相尊重的和谐氛围，过于情绪化的表现对求职成功有害无益。

项目实践 🔍

面试演练，并制作电子简历

1. 面试演练

面试是毕业生在求职期间面临的普遍问题，人事主管人员会根据应聘者对不同问题的回答甄选出适合相应岗位的人选，面对下面几个问题，你会如何回答？请分组讨论后进行回答。

（1）请简单介绍一下自己。

_____

_____

（2）请谈谈你的实习/工作经验。

_____

_____

（3）请介绍一下自己的优点和不足。

_____

_____

（4）你为什么应聘这份工作？

_____

_____

（5）你对薪资有什么要求？

_____

_____

（6）如果公司要求你出差/加班，你能接受吗？

_____

_____

2. 制作电子简历

请根据自身情况，制作一份个人简历，以电子版形式上交。

项目小结

就业信息的获取渠道有通过社会关系、学校就业指导部门、人才招聘会、新闻媒介的招聘广告、人才市场或中介代理机构、互联网等。就业信息内容包含政策信息、法规信息、行业信息、用人单位的信息内容等。

自荐求职礼仪上要注意准时守信、沉着自然、应答自如、精神饱满。电话求职进行自我介绍时要保持心态平静、语速适中、语气良好、表达感谢。中介求职须选择口碑好的中介、须警惕网络中介、须实地考察中介。广告求职应注重广告的真实性。网上求职应心态平和、防范骗局、注意保密。

求职面试应做好求职心理准备。简历书写原则简洁、准确、真诚，在简历中一定要明确地提出职业要求，不要写对择业不利的情况。

面试掌握三个原则：实事求是、随机应变、自圆其说。面试包含结构化面试、情景模拟面试、无领导小组讨论面试、演讲法面试等。面试要注意心态调节、知己知彼，并进行相应的准备。

就业权益保护

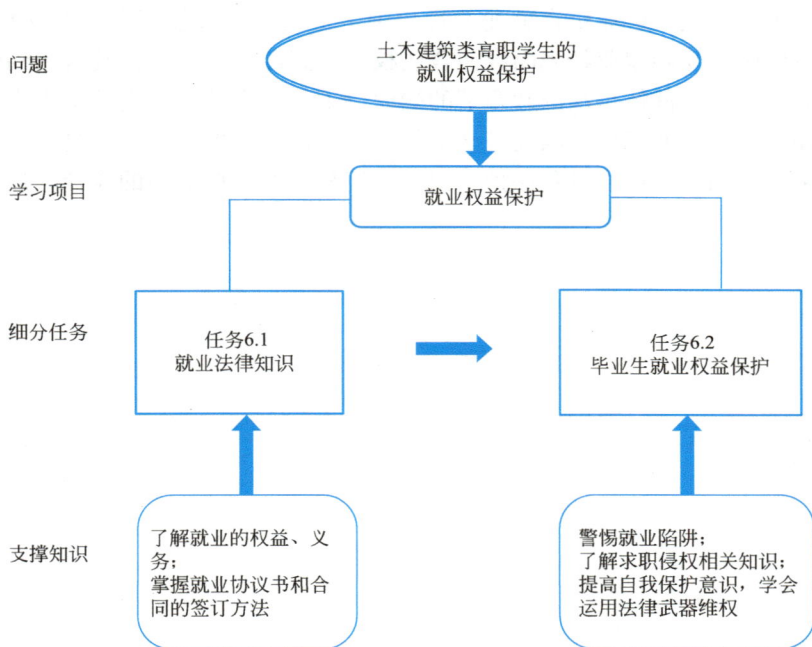

问题

> 土木建筑类高职学生的
> 就业权益保护

学习项目

> 就业权益保护

细分任务

> 任务6.1
> 就业法律知识

> 任务6.2
> 毕业生就业权益保护

支撑知识

> 了解就业的权益、义务；
> 掌握就业协议书和合同的签订方法

> 警惕就业陷阱；
> 了解求职侵权相关知识；
> 提高自我保护意识，学会运用法律武器维权

项目6　知识（技能）框架图

> 法律不能使人人平等，但是在法律面前人人是平等的。
>
> ——英国法学家　波洛克

【知识目标】

1. 了解就业相关知识；
2. 了解求职侵权相关知识。

【技能目标】

1. 掌握就业协议书和合同的签订方法；
2. 提高自我保护意识，学会运用法律武器维权。

在就业过程中，同学们往往将注意力集中在收集材料、寻找单位、准备面试等方面，容易忽视与之密切相关的法律法规，没有正确行使自己的权利和履行应尽的义务。在纷纭复杂的新人职场中，我们应正确行使自己的权利、履行应尽的义务。当自身合法权益得不到保障，甚至受到侵犯的时候，毕业生需要通过正当渠道和方式，依法维护自身的就业合法权益，这是顺利择业、成功就业的保障。

在当前大学毕业生就业竞争日趋激烈的背景下，大学毕业生就业权益的保护已经引起了社会的广泛关注。大学毕业生在就业的过程中常常遭遇各种侵害自己劳动权益的行为，因为误入就业陷阱和受到就业歧视而致使合法权益受到侵害，劳动权益得不到保护的现象屡见不鲜。大学毕业生群体是高等教育下的知识分子，理应具有较高的个人素质，却频繁发生合法权益受到侵害的现象，因此务必引起重视、提高警惕，在求职过程中应当学会识别和规避各种就业陷阱，增强自我保护意识，了解和掌握维权求助的途径，最终实现自己的权益保护。

任务 6.1 就业法律知识

6.1.1　高职毕业生就业的权益、义务

刚刚走出"象牙塔"的大学生往往由于社会经验缺乏，法律意识淡薄，法律知识欠缺，容易让自己的权益受到侵害。因此，在校大学生既要了解自己将来在就业与择业中的权益与义务，又要知道可以通过哪些方式来保护自己的权益。

1. 就业权益

大学生就业权益，是指高校大学生在劳动就业过程中依法享有的一系列权利和利益的总称。从本质上说，大学生就业权益属于劳动就业权的范畴，即为法律保障下的劳动者获得劳动就业机会并在劳动过程中得到基本保障的权利。

（1）获取就业信息权——是指大学毕业生有要求有关部门公开、及时、全面披露有关信息的权利

就业信息是毕业生择业成功的前提和关键，而且现代社会是信息社会，只有在充分占有信息的基础上，才能结合自身情况选择适合自身发展的用人单位。因此毕业生应当十分重视获取信息，而国家也有责任保证毕业生能够最大限度地获取信息。毕业生获取就业信息权包括信息公开、信息及时、信息全面。

（2）接受就业指导权——大学生有权从学校获得就业指导的权利

大学生的就业指导对毕业生意义重大，它将直接影响毕业生的职业生涯规划、就业观念、就业方向、择业技巧，从而对实现毕业生人生价值、社会价值起到决定性作用。接受来自国家、社会、学校及时、有效的就业指导和服务，是大学生的重要权益。

（3）被推荐权——是指大学毕业生有被有关部门推荐的权利

学校的一个重要工作就是向用人单位推荐毕业生，毕业生享有的被推荐权包含如实推荐、公正推荐、优生推荐三个方面。

（4）平等就业权——大学毕业生在劳动就业过程中不分关系、地位、性别等，享有同等的就业机会的权利

用人单位招录毕业生，应坚持公开、公平、公正的原则，任何凭关系、走后门以及性别歧视等行为都是对毕业生平等待遇权的侵犯。《劳动法》第十二条规定："劳动者就业，不因民族、种族、性别、宗教信仰不同而受歧视。"第十三条规定："妇女享有与男子平等的就业权利。在录用职工时，除国家规定的不适合妇女的工种或者岗位外，不得以性别为由拒绝录用妇女或者提高对妇女的录用标准。"

（5）就业选择自主权——大学毕业生有自主选择职业的权利

相据国家规定，毕业生在国家就业方针、政策指导下"双向选择，自主择业"，即毕业生可按照自己的意愿就业，有权决定自己是否就业，何时就业，何地就业，从事何种职业，学校、其他单位和个人均不能进行干涉。任何强加给毕业生的就业行为都是侵犯毕业

生就业自主权的行为。

（6）择业知情权——大学毕业生有了解用人单位的主体资格、劳动岗位、劳动条件、劳动报酬以及规章制度等情况的权利

毕业生在与用人单位签订就业协议以及劳动合同前，有权了解用人单位的主体资格、劳动岗位、劳动条件、劳动报酬以及规章制度等情况，用人单位应当如实说明和介绍，不能回避或故意隐瞒某些职业危害，也不能夸大单位规模和提供给毕业生的待遇。

（7）违约求偿权——大学毕业生有要求用人单位承担违约责任的权利

用人单位、毕业生、学校的三方协议一经签订后，任何一方不得擅自毁约和违约，如果用人单位无故解除协议，或不按照协议内容履行，毕业生有权要求用人单位承担违约责任，包括支付违约金。在现实就业过程中，毕业生出于谋求更好的就业机会等原因，向用人单位主动提出解除协议的情况较多，毕业生大多也都承担了自己的违约责任。但用人单位一方出于单位改制、经营情况不好等原因，也有主动向毕业生提出解除协议的情况，甚至个别单位在招聘时提供了虚假信息，在毕业生到单位就业后不能履行对毕业生的承诺，对于这些情况毕业生有权向用人单位提出赔偿要求。

（8）户口档案保存权——大学毕业生有要求将户口档案保存在学校的权利

毕业生自毕业之日起两年择业期内如果没有联系到合适的工作单位，没有和用人单位签订就业协议，也没有因回生源地自主择业、出国等情况而办理人事代理手续，有权将档案和户口保存在学校，学校应当对毕业生的学籍档案和户口关系进行妥善保管，不能向毕业生收取费用。择业期满后，学校就不再承担此义务。

2. 进入职场试用期基本权益

试用期是用人单位和毕业生为了相互了解而约定的考察期，在这段时间内，用人单位考察毕业生的工作能力，毕业生也考察用人单位的情况，是双方互相试用的过程。在试用期间主要权利有以下几种。

（1）要求用人单位履行就业协议接收毕业生的权利

就业协议书是明确毕业生、用人单位和学校在毕业生就业工作中权利和义务的书面表现形式，是编制毕业生就业计划和对将来可能发生的违约情况进行是非判断的依据，具有法律效力，一经签订就应严格履行，不得无故更改。用人单位必须依照协议书接收毕业生，并为其妥善安排工作岗位，保证毕业生的正常工作。

（2）签订正式的劳动合同的权力

有的用人单位认为只要不与劳动者签订劳动合同，就可以不受劳动法律的约束，在辞退劳动者时较为便利，并且不必给予经济补偿，于是频繁地炒掉试用员工，就成为他们的一种用工手段。为了达到省钱的目的，他们往往以试用为名，不与劳动者签订劳动合同，或者只签订一份所谓的试用期合同，许诺等试用合格后再签订正式劳动合同，对此，劳动者应该学会依法维护自己的合法权益。根据《劳动法》第十六条规定："劳动合同是劳动者与用人单位确定劳动关系、明确双方权利和义务的协议。建立劳动关系应当订立劳动合同。"用人单位聘用劳动者后不签订劳动合同是违反法律的。

（3）获得劳动报酬的权利

试用期的员工，由于工作熟练程度、技能水平与其他人相比可能有差距，因此工资待遇上也有差距，但只要劳动者在法定工作时间内提供了正常劳动，用人单位就应

当支付其工资。

有的用人单位在招工时就声明，试用期不发工资，只有试用期满，双方签订了正式劳动合同后才有工资或找其他的借口不发工资，都是违反《劳动合同法》的。遇到这种情况，当事人可向劳动监察部门反映。《劳动合同法》第二十条规定："劳动者在试用期的工资不得低于本单位相同岗位最低档工资或者劳动合同约定工资的百分之八十，并不得低于用人单位所在地的最低工资标准。"

（4）享有社会保险的权利

劳动者在试用期间，与其他劳动合同制职工一样，用人单位应当依法为其办理社会保险手续，为其缴纳社会保险。社会保险，就是常说的"五险一金"，包括养老保险、医疗保险、失业保险、工伤保险、生育保险及住房公积金。另外在试用期内遭遇工伤，应要求享受工伤待遇。

（5）享有劳动保护的权利

用人单位应当为其提供必要的劳动防护用品和劳动保护设施，防止事故的发生，减少危害。

（6）解除劳动合同的权利

劳动者在试用期内提前三日通知用人单位，可以解除劳动合同，不需要任何附加条件。

3. 就业义务

（1）服从国家和社会需要

毕业生应当服从国家需要的义务。当国家重点建设项目或某些行业急需人才的时候，应积极为国家的重点建设项目或重点领域服务，如西部志愿者、"三支一扶"、服兵役等。

（2）实事求是介绍自己，接受用人单位的测试和考核

毕业生在向用人单位进行自我推荐、自我介绍和接受考察时，有义务全面地、实事求是地反映个人情况，以利于用人单位的遴选，不得夸大其词、弄虚作假。

（3）严格履行就业协议

毕业生与用人单位之间签订的就业协议一经签订，便具有法律效力，毕业生应当认真履行协议，不得无故擅自变更或解除，如单方违约，必须主动承担违约责任。只有当约定的解除条件成立或出现不可抗力时，毕业生才可单方解除协议，放弃履行就业协议。

（4）提高职业技能

毕业生今后无论是做管理人员，还是做具体的技术人员、操作人员，都要求有相应的职业技能。提高职业技能的意识，不是在从事具体的工作岗位以后去培养的，而应在成为一个合格的毕业生之前就注重提高职业技能。

（5）恪守职业道德

在职业生涯中恪守职业道德是一个社会公民的基本良知和义务。高校毕业生在走向社会服务大众过程中，尤其要重视职业道德的培养和职业能力的提高，热爱本职工作，恪尽职守，讲究职业信誉，刻苦钻研本职业务，对技术和专业精益求精，努力做到服务人民，奉献社会。

6.1.2 就业协议书

就业协议书是《全国普通高等学校毕业生就业协议书》的简称，又叫三方协议，是高校毕业生与用人单位确立劳动关系，明确双方在毕业生就业工作中权利和义务的协议。就业协议书是学生作为学校列入派遣计划的重要依据，由学校发给毕业生签字，用人单位盖章，毕业生本人保存一份作为办理报到、接转行政和户口关系的依据。签订就业协议书是国家为规范高校毕业生工作，避免混乱，杜绝就业欺诈行为，维护高校毕业生就业工作严肃性，为维护毕业生、用人单位和学校的合法权益而采取的一项必要措施。

1. 就业协议书的内容

（1）高校毕业生基本情况，应包括：姓名、性别、身份证号、专业、学制、毕业时间、学历、联系方式等。

（2）用人单位基本情况，应包括：单位名称、组织机构代码、单位性质、联系人及联系方式、档案接收地等。

（3）高校毕业生和用人单位约定的有关内容，可包括：工作地点及工作岗位，户口迁入地，违约责任，协议自动失效条款、协议终止条款，双方约定的其他事宜。

（4）各方应严格履行协议，任何一方若违反协议，应承担违约责任。

（5）其他补充协议。

2. 就业协议书的作用

（1）就业协议书是毕业生就业和用人单位接收毕业生的重要依据

在毕业生就业制度中，为了合理配置劳动力资源，充分发挥人才的作用，国家赋予毕业生自主选择工作的权利，同时为了调动用人单位的积极性，国家把自主录用人才的权利赋予用人单位。同样具有自主权利的双方，在国家就业政策的指导下，通过双向选择，达成一致意见，并以书面的形式确定下来，这就是签订就业协议书。其目的是为了保护毕业生和用人单位各自的权益，同时，它也成为毕业生就业和用人单位录用毕业生的重要依据。

（2）就业协议书是学校实施毕业生就业管理、编制就业方案的重要依据

国家为宏观控制毕业生流向，保障急需人才的补充，就要使就业有一定的计划性。因此，学校要以就业协议书为依据编制毕业生就业的建议性方案，报上级毕业生就业主管部门审批。同时，学校为了加强对毕业生就业工作的管理，维护毕业生和用人单位的合法权益，保持与用人单位的合作关系，维护高校自身的信誉，要参与就业协议的签订并监督执行。

（3）就业协议书是进行毕业生派遣的依据

国家颁布的《普通高等学校毕业生就业工作暂行规定》明确规定了地方主管毕业生调配部门和高等学校依据就业协议书，按照国家下达的就业计划，向毕业生核发报到证，进行派遣。派遣毕业生统一使用《全国普通高等学校本专科毕业生就业报到证》。就业协议书是进行毕业生派遣的依据，学校根据政府审核批准的就业计划，发给毕业生就业报到证，毕业生持报到证在规定的时间内到指定单位报到，并办理户籍关系的迁移。

（4）就业协议书是进行劳动统计的重要依据

就业协议书能够准确反映用人单位的劳动需求，反映劳动力市场对毕业生的需求状况。学校每年依据就业协议书来编制就业计划，落实当年的就业率指标，给国家提供相关就业数据。同时，还可以通过对就业信息的统计、分析和对比及时调整专业学科设置，促进教学改革，使其更好地适应劳动力市场需求。

3. 就业协议书的签订流程

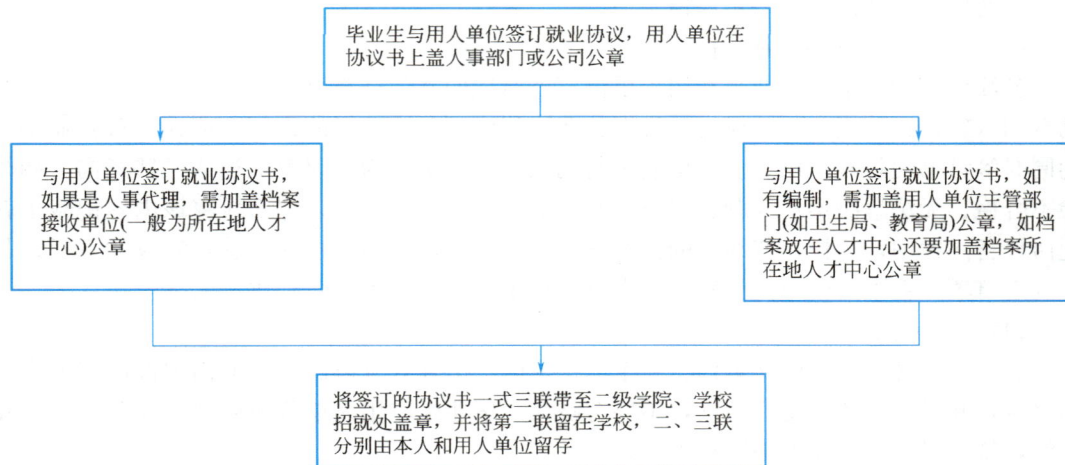

```
┌─────────────────────────────────────────┐
│ 毕业生与用人单位签订就业协议，用人单位在       │
│ 协议书上盖人事部门或公司公章                 │
└─────────────────────────────────────────┘
```

┌──────────────────────────────┐   ┌──────────────────────────────┐
│ 与用人单位签订就业协议书，   │   │ 与用人单位签订就业协议书，如   │
│ 如果是人事代理，需加盖档案   │   │ 有编制，需加盖用人单位主管部   │
│ 接收单位(一般为所在地人才   │   │ 门(如卫生局、教育局)公章，如档   │
│ 中心)公章   │   │ 案放在人才中心还要加盖档案所   │
│   │   │ 在地人才中心公章   │
└──────────────────────────────┘   └──────────────────────────────┘

```
┌─────────────────────────────────────────┐
│ 将签订的协议书一式三联带至二级学院、学校       │
│ 招就处盖章，并将第一联留在学校，二、三联      │
│ 分别由本人和用人单位留存                     │
└─────────────────────────────────────────┘
```

按照规定，每位毕业生只能与一家用人单位签订就业协议。《就业协议书》明确规定了学校、用人单位及毕业生三方的权利、义务与责任，签订就业协议是一种法律行为，协议书一经签订，便具有法律效力，不得随意更改。如果因特殊原因确需解除的，要与签约单位做好解释、协商工作，征得原单位书面同意后，方可向学校就业指导中心递交申请，并附原单位同意解除协议的书面文件，经批准后交回旧协议书，领取新协议书，再重新办理相关签约手续。如果单方面擅自解除协议，属违约行为，解约方应对另两方承担违约责任。

4. 签订就业协议书注意事项

为保护毕业生在就业过程中的权益，以及避免发生不必要的纠纷，毕业生在签订就业协议书时要注意以下事项：

（1）全面了解用人单位，审查其主体资格是否合格

近几年，随着高校扩招，毕业生在就业市场上常常供大于求，他们求职心切，只听信用人单位单方面的许诺，不进行较为全面的考察就立即签约，这样一旦真正发现用人单位的许诺和自己的预期相差太远，便后悔莫及，甚至可能违约，与此同时还要承担违约责任，给自己带来不必要的麻烦，也影响学校的声誉。因此，毕业生签订就业协议时必须对用人单位进行较为全面的考察，特别要审查用人单位是否具备合法的主体资格。一般而言，用人单位，不管是机关、事业单位还是企业（不包括私营企业），必须要有进人的权利。如果其本身不具备进人的权利，则必须经其具有进人权利的上级主管部门批准同意。

（2）仔细审查就业协议书和补充协议的内容是否合理合法

协议书的内容是整个协议书的关键部分，毕业生一定要认真审查。首先，要审查协议

内容是否合法，是否符合国家相关法律和政策；其次，要审查和仔细推敲双方权利和义务是否合理。由于现在使用的协议书内容简单，毕业生可以和用人单位协商，就原协议书中未能体现的具体权利和义务用补充协议的形式表达出来。

同时，补充协议和主协议书具有同等法律效力。如果遇到单位在协议书或者补充协议中只规定毕业生定期服务的义务和违反约定时的赔偿，而不提单位提供的工资标准、工作岗位和工作条件等在劳动合同中必备的约束用人单位的条款，用人单位的用意就非常明显，此时毕业生就需要进一步谨慎考虑。

（3）利用好就业协议备注栏

备注栏通常是记录毕业生和用人单位双方达成的其他补充意见。在当前就业协议与劳动合同双轨并存的现状下，应充分发挥就业协议中"备注"栏的作用，或在签订就业协议的同时签订书面补充协议。现在毕业生与用人单位通常会为协议解除达成某些意向，如体检不合格、无法解决落户问题、考取专升本等，协议自动解除，那么应将该内容记载于就业协议备注栏中，这样，待约定的情况发生时，双方都无须承担违反就业协议的责任。若无约定事项，在填写就业协议时，应在备注栏中说明"以下空白"或"无"。

（4）协议的形式合法

在法律意义上，书面文本效力大于口头承诺，但凡双方协商一致的内容都应当形成书面材料，并且要表述清楚、明确，不要有歧义。毕业生和用人单位对协议各项条款经协商一致，签约时要注意完整地履行手续。

第一，毕业生要签名并写清签字时间；第二，用人单位及其上级主管部门必须加盖单位公章并注明时间，不能用个人签字代替单位公章；第三，毕业生和用人单位签字后需将协议书交给学校就业主管部门履行相关手续；第四，用人单位和毕业生各保留一份协议，并将第三份交学校保管。

（5）注意与劳动合同的衔接

由于毕业生就业协议书签订在先，为避免在日后订立劳动合同时产生纠纷，应尽可能将劳动合同的主要内容如有关服务期、试用期、基本收入、福利、违约金等体现在就业协议的约定条款中，并明确表示在今后订立劳动合同时应予以确认。若对工作内容、劳动报酬、福利待遇、试用期限、服务期限等劳动合同中的主要条款无事先约定，或只听用人单位口头承诺，当与用人单位发生纠纷时，空口无凭、无据可查，对维护毕业生的合法权益极为不利。当毕业生到用人单位报到后，一定要尽快与单位签订劳动合同，将协议中约定和相关报酬、合同期、福利待遇写入正式的劳动合同中以保障自身的合法权益。

（6）明确违约责任

违约责任是指协议当事人因过错而不履行或不完全履行协议规定的义务应承担的法律责任。它是保证协议履行的有效手段。鉴于实践中存在毕业生及用人单位的违约情况，协议书中违约条款就显得更为重要。因此，在协议内容中，应详细表述当事人双方的违约情形及违约后应负的责任，同时还应写明当事人违约后通过何种方式、途径来承担责任。这样，才能更有利于当事双方履行协议，也有利于以后违约纠纷的解决。

（7）无效的就业协议

① 协议一方或者双方不具备合法的主体资格。毕业生毕业于不具有合法办学资格的院校或届时不能取得毕业资格（未修满学分、因违纪被开除、延长学籍等）；用人单位未

登记注册或经批准单位已被注册、单位从事非法活动、特定单位无用人指标等。

② 就业协议内容不合法或损害公共利益。

③ 恶意串通，损害集体、第三人利益的就业协议书。

④ 请人代签的就业协议无效。

⑤ 附生效条件的就业协议，条件不成立，协议无效。如规定毕业时通过英语四级等。

（8）可变更和可撤销的就业协议

因毕业生或用人单位意思表示"瑕疵"，经撤销权人请求，由法院或者仲裁机关变更其内容或者使其效力自始消灭的就业协议。

① 因重大误解订立的就业协议。例如工资 2700 元/月，因 7 写得像 1，实际发工资，毕业生认为是 2700 元，单位认为是 2100 元。

② 显失公平的就业协议。如规定一方有权解除协议，而另一方则无权。

③ 基于欺诈、胁迫、乘人之危签订的就业协议。

拓展阅读：

对附加协议一定要权衡利弊

某毕业生参加专升本考试，但成绩尚未出来，自己又没有什么把握，于是决定到某单位应聘，后该单位要求正式签约，且催得很急，否则另考虑人选。该生担心错过良机，匆忙签约，且未仔细推敲附加内容，即"服务期内不得以任何理由提出升学、出国、调动等要求。否则，缴违约金若干。"不久，录取分数出来了，收到了某校的录取通知，用人单位却不答应更改协议。毕业生无奈，只好放弃深造机会，履行协议。

点评：在签约过程中，有不少单位会附加一些协议条款，如"必须取得学士学位""必须体检合格""服务期多少年""违约金多少"等，对这些内容，毕业生应看仔细，并权衡利弊，尤其是服务期和违约金等要考虑自身的实际情况和承受能力。

6.1.3 　劳动合同

拓展阅读：

2016 年 1 月，即将大学毕业的赵同学与学校及甲公司签订了一份《毕业生就业协议书》。协议约定，赵同学毕业后，必须在甲公司服务 5 年，否则要赔偿公司 3 万元。2016 年 8 月，赵同学到公司工作后，与公司签订了 3 年期限的劳动合同，约定试用期为 4 个月，在试用期内可以提前书面通知甲公司解除本合同，并在工作交接完毕之后，离开公司。3 个月后，赵同学认为她不适应这份工作，按劳动合同的要求，向公司提出书面辞职，而甲公司以未缴纳违约金为由，不予办理解除劳动合同的有关手续，赵同学向该地劳动争议仲裁委员会申请仲裁，要求解除与被告签订的劳动合同，被驳回。赵同学遂向法院提起诉讼。法院经审理认为，劳动合同中已对试用期双方的权利和义务做出了明确的约定，该试用期条款合法有效，甲公司要求赵同学支付违约金，没有法律依据；甲公司应该为赵同学办理解除劳动合同的各项手续，赵同学不必支付违约金。

点评：由这个案例可见双方建立劳动关系后，签订书面劳动合同的必要性。

劳动合同是毕业生到用人单位报到后签订的，是劳动者与用人单位之间确立劳动关系、明确双方权利和义务的协议。了解劳动合同的基本内容、签订原则及注意事项，有利于维护自己的合法权益，避免不必要的损失。

1. 劳动合同的概念和特征

根据《中华人民共和国劳动法》（以下简称《劳动法》）第十六条规定，劳动合同是劳动者与用人单位确立劳动关系、明确双方权利和义务的协议。

与民事合同相比，劳动合同具有如下特征：

（1）劳动合同主体的特定性。劳动合同的主体是特定的，包括劳动者个人和用人单位（各类企业、事业组织、国家机关、社会团体和个人经济组织等）。

（2）劳动合同形式的要式性。书面形式是劳动合同的法定形式，其内容是明确劳动权利和劳动义务。《中华人民共和国劳动合同法》（以下简称《劳动合同法》）第十条规定"建立劳动关系，应当订立书面劳动合同"，第十六条第一款还规定"劳动合同由用人单位与劳动者协商一致，并经用人单位与劳动者在劳动合同文本上签字或者盖章生效"。这表明书面劳动合同是确定劳动关系的普遍法律形式。

（3）劳动合同内容的法定性。劳动合同内容主要以劳动法律和法规为依据，且具有强制性规定。法律虽规定允许劳动者和用人单位协商订立劳动合同，但是协商的内容不得违反法律和行政法规，否则无效。

拓展阅读：

小明毕业于某高职院校建筑工程技术专业，毕业后就一直跟着一个"包工头"做施工管理，"包工头"许诺作为小明师傅，一定全身心教小明全过程管理，每个月给小明3500元工资，包吃住。小明心想着刚毕业以学习为主，就答应了。后来小明听说同学都签了劳动合同，知道了劳动合同的必要性。他想知道，他和"包工头"的关系是不是劳动关系，是否也可以签订一份劳动合同。

点评：劳动合同是劳动者与用人单位之间确立劳动关系、明确双方权利和义务的协议。与劳动者确定劳动关系的主体必须是"用人单位"——包括企业、个体经济组织、民办非企业单位，而个人或家庭不能成为《劳动合同法》意义上的用人单位。本案中雇佣小明的是"包工头"（个人），因此他和小明之间不是劳动关系，也就没有必要签订劳动合同。他们之间如果签订书面协议应属于雇佣协议或劳务协议。（来源：大学生就业与创业法律实务．庞开山主编．中国科学技术大学出版社，2011年3月第1版，改编）

2. 劳动合同的内容

根据我国《劳动合同法》的规定，劳动合同由两部分构成：必备条款和备选条款。

（1）必备条款

必备条款是指劳动合同中必须具备的条款，无论缺少哪一条，此劳动合同都将被视为无效合同。根据《劳动合同法》第十七条规定，劳动合同应当具备以下条款：

第一，用人单位的名称、住所和法定代表人或者主要负责人。

第二，劳动者的姓名、住址和居民身份证或者其他有效身份证件号码。

第三，劳动合同期限。合同期限主要分为固定期限、无固定期限以及以完成一定工作任务为期限三种。

第四，工作内容和工作地点。工作内容是针对劳动者而言的，是对劳动者设立的义务条款，包括劳动者从事劳动的工种、岗位、生产或工作应达到的数量、质量指标或应完成的任务。工作地点也应该体现在劳动合同中，否则很容易产生纠纷。

第五，工作时间和休息休假。具体要求可以参照《劳动法》第三十六条至第四十五条。

第六，劳动报酬。劳动报酬对于每个劳动者来说都非常重要，也是劳动者比较关心的，因此应该明确地写在劳动合同中。具体要求可以参照《劳动法》第四十六条至第五十一条。

第七，社会保险。国家规定用人单位必须为员工缴纳社会保险，也就是我们通常说的五险一金。具体要求可以参照《劳动法》第七十条至第七十六条。

第八，劳动保护、劳动条件和职业危害防护。与普通工作相比，劳动保护对某些特殊行业，如有毒有害、高温高压行业，机械类的，海上作业，航空类等比较危险的行业更为重要，具体要求可以参照《劳动法》第五十二条至第六十五条。此外，如果用人单位的劳动安全设施和劳动卫生条件不符合国家规定或者未向劳动者提供必要的劳动防护用品和劳动保护设施，那么依照《劳动法》第九十二条规定，劳动行政部门或者有关部门可以责令其改正，并处以罚款；情节严重的，劳动行政部门或者有关部门可以提请县级以上人民政府决定责令该用人单位停产整顿；对事故隐患不采取措施，致使发生重大事故，造成劳动者生命和财产损失的，可以对责任人员依照刑法有关规定追究刑事责任。

第九，法律、法规规定应当纳入劳动合同的其他事项。

（2）备选条款

劳动合同的备选条款主要包括以下几个方面的内容。

第一，试用期。用人单位与毕业生签订就业合同时，一般都会约定试用期，对此，《劳动合同法》第十九条有明确规定："试用期包含在劳动合同期限内。劳动合同仅约定试用期的，试用期不成立，该期限为劳动合同期限。"此外，《劳动合同法》还明确规定了试用期的期限："劳动合同期限三个月以上不满一年的，试用期不得超过一个月；劳动合同期限一年以上不满三年的，试用期不得超过二个月；三年以上固定期限和无固定期限的劳动合同，试用期不得超过六个月。同一用人单位与同劳动者只能约定一次试用期。"

第二，培训。有些单位为了使刚毕业的大学生尽快上岗，会对其进行培训。培训分为两种：一种是单位内部培训，也就是人们常说的上岗培训，此类培训的目的是使毕业生了解公司的环境、文化及理念，此类培训是不收费的必备培训；另一种是约定在专业培训地点进行的培训，此类培训是由单位出资的培训。毕业生若辞职前接受过此类培训，辞职时可能涉及违约金的问题，需要注意的是，上岗培训不得约定违约金，如果单位以劳动者参加上岗培训为由收取违约金，则属于违法行为。

第三，商业秘密和竞业禁止。两者有一定的区别，一般而言，劳动者保护商业秘密的责任是无期限的，即劳动者在与公司签订保护商业秘密协议后就有义务终生不得泄露公司的商业秘密，即使在离开公司后也得继续为其保密；竞业禁止则是对劳动者的限制，一般情况下是指在两年内劳动者不得从事与原工作有关的行业。但是，不论签不签这些条款，劳动者都不应泄露公司的商业秘密。

拓展阅读：

一些常见的合同陷阱条款

1. 在本合同期内，若乙方因本人原因提前解除劳动合同，乙方应向甲方支付违约金10万元。

2. 在本合同期内，乙方不许结婚，也不许怀孕。

3. 在合同中约定，劳动者入职时要向用人单位交纳押金、保证金等。

4. 合同约定，在工作期间企业只负担工资，不负担缴纳任何社会保险；发生工伤一律自负，企业概不负责。

5. 合同中既不写明工作岗位，也不写明工资标准或数额。

6. 合同中约定，合同内容不明或出现歧义时，企业有解释权。

拓展阅读：

求职不容欺诈

2016年12月，某大学毕业生王某由于多门功课不及格，不能顺利拿到毕业证和学位证书，于是通过非法渠道购买了伪造的大学本科文凭。在通过一系列的笔试、面试后，王某被一家公司录用。双方签订了两年的劳动合同，约定了试用期为2个月。

在合同履行2个月后，公司为王某调取档案办理保险时，发现王某的证明系伪造，遂通知王某立即解除劳动合同。王某不服，向当地劳动争议仲裁委员会提出申诉要求确定劳动合同有效，并要求公司支付解除合同的经济补偿金。当地劳动仲裁委员会裁决申诉人王某的申诉请求不予支持，双方签订的劳动合同无效，并且，王某要求公司补偿的要求无法律依据，故也不能得到支持。

点评：王某为了追求自己的利益，违背诚实信用原则，侵犯了公司合法权益，其行为构成了欺诈，因此王某与该企业订立的劳动合同属于无效合同。

3. 劳动合同签订的注意事项

（1）报到后，首要任务就是与用人单位签订劳动合同

"就业协议书是高校学生与用人单位确立劳动关系的法律依据。"在这里，不是说就业协议是双方建立劳动关系的法律文件，而是说"法律依据"，这之间是有一定差异的。在毕业生正式到单位报到后，用人单位应当与毕业生签订正式的劳动合同；在双方签订了劳动合同后，双方的劳动关系应当以劳动合同为准，而就业协议就自动失效了。

（2）明确劳动合同必备条款，不让劳动合同留下空白

根据《劳动法》和《劳动合同法实施条例》规定，劳动合同必备条款有：用人单位的名称、住所和法定代表人或者主要负责人；劳动者的姓名、住址和居民身份证或者其他有效身份证件号码；劳动合同期限；工作内容和工作地点；工作时间和休息休假；劳动报酬；社会保险；劳动保护、劳动条件和职业危害防护等。从法律角度讲，所有的必备条款必须都写明。

拓展阅读：

劳动者周某与某公司签订了两年期限的劳动合同，约定工作地点为青岛办事处。2020年4月，某公司将周某的工作地点由青岛办事处调岗至河北办事处，周某不同意，且未到

河北办事处报到上班，某公司即以旷工为由出具了解除劳动合同通知书。周某诉至劳动仲裁委，请求裁决某公司支付违法解除劳动合同的赔偿金。

周某称，某公司在劳动合同期限内未经其同意强制变更工作地点，并提交劳动合同予以证明。某公司称，因周某旷工，违反其处规章制度，其合法解除劳动合同，并提交劳动合同、工资标准予以证明。

经审理，仲裁委员会认定，某公司与周某解除劳动合同行为违法，应支付周某违法解除劳动合同的赔偿金。

点评：《劳动合同法》第三十五条规定，变更劳动合同应由劳动者与用人单位协商一致，并采用书面形式。本案中，双方在劳动合同中明确约定工作地点为青岛办事处，且未就变更工作地点一事协商一致，故公司要求周某到新工作地点上班，周某可以拒绝。周某未正常提供劳动的情形，不能简单地认定为旷工，该公司以旷工为由解除劳动合同是不能成立的。（来源：https://baijiahao.baidu.com/s?id=1689023690581532335&wfr=spider&for=pc）

（3）毕业生要充分利用"知情权"，了解用人单位相关的规章制度

《最高人民法院关于审理劳动争议案件适用法律若干问题的解释》规定："用人单位根据《劳动法》第四条之规定，通过民主程序制定的规章制度，不违反国家法律、行政法规及政策规定，并已向劳动者公示的，可以作为人民法院审理劳动争议案件的依据。"

（4）就业协议与劳动合同应当一致

由于毕业生先签订就业协议的特殊情况，现实中有关毕业生就业协议和后来签订的劳动合同之间就可能产生不一致，从而造成矛盾。要将就业协议中用人单位承诺的条款，在劳动合同中正式确定。

（5）双方可以约定试用期，但不能无视法律的规定

《劳动合同法》对试用期的长短有明确规定：劳动合同期限3个月以上不满1年的，试用期不得超过1个月；劳动合同期限1年以上不满3年的，试用期不得超过2个月；3年以上固定期限和无固定期限的劳动合同，试用期不得超过6个月。并且，试用期包含在劳动合同期限内。

此外，《劳动合同法》还规定，劳动者在试用期的工资不得低于本单位相同岗位最低档工资或者劳动合同约定工资的80%，并不得低于用人单位所在地的最低工资标准。

拓展阅读：

小张2008年7月大学毕业，与单位签订了为期五年的劳动合同，约定试用期为一年。八个月后，即2009年3月，由于小张两个月没有完成劳务定额，单位以试用期内不符合录用条件为由与之解除了劳动合同。小张不服，到仲裁委申诉。本案争议的焦点是：试用期是否由双方随意约定？

小冯应聘到一家公司，公司与他签订了一份"试用期合同"，约定试用期为三个月，月工资为1000元；试用合格转正后再签订正式劳动合同，月工资为2000元，并缴纳社会保险费。在试用期间，双方都可随时解除劳动关系，对方不得提出异议。两个月以后，公司以小冯试用期间不符合录用条件为由，提出解除劳动关系。按《劳动合同法》的相关规

定，公司的做法正确吗？

分析： 单位和小张约定一年试用期的做法，很显然违反了《劳动合同法》试用期最长期限六个月的规定。而小冯所在的公司在试用期内给予其工资的数额，也违反了《劳动合同法》关于试用期工资的规定。（来源：大学生就业与创业法律实务．庞开山主编．中国科学技术大学出版社，2011年3月第1版）

6.1.4　就业协议与劳动合同的区别

在毕业生刚从学校毕业，进入工作岗位时，常常将就业协议与另一个概念混淆，那就是劳动合同。就业协议和劳动合同是两个不同的概念，适用于不同的法律，具有不同法律效力。两者是用人单位录用毕业生时所订立的书面协议，但两者分处两个相互联系的不同阶段，表现在：

1. 作用不同

劳动合同是指劳动者与用人单位确立劳动关系、明确双方权利和义务的协议，是劳动者从事何种岗位、享受何种待遇等权利和义务的依据。就业协议是毕业生和用人单位关于将来就业意向的初步约定，是对双方的基本条件以及即将签订的劳动合同的部分基本内容的大体认可，并经用人单位的上级主管部门和高校就业部门同意，一经毕业生、用人单位、高校、用人单位主管部门签字盖章，即具有一定的法律效力，是明确毕业生、用人单位、高校三方在毕业生就业工作中的权利和义务的书面表现形式，作为办理报到、转接人事和户口的依据。

2. 主体不同

而劳动合同只适用于劳动者（含应届毕业生）与用人单位（不含公务员单位和比照实行公务员制度的组织和社会团体以及军队系统）之间，与学校无关；就业协议适用于应届毕业生与用人单位、学校三方之间，学校是就业协议的鉴证方或签约方，就业协议对用人单位的性质没有规定，适用任何单位。

3. 内容不同

劳动合同的内容涉及劳动报酬、劳动保护、工作内容、劳动纪律等方方面面，更为具体，劳动权利义务更为明确。毕业生就业协议的内容主要是毕业生如实介绍自身情况，并表示愿意到用人单位就业、用人单位表示愿意接受毕业生，学校同意推荐毕业生并列入就业方案，而不涉及毕业生到用人单位报到后，应享有的权利义务。

4. 时间不同

一般来说就业协议签订在前，就业协议应在毕业生就业之前签订，而劳动合同往往在毕业生到用人单位报到后才签订。

5. 适用法律不同

劳动合同发生争议，应依据《劳动法》来处理。值得注意的是，就业协议不能代替劳动合同。而就业协议发生争议，除根据协议本身内容之外，主要依据现有的毕业生就业政策和法律对合同的一般规定来加以解决，尚没有专门的一部分法律对毕业生就业协议加以调整。学生毕业到就业单位报到后，应尽快与用人单位签订劳动合同。

拓展阅读：

小王是某高职院校的毕业生，毕业时与某旅游公司签订就业协议，协议约定小王工作年限 2 年，月工资 1500 元，并约定如一方违约，需向另一方支付违约金 20000 元。后来小王找到一家更好的单位，准备解除与旅游公司的就业协议，双方在违约金的问题上发生了争议。小王认为 20000 元的违约金数额太高，旅游公司认为这是就业协议的规定，应按协议办事。

小王遂向劳动争议仲裁委员会提起劳动争议仲裁，但是劳动争议仲裁委员会认为就业协议不是劳动合同，不属于劳动仲裁的范围，所以驳回小王的仲裁申请。

小王于是向当地的人民法院提起民事诉讼，要求法院处理。但是法院认为，毕业生就业协议属于劳动合同，按照劳动争议的处理程序，必须先经过劳动仲裁，对仲裁裁决不服的，才能向法院起诉，所以也驳回了小王的诉讼请求。

拓展阅读：

签订就业协议书后是否可以不签劳动合同

王某是广州市某大学 2015 届的本科毕业生。2015 年 6 月 6 日，王某、广州市某科技有限公司和学校三方签订了《全国普通高等学校毕业生就业协议书》。在此之前，该科技公司为王某办妥了人事等相关手续，代王某缴了人事代理服务费和流动服务费合计 2520 元。2015 年 7 月 1 日，王某到该公司上班，负责软件开发，双方约定王某试用期月薪 2000 元，试用期 3 个月。但王某刚工作了一个月，就于 7 月 31 日提出辞职。该公司拒绝发给王某工资并且申请劳动仲裁，认为王某在试用期内解除劳动合同，给其造成的损失理应给予赔偿及支付约定的违约金。法院没有支持。

律师事务所王斌律师解析此案：此案例说的重点是，王某到该公司后曾与公司负责人提出签订劳动合同，但公司却以试用期内不与员工签订劳动合同为由拒绝了，他觉得在该公司工作的合法权益得不到保障。工作一个月后，他发觉自己与该公司文化格格不入，提出辞职。在单位招聘中，部分单位认为签订了就业协议书就可以不签劳动合同，或者以签订就业协议书拒绝签订劳动合同，这都是不合法的。

点评：在学生毕业离校前，学校将根据就业协议书的内容开具毕业生就业报到证，同时转递学生档案。在毕业生到用人单位报到后，三方协议即告终止。就业协议书不是劳动合同，毕业生报到后，应当要求用人单位签订劳动合同，明确约定试用期、工作时间、工作地点、工资待遇、休息休假等。超过一个月未签订劳动合同的，用人单位应当支付双倍工资，不能以签订过就业协议书为由拒绝支付。

任务 6.2　毕业生就业权益保护

6.2.1　警惕就业陷阱

就业陷阱，是指在就业过程中，用人单位借工作机会和拥有信息的有利条件，发布虚假、夸大或模糊的招聘信息为手段，以牟利或者其他意图为目的的招聘，或违反毕业生个人意愿使其额外支付财物或诱骗毕业生进行违背法律道德的行为等情况。

1. 就业陷阱的表现特征

（1）欺骗性

主要表现为不法单位以攻势强劲的虚假宣传，信誓旦旦的不实承诺，热情有加的伪善行为来取得大学毕业生的信任和很高期望，然后在协议中提出苛刻条件，隐藏各种不法目的。

（2）诱惑性

主要表现为不法单位招聘着力包装，夸大事实，并以单位各种招牌、荣誉、待遇和发展前景蛊惑大学毕业生。例如，某单位承诺待遇有多高，但毕业生入职后却告诉他待遇里边包括的"五险一金"、食宿费等，是工资的总值。一旦大毕业生被其所诱骗、上钩，则脸色突变。

（3）违法悖德性

主要表现为不法单位违反《劳动合同法》，有的甚至违法了《刑法》。例如，用人单位想留住人才，而在招聘之时采用比较隐晦的手段扣押毕业生的身份证、毕业证书等证件，当毕业生有了其他好的工作选择时，欲走难行。这就违反了《劳动合同法》第九条规定的"用人单位招用劳动者，不得扣押劳动者的居民身份证和其他证件"。

（4）模糊性

主要表现为用人单位在招聘信息中用词多含歧义，让求职大学毕业生感觉是有利的，但他们自己解释时又完全变得不利于毕业生。

2. 就业陷阱的类别

（1）招聘陷阱

人才市场上，招牌林立，良莠难分，在毕业生求职高峰时期，有些不负责任的招聘单位，利用年轻学子求职心切的心理，来诱惑一些涉世未深的毕业生，造成很多负面影响。据调查资料显示，有70％的毕业生都遇到过招聘陷阱。在面对招聘陷阱时，需要用智慧的双眼和逻辑思维来识别和预防招聘陷阱。常见的招聘陷阱种类较多，主要包括以下几种：

① 招聘会不合法

一些人利用毕业生就业心切的心理，打着帮助毕业生早日就业的名义举办招聘会，而招聘会事实上并没有经过有关部门的审批，不是广告上公布的知名企业没有到场，就是招聘单位良莠不齐，只是为了凑数。主办方举办招聘会的目的就是为了赚取高昂的门票费。与此同时，有些不良用人单位还会骗取、出卖毕业生的个人信息，或打着招聘的幌子用高薪引诱毕业生做传销或从事其他违法活动。

毕业生被非法传销组织所骗受困的原因主要有：一是大学毕业生自身防范意识薄弱，轻信他人上当受骗；二是对同学、朋友的介绍过于信任，没想到熟人还会骗自己；三是就业压力过大，择业时放松了必要的警惕，轻信以用人单位身份出现的非法传销公司；四是个别毕业生存在不劳而获的思想，被非法传销组织宣传的高额回报引诱，甘愿从事非法传销活动。

拓展阅读：

李某为某高职院校大三毕业生，因一条招聘信息前往广州面试。到达广州后当天清晨6点许，一男一女和李某接上了头。中午11时，李某被带到一家麦当劳快餐店，见到了一名自称是广告公司经理的陈姓男子。陈某在简单问过几个问题后，就告诉李某他被录取了。接着，陈某安排李某住进一男女混住的套房里，并直接告诉李某，该公司不是什么广告有限公司，而是直销保健品和化妆品的公司。次日下午，李某的手机被没收。此后，每天早上5点，李某便被要求开始听传销课。发现落入传销陷阱后，李某表示马上要离开，但走到宿舍门口便被两个人抓了回来，并被告知："如果再跑就会被打！"

受困传销公司的10天里，陈某只让李某用一个小灵通往家里打过一次电话，并且只能说"一切平安"。

校方发现李某联系不上后，当即找到了李某家人。经多方努力，发现李某在广州出了事，便赶忙前往广州营救。在警方的协助下，李某被解救了出来。

点评：传销通常具有以下特征中的一个或几个：在"入会"时告诉你的职责之一是发展更多的人；交纳昂贵的会费；在工作场所很多人情绪激昂。大学毕业生一定要警惕和远离传销组织。如果识别出为传销组织，大学毕业生应立即采取适当方式终止打工，及时报警。

② 以面试为由，骗取毕业生钱财

一些不法分子从网络或其他途径得到求职毕业生的个人信息，便以某企业名义打电话给大学毕业生，通知其面试。在大学毕业生不设防的情况下，骗取钱财后逃之夭夭。

③ 变相收费

有些用人单位与毕业生不当场签约，要求通过网络或者电话继续洽谈，而这些网络或者电话都是收费的；有的用人单位向毕业生收取报名费、资料费或者培训费等，等毕业生交了费用之后再将他们拒之门外。

拓展阅读：

面试时收取各种名目的"费用"

小红和小琴是大三毕业生，一起应聘某公司兼职模特，而在"圆满"面试之后，公司提出要收取300元的保证金，否则无法录用。小红和小琴觉得这个收费不合理。工作人员"耐心"解释说，模特工作必须经过培训才能胜任，而且，现在模特非常抢手，公司花钱培训的模特很多都已经被高薪挖走了，公司最后人财两空，所以现在开始对新员工收取保证金，为的就是留住员工，而且这300元对于整个培训所需要的费用来讲只是一小部分，公司需要为员工支付绝大多数的培训的费用。并且暗示小红和小琴自身条件好，今后一定会收入很高，很抢手的。此外，还将培训课程表以及培训地点，往期培训的一些照片给她们看。小红和小琴也就动心了，各交了300元的保证金，等着约定的时间到约定的地点参加培训。等到了日子去培训地点一看才知道，受骗了，再找那家公司，早已经人去楼空。

点评：用人单位不得向应聘者收取任何费用，包括报名费或保证金。如有单位向你收取抵押金、风险金、报名费等，这很可能是想骗钱，一定要拒绝交纳，并且积极向劳动监察部门投诉、举报。如果你确认企业资质没有问题，那也要在缴纳费用时保存好收据等凭证，写明费用明细，以备日后需要时维权使用。

拓展阅读：

有一位毕业生很顺利地通过了一家公司的面试，并且参观了该公司，觉得非常正规。很快公司就通知他参加培训，并且要缴纳300元培训费。这位毕业生认为机会难得，交了钱并参加了培训。培训之后公司又组织体检，体检费是150元。这位毕业生最终因为视力不好而被公司拒绝录用。这位毕业生到后来才发现，几乎每一次招聘会这家公司都在招人而且录取的概率几乎为零，这才知道自己上当受骗了。

某高校毕业生小王到一家职介所求职，被要求交300元报名费，600元培训费，并公开承诺，签订协议后找不到工作可退钱。小王放心地交了900元钱，然后和其他毕业生被召集到一起，听了一个小时的培训课，职介所让小王回家等通知。结果等了半个月也没回音，小王耐不住，三番五次去职介所催促，可是每次都得不到明确的答复，小王觉得情况不妙，想把900元钱要回来。结果职介所说，根据协议只能返还报名费的20%，培训费不能返还。小王几次去要，都被恶语相向，不仅浪费了大量时间，精神还受到极大伤害。

点评：上述例子都是用人单位利用了毕业生求职心切、生怕错过机会的心理，这类陷阱毕业生最容易上当。在求职过程中，需增强自我保护能力，一旦发现钱财被骗，应摆脱自认倒霉、忍气吞声的消极心理，及时向公安机关报案。其实国家早有明确规定任何招聘单位以任何名义向毕业生收取各种费用都属于违法行为，毕业生遇到这样的情况就要引起注意，保护好个人利益，避免不必要的损失。

（2）协议陷阱

毕业生在找好工作后要和用人单位签订就业协议，就业协议是双方表示意愿的一种约定。调查显示，虽然有80%的毕业生认为有必要签订就业协议，但只有5.4%的毕业生认为自己"非常了解"就业协议的内容和作用，有80%以上的毕业生"了解一部分"，还有12.6%的毕业生则"完全不了解"。这一结果显示，作为就业协议的一方签约主体，毕业生对就业协议的内容、作用和相应的法律后果尚缺乏深刻认识。

在签协议时，经常出现的问题有以下三种：

① 口头承诺

用人单位的口头承诺常常因为缺乏法律依据而不具有法律约束力，一旦发生问题，毕业生往往成为弱势方，权益难免受到侵害。

有些同学在毕业前通过实习，已经和实习单位达成了录用意向，但由于只是进行口头约定，并没有签订任何协议、契约，因此最后也遭到了不公正的对待。

有的用人单位在与毕业生谈条件时，往往口头承诺许多优越条件，以此来吸引毕业生。但是在签协议时却不把这些承诺写入协议条款中。再次强调，即使是就业协议，也不能代替劳动合同，更不用说口头约定。毕业生来到单位之后才发现现实与承诺相差甚远，但由于只是进行口头约定，并没有签订任何协议、契约，终究因没有依据而成为权益受害的一方。

拓展阅读:

就业协议只是个形式?

小明在学校招聘会上,向某建筑企业投递了简历,并在一周后接到了面试通知。在通过面试和笔试之后,小明向用人单位提出签订就业协议书事宜。公司负责招聘的经理表示"签不签就业协议其实只是个形式,我们既然已经决定录用你了你就等着毕业后直接来上班就好了。"小明直犯嘀咕,但碍于面子只好先搁置了。等到学校学习任务结束后,小明再和用人单位沟通上班时间时,公司却表示已经找到更合适的人员了,不再录用小明。小明被拒后,非常后悔当时没有与该公司签订就业协议,导致现在维权无路,又错过了找其他工作机会的时间。

点评: 因为小明没有与用人单位之间签订就业协议书,所以用人单位才肆无忌惮地违反当初的承诺而逃避相关法律责任。很多毕业生都认为不签就业协议,等到毕业时直接签订劳动合同就可以了。事实上这样也是可以的,但是这种做法对于毕业生来说就缺了一层有力的保护,一旦企业反悔,毕业生将无计可施,加上又错过了其他招聘机会,因此损失惨重。

② 签订不平等协议

在现实情况中,由于用人单位处于强势方,因此关于违约责任的约定往往有利于用人单位而不利于毕业生,比如用人单位往往提出约定高额的违约金以降低毕业生违约概率,毕业生为了顺利签订就业协议一般都会被迫答应。经过自由平等的协商后将具体的违约责任和金额规定在就业协议中,一旦发生违约情况,应当承担就业协议中约定的违约责任。在就业协议中约定违约金不仅是有效的,更是至关重要的。尤其是对于毕业生来说,提前约定好具体的违约责任其实也更有利于保护自己的权益,顺利解决争议。

毕业生可能会因为升学、考上公务员等各种原因造成违约,在协议中加以注明"本人已报考专升本或公务员,若被录取,本协议书失效"字样,一旦被录取,也应该及时告知单位,进而解除协议。如果未注明或者未告知而被单位追究违约责任的,应该由学生本人承担。

③ 以就业协议代替劳动合同

有些毕业生因为不懂法,以为就业协议就是劳动合同。大学毕业后,毕业生到单位报到,不知道要求单位与其签订合法有效的劳动合同,盲目认为就业协议的条款就是合同的内容。而用人单位也故意不与毕业生签订劳动合同,因为劳动合同受到法律的约束力较强,一旦发生劳动争议,就容易对用人单位不利。在这样的状况下,一旦双方发生了劳动争议,对大学毕业生极为不利,双方的劳动关系也只能被认定为事务劳动关系。

拓展阅读:

可否以就业协议代替劳动合同?

小东是一名去年毕业的大学生,2021 年 3 月中旬,他和一家公司签订了就业协议书,签订的协议内容约定:试用期为 3 个月,服务期 2 年,违约金 2000 元。后来小东毕业后到单位报到,提出尽快与公司签订劳动合同,但公司方面却说有了就业协议就无须再签订劳动合同了。过了 4 个月,公司还没有和他签订劳动合同,而小东在这几个月觉得公司的管理体制让他很不适应,于是在 7 月 1 日向公司打出了辞职报告。公司同意小东在 7 月辞职,但是却在其办理手续时,告知他违约,依照原来签订的就业协议要 2000 元的违约金。小东需要履行吗?

点评：小东无须支付违约金。就业协议是基于毕业生的学生身份与用人单位、学校三方共同签署的民事合同，是三方关于将来依法建立劳动关系的约定，原则上自毕业生进入用人单位工作建立劳动关系起自动失效，毕业生转为《劳动法》意义上的劳动者，应受劳动法律法规的调整。小东毕业后按照就业协议约定到公司工作，已经履行了就业协议，不存在违规行为。而公司却未按照《劳动法》规定及时与小东签订劳动合同，因此双方处于事实劳动关系状态，按照《劳动法》规定，员工辞职可随时解除劳动关系，小东的行为完全符合法律规定，不存在违约行为，不应支付违约金。

（3）合同陷阱

① 口头合同

口头合同即指不签订书面正式文本的口头约定，一有"风吹草动"，这些口头许诺就会化为泡影。

② 格式合同

格式合同是指用人单位按照国家有关法律规定和劳动部门制定的合同示范文本，事先打印好的聘用合同；从表面上看似乎无可挑剔，但在具体条款的制定上却表述含糊，甚至有多种解释，一旦发生劳动纠纷，用人方就会借此为自己辩护。

③ 单方合同

单方合同多指一些用人单位利用应聘者求职心切的心理，只约定应聘方有哪些义务、违反约定要承担怎样的责任、毁约要交纳违约金等，而合同上关于应聘者的权利几乎一字不提。

④ 生死合同

一些危险行业用人单位为逃避应该承担的责任，常常要求应聘方接受合同中的"生死协议"，即一旦发生意外，企业不承担任何责任。如果签订了这种合同，真的发生意外事故后，用人单位就有理由为自己开脱。

⑤ 阴阳合同

有的用人单位为了应付有关部门的检查，往往与应聘者签订两份合同，一份合同用来应付劳动部门的检查，另一份合同才是双方真正履行的合同。遇到这种情况，应聘者要认真对比两份合同的异同。

合同是维护双方合法权益的武器，一旦掉进合同陷阱，我们的合法权益就得不到有效保障。因此，我们在签订合同时，一定要看清楚再签。

（4）试用期陷阱

试用期是毕业生和用人单位相互了解的一个考察期。在此过程中，毕业生可以考察用人单位是否符合自己的职业取向，而用人单位也可以考察毕业生是否符合单位的录用标准。依据《劳动法》和《劳动合同法》，试用期是法定的协商条款，约定与否以及约定期限的长短由双方依法自行协商。但现实中，关于试用期的陷阱一直困扰着我们大学毕业生，陷阱的类型主要有以下三种：

① 单位不约定试用期，可能暗藏玄机

某些单位要求毕业生报到时就立刻签订劳动合同，不约定试用期，要求其马上正式上岗。然而，当大学毕业生还在暗自庆幸单位不需试用时，却发现单位各方面情况都不尽人意，和当时广告与承诺的情况大相径庭，工作内容和自己想象的也完全不同，于是决定另谋高就。这时，才发现自己在"无意"间放弃了试用期这一有利机会。在这种情况下，如果单方面解除劳动合同，一方面要提前 30 天通知，另一方面可能要付出违约金的相应代价。

对于这种情况，毕业生应努力收集该企业的信息，对于信誉不好的企业，一定要多加提防，必要的时候，可以自己提出约定一定期限的试用期，有些时候约定试用期恰恰是保护自己合法权益的有效手段。

根据《劳动法》的规定，劳动者在试用期内可以随时通知用人单位解除劳动合同（无须提前通知）。因此大家在择业时不能忽略试用期的约定。

拓展阅读：

试用期辞职

小冯毕业前与一家单位的市场部签订了就业协议，并在 7 月份毕业后来到这家单位上班。但是工作了不久他就感觉，自己的身体状况很难适应单位高强度的工作方式，而且现有工作也不适合其今后的发展定位，于是在 8 月底向单位提交了解除协议申请。虽然单位答应了他的离职要求，却以违约为由，要求其必须缴纳 5000 元人民币的违约金。小冯觉得很委屈，身体不好无法胜任工作是客观原因，再说现在还处于试用期，没有签订劳动合同，凭什么说自己违约？自己在公司已经了一个多月，一分钱的工资都没有拿到，反而还要交 5000 元？由于小冯不肯交违约金，单位就拒绝帮助其办理离职手续，双方的僵持让小冯感觉损失很大。

点评：在 7 月份毕业后小冯已按照约定与单位建立了劳动关系，原来的就业协议已经履行完毕。小冯辞职时仍处于试用期内，依据《劳动法》规定，他随时可以解除劳动关系；如果双方没有签订劳动合同，那么也属于事实劳动关系，小冯依然可以随时解除劳动关系而无须支付违约金。但反之，如果在报到后，毕业生因为发生疾病不能坚持正常工作的，用人单位则应该按照在职人员的有关规定处理，即使处于试用期，单位也不能随意将其辞退。

② 只约定试用期，索取廉价劳动力

因为试用期的工资、福利待遇和正式录用后差距较大，一些用人单位就利用"无休止"的试用，来降低自己的劳工成本。例如，有些单位以避免麻烦为由，只以口头或书面形式与大学毕业生约定几个月的试用期，声称试用期合格了就直接正式录用，签订正式合同。在试用期内，单位支付比正式员工低很多的工资。而我们很多毕业生就为了能留下来，往往工作非常努力，甚至不计较暂时的工资待遇。结果试用期结束，单位却以各种理由将毕业生拒之门外。

当遭遇这种情况时，我们最好的办法就是拿起法律的武器保护自己。《劳动合同法》规定，试用期包含在劳动合同期限内，在试用期内，只有当劳动者具有下述法定情形之一时，用人单位才可以辞退劳动者：a. 劳动者在试用期间被证明不符合录用条件的；b. 劳动者严重违反用人单位规章制度的；c. 劳动者严重失职，营私舞弊，给用人单位造成重大损害的；d. 劳动者同时与其他用人单位建立劳动关系，对完成本单位的工作任务造成严重影响，或者经用人单位提出，拒不改正的；e. 劳动者以欺诈、胁迫的手段或者乘人之危，使用人单位在违背真实意思的情况下订立劳动合同的；f. 劳动者被依法追究刑事责任的；g. 劳动者患病或者非因工负伤，在规定的医疗期满后不能从事原工作，也不能从事由用人单位另行安排工作的；h. 劳动者不能胜任工作，经过培训或者调整工作岗位，仍不能胜任工作的。除上述情形外，用人单位不得在试用期内解除劳动合同。用人单位在试用期内辞退员工，除应具备上述法定辞退劳动者的情形外，还应当向劳动者说明辞退理由。

同时，我们还要明确：用人单位可解除劳动合同的条件是其必须举证证明劳动者在试用期间不符合录用条件，举证责任在用人单位，劳动者无须提供自己符合录用条件的证明。我们一定要把握好这些标准，而并非单位说辞退就辞退，学会用法律捍卫自己的合法权益。

③ 试用期过长或无故延长试用期

有的单位与大学毕业生约定的试用期严重超过劳动合同法规定的标准，有的甚至长达1年以上。也有些用人单位，约定的试用期虽在法律规定的范围内，但却以各种理由延长试用期，变相榨取大学毕业生的廉价劳动力。更有甚者，延长几次后，最终仍将毕业生解聘。而大学毕业生维权意识较差，对劳动法认识不深，只能"哑巴吃黄连"。

在求职时，面对试用期陷阱，毕业生最好的办法就是拿起法律的武器来保护自己。

拓展阅读：

丽丽大学毕业后应聘到一家小公司，公司广阔的发展空间和"高薪"深深地吸引了丽丽。可入职后，丽丽发现公司老板虽然说公司发展前景很好，而现实却是非常的艰难，自己的高薪会不会泡汤，丽丽很担心。在经过培训后，原来一起来的人有几个要辞职，丽丽想着坚持一下也许会有转机，所以还是继续努力工作。不过有一件事儿丽丽确实放心不下，就是培训后离开的员工都没有按照规定拿到应得的那些薪水，而是只拿到了很少的一点点。丽丽自己去找老板，问薪水的问题时，老板却给出了这样的答复：底薪是5000元没错，但是其中包含3000元的绩效工资，那些人辞职的时候，没有任何绩效当然不能按照5000元的标准计算啊。而且，他们还在试用期，工资只能拿70%，所以就是$2000 \times 70\% = 1400$元，那最后算薪水的时候只能拿到这些了。丽丽听过这样的回答后才知道，所谓的高薪不过是老板骗他们来的一个幌子，而不管是谁也拿不到的，因为公司根本没有足够的业务来支持大家拿到绩效工资。

点评：在入职前必须明确自己工资、相关补贴、保险与福利等等，尤其要明确薪资的构成以及考核标准，写进劳动合同以降低风险。入职后，要注意公司是否按照合同规定来支付薪水及相关补贴并且保证福利，如果有问题，要及时与公司沟通，如果公司抵赖，就要保存证据向相关部门投诉以免遭受更大损失。

拓展阅读：

今年23岁的小刘，2004年毕业于国内一家名牌大学的生物技术专业，为了找到一个理想的工作，他通过考试获得了英语六级和专业资格证等多个证书。2005年1月份，小刘在网上看到了国内一家大型制药公司招人，因为专业对口，他就联合同班几位同学给这家公司投了简历。没想到他们很快就得到了面试邀请，小刘和其他6名同学顺利通过面试，进入试用期。当时公司口头告诉他们试用期为2个月。因为这个公司很大，想留在这里的小刘和其他6名同学尽管没有签订任何协议，还是答应了先试用，盼望通过不懈的努力来争取这个职位。试用期的待遇很低，与正式员工没法比，而试用期的工作内容也和他们想象的有很大差距。单位让他们做的都是些简单的重复劳动，谁都可以做到，但必须得有人做。当时他们感觉这个工作只是临时性的，便安心地工作。为了能够顺利通过试用期成为正式员工，小刘非常勤奋，2 个月的试用期很快就到了，但 2 个月后，单位一直没人提转正的事，小刘去向公司领导询问，领导说对他 2 个月试用期的工作表示满意，但还要进行一段时间的全面考察，小刘认为公司可能是真想留下他，于是很痛快地答应了公司提出的再试用 2 个月的要求。很快又试用了 2 个月，公司领导找到小刘，以小刘没有通过试用期为由将其辞退。与小刘同时进入公司的 6 名同学也都在延长 3 个月的试用期后被以各种理由辞退。而在此期间，公司也没有和他们签订任何协议与合同。

拓展阅读：

偷换"试用期"概念

毕业生小罗四处投递简历，寻找工作的时候接到了一家小型出版社的电话，该出版社表示，如果小罗可以在出版社实习三个月并且表现得令人满意的话，双方就可以正式签约。小罗想，在求职的高峰时期去实习的话，将错过不少其他求职机会。而且，如何定义"表现得令人满意"也存在很大的问题，于是就没有答应。小罗的同学小夏听说之后，觉得机会难得，于是就联系了这家出版社。在三个月的实习中，小夏一直在出版社中忙项目、整理资料，十分认真。不过，三个月之后，出版社并没有与小夏签约。后来，小夏听说，出版社只是这段时间的工作比较多，需要她帮忙，并没有打算正式签她。

点评：这种口头合约充满了极大的不确定性，求职者们一定要当心，如果因此错过了招聘的黄金时期，接下来再找工作的话可能会存在一定的困难，因为很多单位可能都已经招到人了。此外，《劳动合同法》明确规定，劳动合同可以约定试用期，但试用期最长不得超过六个月。如果试用期超过六个月，就是明显的侵权行为。求职者一定要仔细阅读劳动合同，尤其是其中关于劳动报酬、工作内容、合同期限和社会保障等方面的细节。在劳动报酬一栏中，要看清考核、奖励办法；工作内容一栏中，要注意对职位的具体约定；合同期限一栏中，则要注意试用期的期限及相关问题。

同一用人单位与同一劳动者只能约定一个试用期。试用期过长或无故延长试用期都是不符合法律规定的，随意辞退劳动者更是法律不允许。

（5）智力陷阱

所谓智力陷阱，就是指用人单位以招聘考试为名。实则是召集创意，无偿占有大学毕业生的广告设计、程序设计、文章翻译、策划方案等。许多毕业生在经过笔试面试以后就没有了消息，而自己曾经提供的策划方案和设计等却在该公司的产品或活动中出现。

在当今这个信息化高速发展的社会，"智力产品"成为企业的核心竞争力。对于很多年轻毕业生特别是大学毕业来说，维护知识产权的意识比较欠缺。有些用人单位正是利用了毕业生的这一弱点设计"智力陷阱"。根据有关调查，有 23% 的大毕业生遭遇智力陷阱。毕业生必须要提高警惕，多加小心，以防上当受骗。

拓展阅读：

小林是某示范性高职的一名建筑工程技术专业毕业生，BIM 建模技术能力很强。在学校举办的一次大型双选会上，她以优异的专业成绩和实习单位较高的评价，被一家小有名气的建筑业 BIM 软件企业相中，并很快签订用人合同，双方商定试用期为 3 个月，试用期间月薪为 1500 元。当其他同学还在为找工作东奔西走的时候，满心欢喜的她已经开始上班了。可是天有不测风云，刚结束春节休假上班的小林一到公司，便接到人事部门一纸解约通知，称"通过试用，发现小林不适合在本公司工作，决定解除双方的试用合同……"公司的决定，让她感到非常突然。就在春节前，她通宵达旦，加班加点设计出来的一个现场 BIM 软件还受到部门经理的夸奖，怎么突然就变卦了呢？她感到十分不解。后来，一位共过事的公司员工向她道明了事情的真相："公司根本没想要你这个人，只是需要你设计的软件，公司只是想无偿占有你开发的软件而已。"小林这才幡然醒悟，原来自己天真地掉进了用人单位设下的智力陷阱中。

拓展阅读：

小张是某高校软件专业毕业生，曾有 2 年的编程兼职工作经验。小张看到软件公司招聘程序员，便欣然前往。该软件公司有四五十人规模，薪酬每月 4000 元，对此，小张觉得比较满意，觉得是自己想要去的公司。在招聘过程中，流程非常严格，初试合格后，进入笔试阶段。笔试内容是使用 JAVA 语言，上机编写一段程序，时间不限，可以上网查询相关资料，但不能相互交流，最后从编程优胜者中挑选 2 名。在一个面试的房间里，共有 8 名毕业生，每个人的试题不同，几个年轻人无意中发现，看似是 8 段程序，其实恰巧能整合为一个项目……笔试结束后，小张再也没有接到消息。据了解，其他的几个毕业生也没有得到回音。

点评： 单位堂而皇之地占有他人劳动成果的做法，也就是我们常说的智力陷阱。那么，我们如何应对这些智力陷阱呢？在我们不能判断招聘单位真实意图，又很想取得这份工作的情况下，需要对自己的劳动成果进行保护。首先，在提交策划方案或设计成果的时候，要注意复制一份，一份提交，一份自己保存。保存的那份要求招聘单位签字确认，以备将来作为法律依据；其次，在提交劳动成果的时候，最好能附上《版权申请》，同样需要单位签字确认。如果单位拒绝签名，那么毕业生就要多留个心眼了，很可能这家公司正在设计智力陷阱。

（6）高薪陷阱

高薪陷阱是指招聘时开出优厚的待遇，等到员工正式上班时，之前的承诺却以种种理由不予实现。或是针对薪水中的一些不确定收入，进行虚假或模糊的承诺，最终不能兑现，或者"缩水兑现"。

高薪往往是跳槽的主要诱惑，一定程度上促进了人员的流动，在高薪的旗号下求职者对一切都信以为真，招聘方也利用人们的"追高"心理巧做手脚，因而薪酬中的软性成本也就应运而生。所谓薪酬中的软性成分，就是当初没有明确商定价位，而只是口头承诺的那部分薪酬，其变动的空间和额度是难以预估的。再加上没有法律的相关保护，其实现机制更加"灵活"，通常情况下往往是可付可不付的。一旦不付你又如何呢？或发生劳资纠纷或自认倒霉，求职者的合法权益和切身利益受到了侵害。

至于那些只租用一间宾馆包间充当临时招聘场所的用人单位，尽管声称求贤若渴、待遇优厚，对学历、文凭无特殊要求等等，其欺骗的成分可能更多。因为有少数不法人员企图利用高待遇幌子，骗取求职者押金、培训费、服装费等。也有一些大公司在招聘时以高薪为饵，要求应聘者交一篇策划案或是工艺设计，而且往往不厌其烦地讨论细节。凡此种种你一定要在头脑里打几个问号，弄清对方的真实意图和目的，不要过多地浪费心思与精力。很可能他们只是想免费利用你一回而已。因而，面对这些高薪招聘单位，千万不要忘记以下两个问题：

① 先界定薪酬的上下限，并协商支付方式。尽量减少薪酬中的"软性成分"，或者试行一个月后重新规划。

② 应聘时多个心眼，不清楚的地方要问明白。比如，一年是"十二薪"还是"十三薪"？试用期待遇如何？时间多长？加班时间费用如何计算？

通常情况下刚刚就业，薪酬不高是正常的。相反，如果一个不熟悉的单位提供高薪酬时，求职者应引起注意。因为一些不法分子正是以高薪待遇之名，行非法敛财之实。在当前的就业形势下，求职者特别是毕业生要摆正心态，千万不要轻易相信工作初期就很容易获得高额收入。同时，对有的单位在高薪的前提下，提出押金、培训费、服装费等收费项目时，要敢于说不。

拓展阅读：

今年大三的小刘为了尽快找到工作，在招聘网站上投递了简历，一天后他就接到了一个公司打来的约他去面试的电话。在电话里，对方给的条件很诱人，大专学历即可胜任他们的工作，对录用的员工试用期每月 6000 元，转正后每月 8000 元，工作满一年就分房子，工作满两年配车。这种条件让小刘很欣喜，他把这个消息告诉了同宿舍的同学，同学们觉得不太现实，就帮他查询这家公司的详情。原来，给他打电话的这家公司用同一个电话号码和地址注册了好几家公司，涉及房产、广告、医药等，他们觉得这是一家骗子或者皮包公司，于是阻止小刘继续去面试。

点评：这种利用高薪、好福利来欺骗大学毕业生的公司大多是骗子公司，这家公司又用统一电话、地址注册多家公司，让人生疑。提醒广大同学，对于这种工资明显高于正常水平的招聘信息，一定要提高警惕。

（7）安全陷阱

在我们的就业过程中，一些不法之徒常常精心策划，坑蒙拐骗无所不用，如果我们稍不留神就会受其所害。安全问题要时刻牢记，危险离我们并不遥远，就业机会有无数，但生命只有一次。

①索要各种证件、签名、盖章。如果我们在招聘中留下重要证据之类的东西，就可能成为欠费、欠税、担保人等各种形式的债务人，也可能成为敲诈勒索的对象。

拓展阅读：

有三个小伙子，他们在网上找到某机械类公司的工作。工作之前三人在网上与公司签订了一份协议。与公司负责人见面后，负责人提出由他帮忙保管身份证，三人把身份证给了负责人，就去上班了。可是发现网上宣称的"大企业"，只是一间普通小作坊。而且，实际工作与当初承诺的有很大出入。三人要求辞退工作，并归还身份证。这时，负责人却翻脸了，不仅不归还身份证，还直接开口向他们讨要"违约金"。

点评：不管以什么样的理由，证件原件都不要给任何企业保管。证件只是作为招聘企业核实求职者身份和成绩的标准，正规企业是没有必要保留求职者原件的。

②谨防偷盗抢劫。首先，对陌生的人、陌生的地点与可疑时间的面试，一定要谨慎小心，很可能各个环节都陷阱重重，令你防不胜防。其次，谨防将手机、钥匙交给对方，也不要随便吃喝对方提供的食物饮料，否则可能瞬间一无所有。再者，谨防诈骗。如果对方为掌握你的全面情况无休止面试，你可能已经处于危险的境地。要么设下小圈套让你闯祸，然后高价索赔，要么你的家人朋友可能接到你车祸、病危此类的通知，于是匆匆将钱转入了不法之徒的账号。

③切防非法工作。工作性质不清，任务不明，遮遮掩掩、行动诡秘，这时就要非常留心，可能已沦为不法之徒的帮凶。可能正从事涉毒、偷运、销赃、窝赃、传销等非法工作。而一旦事情败露，违法者全无踪影，而你却成了替罪羊。

6.2.2 就业权益自我保护

毕业生在求职择业及上岗成为新职业者的过程中，依法享有不容侵犯的就业权益。但是在现实中，毕业生的就业权益经常受到有意或无意的侵犯，既损害了毕业生的利益，挫伤了毕业生服务社会的积极性，也影响了毕业生的职业发展前程。因此，毕业生在求职与见习的过程中，应该时刻注意对自身合法权益的维护，以便能够顺利择业，愉悦上岗，并在将来的事业上有所建树。那么，毕业生求职时应该如何维护权益呢？

1. 求职前的应对策略

求职大潮风起浪涌，既蕴含着无数机遇，又隐藏着险滩暗礁，毕业生只有牢牢系好求职安全带，不断增强安全防范意识，才能够做到一帆风顺。求职前注意以下几点：

① 确保信息的真实性、准确性、可靠性和全面性

学校就业信息网上发布的就业信息，都经过了严格核实，包括核实用人单位的工商许可证、营业执照等，基本上确保了单位信息的真实性、准确性、安全性。对于通过其他渠道获得的就业信息，一定要想方设法，通过各种途径进行核实。

同时，毕业生应该尽量多方面打听，全面了解用人单位的运作状况、招聘信誉、用人意图、岗位职责以及企业文化等情况。如果有可能，最好去实地考察工作环境，尤其是陌生的单位，要未雨绸缪地将未来实际就业中权益受侵害的可能性降至最低。

② 学习并掌握各类政策和法律

一定要全面学习和掌握毕业生就业政策，做好相关法律法规的知识储备，如学习《劳动法》《劳动合同法》《企业劳动争议处理条例》等。毕业生在实际就业之前应对这些法律常识有所了解，才能在应聘和签约时保持思路清楚和条理明晰，及早识破不法单位故意设下的陷阱，才能懂得如何通过合法的途径和手段解决就业过程中出现的问题，最大限度地保护自己的正当权益。

2. 求职中的应对策略

毕业生求职时，往往会出现焦急、浮躁和盲目的心态，直接影响了他们在维护合法权

益方面的态度和表现。虽然不是"一次就业定终身",但如果首次就业就令权益和身心都受到伤害,则必然会给自己未来的发展带来不小的负面影响。

在求职过程中,毕业生更应保持高度的警惕性,擦亮眼睛,识别就业陷阱。要做到以下三忌:

① 忌贪心,看到"高薪"字眼首先要掂量一下自己,然后再摸清对方的背景。

② 忌急心,急于找工作的心理让一些人找到了借机骗财的机会,这些人以各种名义收取应聘者的费用后,便人去楼空。

③ 忌糊涂心,毕业生要对自己的职业生涯发展脉络有个清楚的构想,只要仔细研究还是能识别招聘中的大多数欺骗的幌子。要时刻提醒自己,不缴不知用途的款,不购买自己不清楚的产品,不将证件及信用卡交给该公司保管,不随便签署文件,不为薪资待遇不合理的公司工作。

3.求职成功后的应对策略

① 重视劳动合同

如何签订劳动合同,关系到毕业生在实际就业过程中合法权益能否得到充分的保障。

首先,要及时签订。到单位报到后,毕业生应尽快与用人单位签订劳动合同,使双方的劳动关系能以法律的形式确认,使劳动者的合法权益能得到及时的保护。

其次,要逐条细看。对劳动合同的内容,毕业生要仔细分析,权衡利弊,切忌盲目签字。对模糊词句要提出质疑,对不平等条款要敢于指出,对不公平合同要坚决拒签。

最后,要保存证据。签订劳动合同后,毕业生也要持有一份合同,作为享受权利、履行义务以及处理劳动争议的依据。

② 善用法律武器

掌握合法的维权手段是解决合法权益受损最有效的途径。一旦在实际就业中合法权益受到侵犯,应该积极运用法律武器,通过申请调解、仲裁、诉讼等合法途径,维护自己的正当权益。具体包括三种途径:一是与用人单位协商。一般而言,劳动纠纷多为经济上的纠纷,或者说属于"人民内部矛盾",因此,除非有特殊情况,法律没有必要过早介入。并且,劳动者与用人单位协商往往能够达到比法律途径更佳的解决效果。二是劳动仲裁。一般而言,劳动争议都是先行仲裁的,当事人可以就仲裁事项达成协议。三是提起诉讼。这是劳动者保护自己的最终手段,通常来说,劳动争议属于民事诉讼,但是如果用人单位构成犯罪的也要追究相关人员的刑事责任。

如果毕业生在实际就业中遇到劳动保障方面的问题,还可以及时拨打劳动保障公益服务专用电话,咨询劳动保障的政策,获取有关的信息,更好地维护自己的合法权益。

项目实践

案例分析,并制订一份完整的劳动合同

1.案例分析

小明是一名应届大学生,4月份,他和当地一家建筑企业 A 公司签订了就业协议,明确试用期为 3 个月,服务期 2 年,违约金为 2000 元。但是到了毕业前夕小明获得了另外

一家工资待遇更高的 B 企业的录用通知，因此小明在没有通知 A 公司的前提下，毕业后直接到 B 公司报到。为此 A 公司联系小明要求支付就业协议约定的违约金。

（1）A 公司要求小明支付违约金的做法是否合法？小明应该怎么做？

_____

_____

（2）如果你是小明，怎么样才能在不支付违约金的前提下更换单位？

_____

_____

2. 请下载一份劳动合同空白模版，并模拟自身毕业后的职业选择目标，填写一份完整的劳动合同，并相互进行订正。

项目小结

高职毕业生就业的权益、义务包含获取就业信息权、接受就业指导权、被推荐权、平等就业权、就业选择自主权、择业知情权、违约求偿权、户口档案保存权。

就业协议书是《全国普通高等学校毕业生就业协议书》的简称，又叫三方协议，是高校毕业生与用人单位确立劳动关系，明确双方在毕业生就业工作中权利和义务的协议。毕业生要了解就业协议内容、作用、签订流程和注意事项等。劳动合同是毕业生到用人单位报到后签订的，是劳动者与用人单位之间确立劳动关系，明确双方权利和义务的协议。毕业生要了解劳动合同的概念和特征、内容、作用、分类、订立原则和注意事项等。就业协议与劳动合同的区别有作用不同、主体不同、内容不同、时间不同、适用法律不同等。

就业陷阱，是指在就业过程中，用人单位借工作机会和拥有信息的有利条件，发布虚假、夸大或模糊的招聘信息为手段，以牟利或者其他意图为目的的招聘，或违反毕业生个人意愿使其额外支付财物或诱骗毕业生进行违背法律道德的行为等情况。就业陷阱分为招聘陷阱、协议陷阱、合同陷阱、试用期陷阱、智力陷阱、高薪陷阱、安全陷阱等。

项目7

Chapter 07

职业适应与职业发展

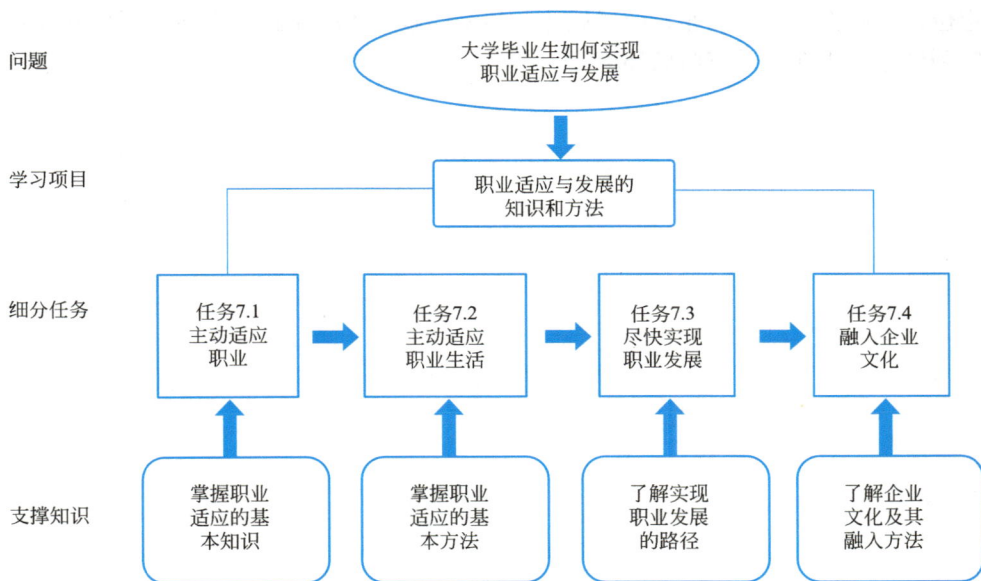

项目7　知识（技能）框架图

问题　　　大学毕业生如何实现职业适应与发展

学习项目　职业适应与发展的知识和方法

细分任务
- 任务7.1 主动适应职业
- 任务7.2 主动适应职业生活
- 任务7.3 尽快实现职业发展
- 任务7.4 融入企业文化

支撑知识
- 掌握职业适应的基本知识
- 掌握职业适应的基本方法
- 了解实现职业发展的路径
- 了解企业文化及其融入方法

从工作里爱了生命，就是通彻了生命最深的秘密。

——纪伯伦

【知识目标】

1. 了解职业适应与职业发展的知识；

2. 了解职业适应与职业发展的方法；

3. 了解企业文化及其融入方法。

技能目标

1. 掌握职业适应和职业发展的方法；

2. 掌握适应企业文化的方法。

每一位即将开始或刚刚开始工作的高职毕业生都希望自己能够在崭新的工作岗位上很快就有优秀的表现，做出自己的一番事业与成就。但是很多高职生会发现自己不能很好地适应与大学生活截然不同的职场环境，不能很好地融入团队组织，对工作中面临的人际关系处理存在障碍，以致工作难以开展。其实，这些问题的出现都与毕业生的角色转换有关，只有真正认识到自己已经不再是一名生活在象牙塔中的学生，并且重新对自己进行正确的定位，了解作为一名职业人应当做什么和怎样做，才能在新的生活中很好地立足与发展，顺利度过试用期并适应职场环境。

任务 7.1　主动适应职业

拓展阅读：

小松刚刚大学毕业走上工作岗位，在最初的几个月里，他对周围的一切都不适应。工作单位与学校有太多不一样的地方，除去休息日，每天必须按时上班，不敢有一点马虎，一到单位就有一堆事情等着去完成，不管是不是有兴趣，有任务就得做。糟糕的是，他对业务还不是很熟练，经常遇到麻烦，出了差错就会受到领导和老员工的批评，日子过得十分煎熬。上学时大家都是同龄人，说话做事都比较随便，开开玩笑也无所谓，单位里就不行了，同事大都是中年人，说话办事都很严肃，岁数差不多的也都是一本正经的样子。大家说话都很有分寸，他不知道该怎么说，所以就尽量少说，以免祸从口出。作为一个涉世未深的年轻人，在成人的世界里，一切都显得那么难，真不知道什么时候才能适应这种生活。

点评：许多同学怀着美好的憧憬走出校园，踏上工作岗位，希望充分施展自己多年来学到的本领时，却遇到了许多自己不曾遇到甚至不曾想过的问题，给自己的工作和生活带来了诸多烦恼。希望通过本项目的学习，毕业生能尽快实现角色转变，融入企业文化，适应新环境，在工作中有所作为。

从校园走向工作岗位，面对新的环境，新的人际关系，新的工作职责和要求，如何尽快使自己融入角色？你需要清楚学校与职场的区别，需要了解在工作中你要注意的事项以及你应该将精力放在哪些重要事情上。

7.1.1　毕业前后的社会角色差异

社会角色是指个人所处的特定社会位置和身份所决定的规范体系和行为模式，是对具有特定位置的人的行为的一种期望。它随着社会实践的变化和发展而不断更新内容。大学毕业生就业后，从学生角色转换为职业人的角色，虽然完成变化的时间不长，但是角色变化非常大，甚至可以说是生涯的转折。学生角色和职业角色的差异主要表现在以下几个方面：

1. 社会责任不同

学生的主要责任是掌握科学文化知识，使自己德智体美全面发展，为将来的工作做准备，责任履行得如何，主要关系到本人知识掌握的多少和能力培养的程度。而职业人的责任是以特定的身份去履行自己的职责，依靠自己的本领或技能完成岗位所要求的任务，责任履行得如何，不仅影响到个人价值的实现，还会影响到单位行业的声誉和经济效益。

2. 活动方式不同

学生的主要活动是学习，因此学生比较强调对知识的输入、吸收与接纳，对知识的输出与应用强调较少。职业人的主要活动是向外界提供服务，因此强调能够输出、应用与创造性地发挥自己的知识和技能，向外界提供专业的服务。毕业生参加工作后，就是要从输入、吸收与接纳知识等被动方式转变为输出、应用和创造性发挥知识和技能等主动方式，如果不及时有效地转变活动方式，将会感到工作难以适应。

3. 生活管理方式不同

学生的学习生活是一种集体生活，住的是学生公寓，在学校食堂用餐。学校对学生提出统一的行为规范，违反了纪律还要受到处罚。而成为职业人以后，单位只在工作时间对员工提出要求，其他时间主要由员工自由支配，在遵守国家法律法规和社会公德的前提下，员工在生活上享有很大的自由度，没有严格统一的管理方式来约束。

4. 认识社会的内容和途径不同

学生对社会的认识、了解主要来自于书本、课堂的学习，认识的途径以间接为主，并且对社会有较高的期望值，有着浪漫、理想的色彩。职业人则通过亲身的实践加深对社会的认识和了解，认识途径以直接为主，认识的内容主要是实践性的、具体的，带有现实主义特征。理想与现实总是存在着一定的差距，有的毕业生走上社会以后习惯于用在学校时的思维方式去认识社会，因此遇到现实矛盾容易困惑、迷惘、彷徨，甚至失望，无法适应工作环境，角色难以转换。

7.1.2 大学环境与工作环境的差异

1. 大学环境与企业环境有明显的差异

大学的时间安排是弹性的，而企业是固定的；大学里可能存在逃课现象，往往不会受到较重的处罚，员工不可以旷工，否则会受到处罚；大学生活更有规律，企业生活无规律；大学有长假和自由的节假休息，企业没有寒暑假，节假休息很少；大学要解决的问题常有标准答案，企业要解决的问题很少有标准答案；大学的教学大纲提供了清晰的学习任务，企业工作任务常比较模糊、不清晰；大学同学间围绕分数竞争，企业员工间按团队业绩进行评估；大学工作循环周期较短，基本在20周内，常有班会或其他班级活动，企业工作循环时间长，可能持续数月、数年甚至更长时间；大学奖励以较客观的标准为基础，企业奖励更多以较主观的标准和个人判断为基础。

2. 老师和老板期望的差异

大学里老师一般鼓励讨论，欢迎发表不同看法，企业里老板通常对讨论不感兴趣，更关心执行；大学里规定完成任务的交付时间，而且通常宽容延迟完成者，企业里常分派紧急的工作、交付周期很短，对不能按期完成者常伴有不满甚至处罚；大学里通常尽量公平地对待所有同学，企业里许多老板经常较独断，并不总是公平；大学里以知识与能力为导向，企业里以结果为导向。

3. 大学学习过程与工作学习过程的差异

大学学习抽象性、理论性色彩重，企业注重具体的问题解决和决策制订；大学以正规化、制度化、结构性和象征性的学习为基础，企业以工作中发生的临时事件和具体真实的生活为基础；大学强调个人化的学习，企业往往是社会性、分享性的学习。

7.1.3　毕业生工作前角色转换的准备

学生角色与职业角色之间存在明显的差异，实现二者之间的顺利转换是一个较为复杂的过程，在此过程中可能会遇到意想不到的困难和问题，大学毕业生只有做好充分的准备，毕业后才会比较顺利地实现角色转换。

1. 心理准备

毕业进入职场，将会面临理想与现实、期望与实际的矛盾冲突。走上工作岗位后，大学生将会发现现实并没有想象中美好，长期在学校生活中形成的价值观念、生活方式、思维模式、行为习惯，都可能在社会上遇到冲突，所以产生比较强烈的失落感，出现情绪低落的失望心理。如果没有充分的心理准备，在适应新的工作岗位时会遇到各种各样的问题，难以顺利实现角色转换。

2. 知识技能准备

一旦进入职业角色，大学毕业生的知识体系、知识结构与专业技能将经受实践的挑战。可能出现在校期间学到的理论知识与实际工作要求存在差距、不能学以致用、专业知识和专业技能难以顺利转化成工作能力等问题。因此，大学毕业生要做好及时更新知识、完善知识结构、在工作实践中锻炼实际工作技能等方面的准备，来帮助自己顺利实现角色转换。

3. 身体素质准备

身体是革命的本钱。在大学学习期间主要是脑力劳动，对身体条件的要求不太高，身体不舒服还可以随时请假，进入职业角色之后则必须严格遵守单位的工作纪律，承担起必要的工作职责。尤其是建设行业的工作岗位一般都具有劳动强度大、任务繁重、对身体素质要求高等方面特点，因此各位同学要加强体育锻炼，以良好的身体状态迎接新的工作挑战，尽量避免因为身体不好影响工作、给其他同事增加工作负担。

4. 职业性格准备

不同岗位的工作特点不同，对工作者的性格要求也不同。有的岗位要求从业者性格开朗外向，善于言辞，喜欢交际，否则就难以完成工作任务，比如工程投标人员。有的岗位则要求工作者性格要谨慎稳重，比如工程财务管理人员。因此，大学毕业生要根据自己将要从事的工作岗位特点，有针对性地调整好自己的职业性格，做好相应的准备，或者根据自己的性格选择适合的工作岗位。

5. 适应工作环境准备

大学生在进入新的工作岗位时，面临着崭新的办公环境、学习环境、生活环境、人际关系环境，一般说来，这些环境是不可能轻易因人改变的，毕业生应主动积极地适应新的工作环境，利用环境中的有利因素早日实现角色转换。

6. 艰苦创业准备

建设行业的大多数岗位都比较艰苦，特别是一线施工工作岗位，更是需要吃苦耐劳的态度和脚踏实地的作风。因此，大学生只有做好艰苦创业的准备，才可能顺利实现角色转换，走好职场第一步。

7.1.4 毕业生角色转换的对策

1. 熟悉工作环境，了解角色要求

了解新的工作环境和生活环境情况，熟悉工作对象的特点、规律以及单位对完成工作任务的各种要求，从而对新的工作进行比较全面的认识和把握，这是大学毕业生入职后实现角色转换最关键的一步。

毕业生既要了解单位所处的地理环境，准备好衣物等适合环境条件变化的生活用品，避免准备不足带来不必要的麻烦；也要深入了解单位的性质、经营方针、文化氛围、工作方式等，使个人价值取向尽快与单位价值取向相一致，成为适应该单位的员工；还要熟悉单位内部的组织结构、人员结构等，为自己完成工作任务奠定人际关系基础；同时，了解一下单位的发展历史和发展前景，确定自己的职业发展目标。

总之，毕业生初到单位的一段时间里要做个有心人，注意收集相关信息，尽早熟悉环境，了解相关要求，力争在角色转换上领先一步。

2. 建立良好的第一印象

良好的第一印象能使初出茅庐的毕业生快速得到单位的初步认可，从而树立起信心和战胜困难的勇气，为角色转换打好基础。如何建立良好的第一印象？可以尝试做到以下方面：

（1）在约定时间内按时报到；

（2）衣着得体，仪表端庄；

（3）举止大方，注意细节；

（4）谦虚谨慎，脚踏实地。

3. 端正心态，服从工作安排

毕业后能不能顺利实现角色转换，与毕业生事先对新环境、新岗位的期望密切相关。如果期望过高、不切实际，一旦和现实环境接触，就会感觉现实与理想差距太大，失落感也就随之而来。因此，大学生踏上工作岗位后，要及时根据现实环境调整自己的期望值，以健康的心态应对新的角色挑战。

4. 吃苦耐劳，勤恳工作

面对角色转换期的种种困难，大学毕业生要有吃苦耐劳的准备，要付出更多的时间、精力和努力去适应角色转换带来的种种新变化，勤勤恳恳干好每一项工作，以实际行动克服困难，实现角色转换。

在实际招聘活动中，很多单位都有吃苦耐劳的要求，这是单位在人才使用过程中的经验总结。只有吃苦耐劳、勤恳工作的人，才能更好地胜任工作任务，特别是在刚开始工作的时候，更是需要吃苦肯干，才能更快地适应新的工作环境，顺利成长为合格员工。

5. 真诚热情，建立良好的人际关系

俗话说"一个篱笆三个桩，一个好汉三个帮"，建立和谐的人际关系能够帮助毕业生更快地完成角色转换。良好的人际关系可以消除陌生感，让人保持心情舒畅，从而工作顺心，生活愉快。建立良好的人际关系，要处理好两个方面的问题，一是如何对待他人，二是如何看待他人对自己的评价。

6. 树立正确的职业观念

大学毕业生根据自己从事职业的一般要求，应当树立如下职业观念：

（1）专业观念。要求每个人在自己的本职工作中，必须具有很强的专业能力和专业水平，甚至是某个方面的专家。

（2）敬业观念。敬业是现代职业人的重要品质，大学毕业生一定要通过勤勉努力地工作来完成职业化。

（3）乐业观念。孔子说"知之者不如乐之者"，工作也如此，只有在职业发展中寻找快乐、感知快乐，从自己职业中领略人生趣味，才会真正体会到职业化的真谛和乐趣。

（4）创业观念。创业不仅仅是自己创办企业，它也是更高层次的就业。在工作中开创新业务，去建立自己职业发展的新目标等，都是创业。

（5）务实观念。讲究实际，实事求是。

（6）诚信观念。如果一个从业人员不能诚实守信，他本人和他所代表的组织就得不到人们的信任，也就缺乏号召力和响应力，无法与社会进行经济交往。

（7）发展观念。能准确定位自己的职业发展，在工作转变、职位转换和职位变迁时，快速调整自己，顺利度过职业疲倦和职业倦怠期，在职场中持续发展。

（8）和谐观念。步入社会以后，我们每个人都扮演着多个角色，既是员工，也是朋友、子女、父母，大学毕业生要在家庭、事业、健康、情感、朋友等方面找到平衡点，这个平衡点就是和谐。

拓展阅读：

周某，男，2009 年高职毕业后就职于某建筑单位。该生在校学习期间性格比较内向，但同时又很要强，与同学交往不多，经常独来独往，很少参加班级的集体活动，处理人际关系的能力比较差。初到工作单位，周某发现公司有很多人只有中专毕业甚至初中毕业，于是周某感觉自己有点屈才，在平时的工作过程中很少能接受同事们的意见和建议。和同事们关系相处得也不好，久而久之工作缺少动力，停滞不前，每天愁眉苦脸。最后在压力下辞职了。

周某本人在性格、生活方式和生活习惯上与他人有所不同，走出校园后对自己的定位不够准确，在处理工作和生活上的一些问题时采取的方式不恰当。因此，平时和他人的关系也不融洽，也和一些同事发生过口角。

点评：大学毕业生走上工作岗位以后，要摆正自己的位置。与同事打交道，一定要在讲求原则的同时，讲究交往的策略和技巧，对一些不良现象的批评一要态度坚决，二要讲求方式，以理服人，切莫感情用事，引起事端。不然，不仅会影响工作的情绪，而且会影响工作的成败，甚至会影响到自身的人身安全。

任务 7.2　主动适应职业生活

刚刚走上工作岗位的大学毕业生，由相对宁静单纯的校园步入复杂喧闹的社会，难免会生种种惶惑和不太适应的感觉。如何克服这些不适应，积极主动融入工作环境，更好更快地适应职业生活，是大学毕业生必须面对的重要课题。

7.2.1 顺利度过试用期

试用期是用工单位考察择业者是否称职的时段，也是择业者了解用工单位的工作条件、管理水平和工资福利待遇是否合意的时段。因此，试用期对于用工单位是必要的，而对于择业者则是重要的。因为能否顺利通过试用期，是决定着你是在此岗位上就业还是改行再择业的大问题。那么，择业者到底该如何做呢？

1. 要尽量缩短试用期

对于用工单位来说，试用期内和试用期外的工资福利待遇是有差别的，因此，它们往往倾向于延长试用期；而择业者，特别是那些高素质的择业者并不需要那么长的试用期就能掌握胜任本职工作的职业技能，因而希望缩短试用期。如果择业者发现试用期过长对自己不利时，可以事先向用工单位提出异议，并在用工合同上写清楚：你将在试用期内尽快掌握有关工作技能，如达到某种量化的指标，用工单位则应提前结束试用期。

2. 不要轻言"离开"

对于择业者来说，试用期内无论有何挫折，只要还没有充分的理由可以放弃这个单位或工作，就应该努力巩固自己在目前已经获得的工作岗位。因为争取到试用期，表明你已向成功就业迈出一大步，在竞争激烈的热门职业或者热门岗位更是如此。所以，一般而言择业者应该珍视初次争取到的试用期。当然，通过一段时间的上岗实践，你发现自己确实不适合从事某一职业，也应该果断地转换工作或单位。需要注意的是，不论是何种原因导致你需要提前结束试用期，都应该征得用人单位同意。一般而言，干满试用期再离开，是对双方都有利的选择。

3. 试用期注意事项

（1）尊重领导、师傅，团结同事；

（2）少说多做，乐于接受领导和师傅的批评和指导，切忌不懂装懂，大胆妄为；

（3）遵纪守法，在试用期内因违章违纪而被辞退将会影响自己的前途；

（4）努力培养必备的职业素养能力，包括任务执行、工作方法、时间管理、压力管理等基本的工作能力，这些能力是用人单位衡量毕业生能否快速适应岗位工作，快速进入职业角色，以及最终决定是否签署劳动合同的关键性因素。

拓展阅读：

刘阳是最近某工程监理咨询公司引进的一位工程管理硕士。他的身份有些特殊，用经理的话说，他是"空降兵"。公司里管理层几乎都是干了5年以上的老员工，而他则是经理痛下决心改革引进的"新血液"。每个公司都有优点和缺点，每位员工都有长处和短处，在根基不稳的试用期，要坚持做到多听少说。而刘阳经常带着批判的眼光来审视公司，老板跟他沟通时他总是说这里不好或那里不行。最后，刘阳因为自视清高和自身表现出的所谓"精英意识"，不能以平常心看待工作、看待同事，时时处处爱挑公司和同事的毛病。最终没能迈过试用期这道坎。

点评：对于职场中人，找到问题不算本事，解决问题才算本事。作为一个公司的"新人"，看到的并不是事实的全部。凡事有果必有因，如果只知道果，却不知道因，就只能提出问题而不能解决问题。而且在初到一个单位期间，其他的同事也在对新人进行着判断。如果总是挑别人的毛病，会被人认为"自以为是"。说得头头是道的人多了，关键是能否把问题解决掉。同时，因为有问题必然就有责任人，说问题无疑就是说对应责任人的工作没有做好，这无疑将得罪此人。连脚跟都没有站稳就四面树敌，很容易被人排挤，不仅不利于问题解决，更有可能被人联手扫地出门。因此无论你有多大的本事，首先是把事情看清楚，然后团结一切可以团结的力量并获取他人的支持，这样你才能解决问题，也才可能展现自己的能力。建议你收起你那审视的目光，以欣赏的态度去发现公司及他人的优势和优点，这样你才能更深入地了解事情的本质，才能获得其他人对你的好感。

7.2.2　主动适应，储备提高

1. 明确岗位职责，树立角色意识

大学毕业生刚到一个单位，首先要清楚了解自己的岗位工作的性质和日常工作的具体内容，明白自己的职责范围，不明白的地方要问清楚，把自己职责范围内的事做到最好。对于自己不该做的和不该过问的事，尽量不要做和问，以免给人添乱。

2. 加强沟通交流、提升工作能力

在大学学的大多是理论上的东西，和实际操作有一定的距离，只有通过不断的学习和摸索，才能积累宝贵的经验。领导和工作多年的同事，有丰富的工作经验（包括教训），可以帮助你少走弯路，更快地取得进步。并且每个单位有自己的规章制度和具体的执行情况，也需要从沟通中了解。

3. 刻苦钻研业务，提高工作能力

大学期间的学业表现与工作表现并不一定成正比，工作态度往往起着至关重要的决定性作用。因此，工作初始阶段，养成好的工作习惯和工作态度，对以后事业的发展大有裨益。进入新的岗位以后，要马上进入工作状态，全力以赴去工作，随着经验的积累和能力的迅速提升，更好的发展机会也会随之而来。

4. 适应工作需要，调整自身状态

大学生在学校读书，生活相对安定，大都养成了相应的生活习惯。进入新的岗位后，毕业生应该根据工作的需要，主动调整自己的生活节奏和习惯，否则难以适应新的工作。

5. 虚心学习求教，不断完善自我

新入职的大学毕业生只有保持虚心向同事学习，积极向身边人求教的良好心态，坚持不断地完善自我，才可能更好更快地适应工作需要。工作中要勤于思考，善于总结，尽快熟悉掌握和本职工作有关的业务知识和基本技能；还要把握时代的趋势，关注行业前沿，不断更新知识、完善知识结构，用新知识、新理论完善自我，在更高层次上适应社会发展，也为自己创造更多的可能性。

7.2.3 努力实现职业化

对于刚刚进入职场的新人来讲，想在职业上获得发展，就需要具备职业化水准。简单地说要衣着得体、仪表得体，当然更重要的是达到更高层次的职业化。

1. 职业化的深层次要求

概括起来，职业化的深层次要求是：①树立成就客户的服务意识；②增强结果导向的规划能力；③注重工作品质追求；④展现创新能力。也有人用"一个中心、三个基本点"来阐释职业化的内在要求。

（1）一个中心

职业人的核心目标是客户满意。客户在这里是一种广义上的概念，包括上司、同事、家人、下属和常规意义上的客户。

（2）三个基本点

第一个基本点是职业人要为高标准的产出负责。最主要的是做到两点：

① 行为思考的出发点是客户最感兴趣的；

② 有义务保守与客户合作之间的所有秘密。

第二个基本点是团队协作。作为职业人，大学毕业生需要谨记，只有团队协作，才能够提供高标准的服务。这里讲述的不是专业人士，而是职业人士，专业人士是学有专精的人，而职业人士则是注重团队合作的专业人士。尤其是在分工越来越细的现代社会，团队协作就更应该被强调。

第三个基本点是职业人必须对自己的职业生涯负责。提升客户竞争力的一个重要前提，是自己的竞争力不断提升。处在急剧发展的时代，职业人必须不断地学习，否则将面临被社会淘汰的风险。因此，应对不确定的未来，终身学习是最为有效的途径。

2. 职业化的烦恼

毕业生完成职业化的过程中会遇到一系列问题，而即使在完成职业化之后也并非从此万事大吉，可以高枕无忧地度过职业生涯。不管是职场新人，还是职场老人，在职业化的道路上都会面临不同阶段的烦恼。

（1）职场新人

刚刚毕业走进职场的新员工往往会遇到不知道会做什么，不知道能否胜任这个职位，对企业运作不了解等诸多问题，产生一些心理压力。此外，新人还不具备全面的技能，遇到问题时，也常常会不知所措。

（2）老员工

老员工对于工作往往有求稳的心态，面对着"区块链""互联网＋""组织变革"等新名词，产生不知道还能干什么的问题，对新事物、对变革的第一反应是拒绝。这种不愿接受新事物，想要稳定的心态，是限制其创造力发挥的重要因素。

7. 2. 4　争做优秀员工

1. 敬业爱岗，勤奋工作，以饱满的热情做精本职工作

一个人的态度往往决定着工作的力度，而态度的转变全在自己。大学毕业生如果能珍惜自己来之不易的工作岗位，在平凡的岗位上切实努力，做出了良好的成绩，就是不平凡的人。而就算一个岗位很好，但在这个岗位上工作的人不努力，也锻炼不出好员工。

2. 团结互助，踏实肯干，以优秀的工作实绩来体现人生的价值

一个人在工作中要有团队精神，善于听取不同的意见，才能取得更大的成绩。与团队共同进步成长，才能充分发挥自己的价值。一个人如果离开了工作的单位和团队，也就失去了工作的平台和发挥价值的载体。

3. 努力学习，善待朋友，以公道正派的秉性来塑造自身形象

每一个大学毕业生都应该与公道正派的人做朋友，多交益友，不交损友。同时，也要善待朋友，以真诚的态度去学习，去工作，才能收获友情，收获成功。

4. 融入企业团队，争做优秀员工

现代组织的工作不是靠个人英雄主义来完成，而是靠团队。团队力量不是若干个体的简单相加，而是每个个体有机结合形成一种新的力量。只有优秀的集体，才有优秀的个人。

任务 7.3　尽快实现职业发展

毕业生进入职场后，如何快速提升自身的职业素质，在激烈的职场竞争中脱颖而出？关键是要提升自身的职业核心竞争力，不断完善自己，成为一名优秀的职业人。

7.3.1　树立职业形象

职业形象是指个人与其职业相适应的，表现出来的能反映其内在气质和职业特点的外在形象及举止行为。一般可由职业人外在的形象、职业能力、职业操行三个要素表现出来。

树立职业形象

1. 有效利用试用期

（1）熟悉内部组织

毕业生初到新公司上班时，首先，必须了解公司内部组织，比如有哪些部门或科室，每个部门主管是谁，所负责的主要工作是什么。除此之外，还要了解公司的经营方针和工作方法，一旦你对整个公司有了通盘认识，对日后的工作将有所助益。

（2）熟悉企业文化

企业文化是企业生产经营实践中形成的一种基本精神和凝聚力，它是企业全体职工共同的价值观念和行为准则。为了尽快融入公司，毕业生需要学会多观察、多请教，因为每

个公司都会有不成文的习惯做法，而这也是企业文化的重要组成部分。

（3）熟悉规章制度

一般来说，新入职的毕业生会在新员工培训中学习企业的规章制度，但在现实生活中你还得领会，哪些规章制度正被严格地遵守着？公司里不成文的规章制度又是什么？如果不能很好领会，你可能会在日后的工作中"碰钉子"，并且很难意识到自己在哪里犯了错。

2. 注重自我提升

（1）加强自身修养，提升人格魅力

大学生的素质教育一直备受关注，素质虽然是种内在的修养，但是可以通过有意识的训练和自我暗示实现控制与提升。拥有良好的职业操守，可以让我们在职业活动中展现独特的人格魅力，内在的修养会通过外在的形象自然表达与展示，为职业形象增添迷人的色彩。

（2）注重知识技能，提高专业素质

在今天这个变化的社会，要想跟上时代的步伐，就要培养不断学习的习惯。既要学习和积累丰富的生活经验，增加个人阅历，提升个人生活的质量，又要学习专业的知识和技术。因此，掌握一定的专业技能，培养自己的职业素养，养成良好的职业行为规范，是塑造成功职业形象不可缺少的途径。

（3）精心包装自我，打造个人品牌

大学生需要注意培养自己的为人处世、语言表达，以及自己审美的能力。职业形象设计，不是单一、独立的过程，要经营好自己的形象品牌，必须结合社会环境对职业的要求，从内到外、从大到小，全方位地充实、调整和完善自我。

7.3.2　提升职业素质

1. 职业素质要求

（1）敬业，只有你善待岗位，岗位才能善待你

在工作中，经常能听到这样的抱怨："不是我不愿意努力，是我所在的部门太差，工作岗位太平凡，太不起眼，要前途没前途，要发展没发展……"问题是，你挑剔和厌恶岗位的时候，岗位同样也会疏远你，更谈不上给你新的空间和机会。其实，在职场中含着金钥匙出生的人只是极少数，大部分人，即使是现在已取得辉煌成就的人，都是从最平凡的岗位做起的。

（2）发展，与单位需求挂钩，才会一日千里

很多职场中的人都有这样的心理，觉得单位对自己不公平，认为凭自己的学识和能力，单位应该给自己更大的平台、更好的空间、更高的待遇……但他们却很少反思，为什么自己有学识、有能力，但却在单位中得不到重用，原因到底在哪里？在职场中，必须搞懂一个职场发展的基本规则，单位只会为你的使用价值买单。所以，无论什么时候，只有将自己的学识、能力和单位的需求紧密联系在一起，为单位创造最大效益，自己的发展才会一日千里。

（3）主动，从"要我做"到"我要做"

自主工作的员工在任何单位都受欢迎，也最有发展空间。我们要明白自己不仅是单位

的雇员，更是自己职业生涯的主人，同样也是职位的主人。只有真正将自己当成职位的主人，才能不斤斤计较，自主自发地做好每一件事情，甚至连自己可以做的分外工作都主动去做。如果能够做到这一点，何愁自己没有大的发展、没有新的机会？

（4）责任，会担当才会有大发展

在职场中，责任感和发展的空间与机会往往成正比。没有任何一个单位，会将重担交给一个工作上不认真负责、处处偷工减料的人。同样，一旦出现问题，不找借口、不推诿责任，而是主动承担，并且懂得反思，避免同样的错误再次出现。这样敢于担当的职业人，才能真正挑起大梁，获得更大的发展机会。

（5）执行，保证完成任务

执行力是一个职业人非常重要的品质，这也和每一位职场人士的发展密切相关。首先，在思想上认真投入，心无旁骛将事情做成。其次，为了达到目标，要有百折不挠、穷尽一切可能的信心和勇气。再次，就是为了达到目标，要付诸怎样的实际行动，量化自己的工作，比如今天必须要完成多少稿件、要打多少个电话、访问几个客户。最后，还要有方法，运用智慧，使工作能够高效完成。

（6）品格，小胜凭智，大胜靠德

在职场中凭着一些小聪明或者是小谋术，或许能够取得一时的成绩，但要想获得真正的大发展，则必须以"德"服人。

（7）绩效，不重苦劳重功劳

很多人工作勤勤恳恳，一年到头忙个不停，干得比任何人都多都努力，但却总是在原地踏步，提升发展的机会好像跟他们没多少关系。是什么原因造成了这样的局面？其实就是在职业活动中，"苦劳"重要，"功劳"更重要。否则，所有的"苦"就是白辛苦，是没有效益的苦。"老黄牛"只有产生绩效，给单位创造出真正的效益，才能获得更好的发展。

（8）协作，在团队中实现最好的自我

任何一个企业，如果只是一个人优秀，而不是大多数人优秀，甚至是人人优秀，那么这个企业不要说做大做强，连起码的生存都困难。同样，如果一个人只想着自己的发展，而不想着团队的整体发展，只考虑自己的利益，而不顾及整个团队的利益，那么这个团队就是一盘散沙。团队没有发展，个人的发展自然也就无从谈起。所以，职业活动中只有将自己真正融入团队，才能实现最好的自我。

（9）智慧，有想法更要有办法

要想成为一流的员工、获得最快的提升，有一点非常重要，那就是做智慧型员工。不是简单地用手，而是用脑用心去做事。同样的问题用不同的方法去解决，产生的结果就会大不相同。方法选对了，效率就会大大提高，成本就会随着降低。有想法更有办法的员工，自然最受单位器重。

（10）形象，你就是单位的品牌

每个组织都有自己的品牌和形象，而这样的品牌和形象，很大程度上是靠员工树立起来的。你的一言一行、一举一动，都可能成为别人眼中对这个组织的印象。所以，无论什么时候，都要对自己有这样的要求：我就是组织的形象，我就是组织的"金字招牌"。

2. 提升职业素质的途径

影响和制约职业素质的因素很多，主要包括受教育程度、实践经验、社会环境、工作经历以及自身的一些基本情况等。进入职场之后，我们通常有三种途径来提升职业素质：即自我学习、员工培训和工作实践。

任务 7.4　融入企业文化

大企业看文化，小企业看老板。每家公司都有林林总总的成文、不成文的制度和规则，它们加在一起，就构成了公司的精髓——企业文化。从这种意义上讲，毕业生无论是选择大企业还是选择小企业，都是在选择企业文化。大学生求职前，要着重对所选择企业的企业文化有一些了解，并看自己是否认同该企业文化。如果想加入这个企业，就要使自己的价值观与企业倡导的价值观相吻合，以便进入企业后，自觉地把自己融入这个团队中，以企业文化来约束自己的行为，为企业尽职尽责。

7.4.1　企业文化的内涵和作用

1. 企业文化的内涵

企业
文化

"文化"这个术语起源于社会人类学。19 世纪末 20 世纪初，人类学家发现爱斯基摩人、非洲和美洲原住民存在着与欧美等技术发达地区截然不同的生活方式，由此创造出我们今天常用的文化这个概念。因此，文化的概念在一个宽泛或者宏观的意义上代表了一个特定人群的本质，而且代代相传。从比较深的层次来看，文化是指被一群人分享的价值观，甚至在这群人内部成员发生变化时，这种价值观也会长期持续。比如关于"什么是生活中重要的东西"这个问题，不同的公司有不同的答案。有些地方，人们非常在乎金钱，而有些地方，技术创新或者员工福利更为重要。在这个层面上，文化很难改变的一个原因就是群体内的成员甚至都意识不到这些与他们紧密相连的价值观。

从更容易被观察的层面上看，文化代表着行为模式或者一个组织的风格，新成员会在无形中被激励着主动去遵循这种文化。比如，一个群体中的人多年来是"勤奋工作的人"，另一个群体是对陌生人"非常友好"的人，第三个群体中的人穿衣打扮总是比较保守，新人进入这些群体之后会不自觉的遵从这种习惯。从这个层面上看，文化也不容易改变（图 7-1）。

企业文化是一个企业的员工在相当长的一段时间里相互作用，相互影响而形成的一整套理念、规则和行为方式的总和。当他们在处理问题时，不断重复使用的方法就形成了他们企业文化中的一部分。解决方案奏效的时间越长，就越能在文化中沉淀下来。而沉淀到文化中的思想或者解决方案可能产生于某个个体，也可能产生于某个团队，可能来自一线员工，也可能来自高层领导。一般来说，企业文化比较强势的公司里，这些思想或者解决方案通常与创始人或者其他早期领导有关，他们把这些思想叫作"愿景""企业战略""哲学"，或者是三者之和（图 7-2）。

综上所述，所谓企业文化是指在一定的条件下，企业生产经营和管理活动中所创造的

不可见的　　　　　　　　　　　　　　　　　　　　　　　　难以改变

共享价值观：为大多数组员所共享的重要的关注与目标。即便组员发生改变，塑造组群行为的价值观都将持续不变。

组群行为规范：在一个组群中存在的共同的或无所不在的行为方式，它之所以存在是因为组员倾向于以此行事。这种行为方式(以及共享价值观)会被传授给新成员，奖励适应者，惩罚不适者。例如，员工对顾客的需求做出快速反应，管理者经常在决策中考虑初级员工等。

可见的　　　　　　　　　　　　　　　　　　　　　　　　易于改变

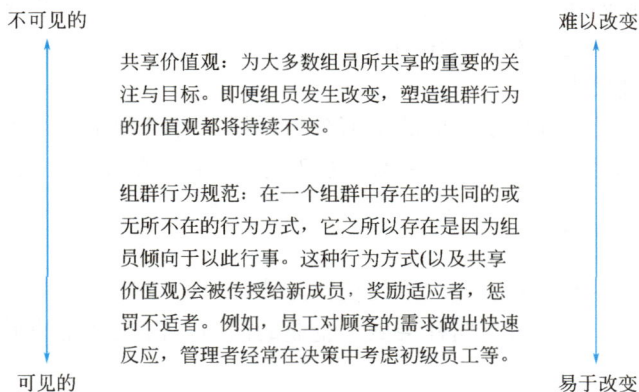

图 7-1　组织中的文化

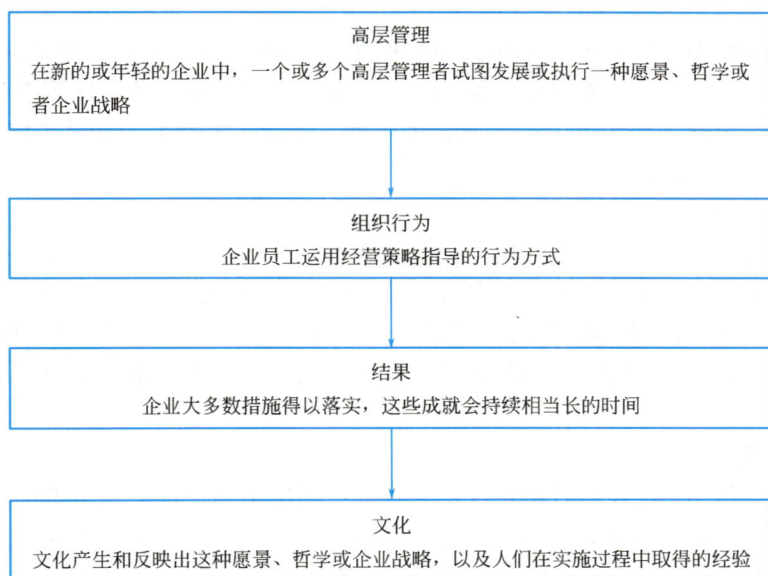

```
┌─────────────────────────────────────────┐
│              高层管理                     │
│ 在新的或年轻的企业中，一个或多个高层管理者试图发展或执行一种愿景、哲学或 │
│ 者企业战略                                │
└─────────────────────────────────────────┘
                    ↓
┌─────────────────────────────────────────┐
│              组织行为                     │
│ 企业员工运用经营策略指导的行为方式          │
└─────────────────────────────────────────┘
                    ↓
┌─────────────────────────────────────────┐
│               结果                        │
│ 企业大多数措施得以落实，这些成就会持续相当长的时间 │
└─────────────────────────────────────────┘
                    ↓
┌─────────────────────────────────────────┐
│               文化                        │
│ 文化产生和反映出这种愿景、哲学或企业战略，以及人们在实施过程中取得的经验 │
└─────────────────────────────────────────┘
```

图 7-2　企业文化产生的一个共同范式

具有企业特色的精神理念，包括企业价值观念、企业品牌精神、群体行为准则、企业历史传统、企业制度规则等，其中企业价值观念是企业文化的核心。价值观念是在企业发展过程中不断完善改进的，渗透到员工工作的各个方面，被员工接受和认可，而且共同遵守、共同追求，是企业的灵魂，是推动企业发展的不竭动力。

2. 企业文化的作用

（1）引导员工行为

企业文化是企业全体员工在企业发展过程中形成的价值观念以及做事的行为准则，代表着企业的追求与信念，为企业的发展指明了方向，也奠定了基础。

（2）提高核心竞争

一个优秀的企业文化是企业良好发展的基础，是企业变强的必经之路。企业文化对提升员工的工作热情和创新精神具有鼓舞作用，还有助于企业及时调节应对市场的变化，对提升企业核心竞争力也起着推动的作用。

（3）加强企业凝聚力

企业文化为全体员工提供了共同的价值观与目标，可以避免工作中的摩擦，减少不必要的麻烦，形成良好的合作关系，实现更加和谐的员工关系，加强企业的凝聚力与向心力。

（4）塑造企业形象

企业文化还向外界展示着企业的管理经营方式，是企业的一个重要形象。优秀的企业文化是企业巨大的财产，它可以向社会展示企业的活力，树立企业的形象，增加企业的知名度。

7.4.2 主要的企业文化类型

中国企业文化类型最早可以追溯到原始的手工作坊或手工工场，由家族成员组成的、以简单手工艺为主的生产组织是最原始的"家族企业"。"企业文化"体现在生产者对劳动产品的认同上，通常表现为以生产者或者生产地方来命名的产品，如"王麻子菜刀""张小泉剪刀""景德镇瓷器"等。

1. 宗族型企业文化

有着共同的目标和价值观，讲究和谐、参与和个性自由，这类企业更像是家庭组织的延伸。宗族型文化的一个基本观点是外部环境能够通过团队的力量来控制，而顾客则是最好的工作伙伴。日本很多企业属于这一类型，它们认为企业存在的重要目的在于提供一个人文的工作环境，而管理的主要内容则只是如何来激发员工的热情，如何为员工提供民主参与的机会。

2. 创新型企业文化

创新型文化是知识经济时代的产物，它在具有高度不确定性、快节奏的外部环境中应运而生。创新型文化的基本观点认为，创新与尝试引领成功。为了明天的竞争优势企业要不断地创造出新思维、新方法和新产品，而管理的主要内容就是推动创新。在这类企业中，项目团队是主要的工作方式，组织结构时刻随着项目的变化而改变。创新型文化主要存在于软件开发、咨询、航空、影视行业中。

3. 层级型企业文化

这是指有规范的、结构化的工作场所以及程序式的工作方式。企业领导在其中扮演协调者、控制者的角色，他们重视企业的和谐运作。人们更关心企业长远计划的制订，尽量避免未来的不确定性，习惯于遵守企业中的各种制度和规范。

4. 市场型企业文化

所谓市场型，并非以企业与市场的衔接来判定，而是指企业运作方式和市场一致。这类企业的核心价值观在于强调竞争力和生产率，更关注外部环境的变化，例如供应商、顾客、合作人、授权人、政策制定者、商业联合会。

7.4.3　毕业生如何融入企业文化

1. 在求职应聘过程中感受企业文化

（1）参加企业宣讲活动

宣讲会一般是招聘单位在一些公开场合、校园这些地方开设有关宣传、拓展和招聘的主题讲座，主要向招聘对象传达相关组织、团体或企业的情况，包括它们的文化价值观、人力资源政策、校园招聘的程序和职位介绍等信息。

（2）参加职场体验活动

职场体验就是指在工作的场所进行体验，主要是针对即将进入职场的待业者在进入职场前先行进行体会与感受。学生可报名参加学校举行的短期职场体验类活动，进入行业类大型企事业单位以及优秀创业园基地参观或实习，加强学生对职场生活的了解，帮助大学生提前积累职场经验、明确岗位认知和职业规划，感受企业文化氛围。

（3）实习实训活动

大学生可利用毕业前的实习机会，申请到目标企业的实习。在真实的职场体验中，了解企业的组织架构、运作模式、文化价值。

2. 在员工培训中融入企业文化

（1）新员工入职培训

入职培训中，新人要主动留意企业内部形象，了解企业基本情况、办事流程，认识部分同事。这些同事的行事作风往往反映出与企业文化相契合的习惯。

（2）员工常规在职培训

新员工正式上岗后，还要不断进行在职培训，通过不断矫正员工的行为，使其对工作的重要性有足够的认识，培养对客户的服务意识和对企业的忠诚度。毕业生在正式入职后要重视在职培训的机会，提升职业能力的同时将企业文化与个人岗位意识融合。

（3）师徒结对

找个适合你的"师傅"有多重益处，首先，在师傅的带教下，职场新人能快速地了解到在工作过程中需要掌握的人际技能和管理技能，尽快了解公司的企业文化，缩短自身融入公司企业文化的时间。其次，缩短技术成熟期，有了"师傅"的指导，便能迅速提高自己的胜任能力，更快地达到职位的要求。最后，能加强对企业的认同和归属感。职场新人可以通过"师傅"理解公司的企业文化，能把自己培养成符合企业发展要求的人才，最大限度地发挥出自己的潜能。

项目实践 🔍

案例分析，对比与学校生活的不同

1. 案例分析

小丽毕业后顺利来到一家中型企业从事行政文职工作，刚来那几天对一切工作事务充满着好奇，工作热情很高。可是没多久，小丽开始觉得公司与自己理想中的企业相差太远，觉得管理不够正规，劳动纪律抓得太严，公司规模不够大，公司福利不够好等。于是心态开始变坏，常发牢骚，不知怎么传到上司耳朵里，还没等到小丽试用期满，就被炒了鱿鱼。开始小丽还满不在乎，觉得反正自己也没看好他们，走了无所谓，可是，当她再次在求职大军中奔波了三个月，连所谓"浑身是毛病"的企业都没有找到时，她心中才感到有些后悔，心想如果下次再有类似的企业接纳自己，一定接受教训，好好干。

（1）你怎么评价小丽的这种行为？

_____

_____

（2）职场新人应该如何调试自身心态？

_____

_____

2. 作为一名毕业生，当你正式参加工作，需面临环境与角色的全方位转换，初入职场的你，面对与校园生活完全不同的环境与角色定位，首先需要调整的便是自己。请向身边已经就业的人了解搜集职场人工作内容，对比与学校生活的不同。

不同点	学校	职场
1. 角色定位		
2. 活动目的		
3. 活动内容		
4. 学习方式		
5. 评价标准		
6. 报酬有无		
7. 作息安排		
8. 人际网络		

项目小结

大学毕业生从适应职业生活到实现职业发展，需要一个过程，大学毕业生在这个过程中首先需要了解学校与职场的差异，明白学生角色与职业人角色的不同，从而做好角色转变的准备，掌握角色转换的一些方法。完成角色转换的过程，也是逐步适应职业生活的过程，在这一过程中大学毕业生应该努力树立起职业形象，并提升自己的职业素质，为自己的职业发展奠定基础。

判断大学毕业生职业适应是否成功，职业发展能否实现的一个重要依据是其是否融入了所在企业的企业文化。企业文化体现在企业的组织结构、管理制度、行动方式等方方面面，只有适应并融入其中，毕业生才能在真正意义上实现角色转换，从而适应职业生活，最终取得职业发展的成功。

其他职业发展和就业通路

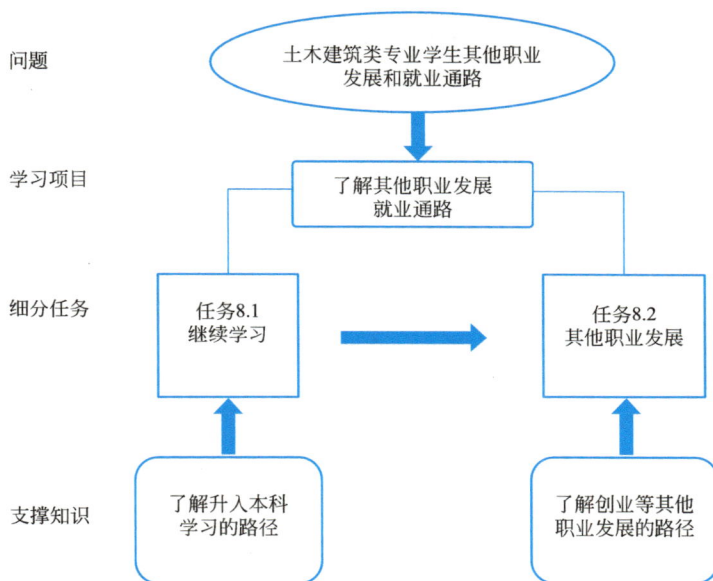

问题　　　　土木建筑类专业学生其他职业发展和就业通路

学习项目　　了解其他职业发展就业通路

细分任务　　任务8.1 继续学习　　　任务8.2 其他职业发展

支撑知识　　了解升入本科学习的路径　　了解创业等其他职业发展的路径

项目 8　知识（技能）框架图

> 青年的朝气倘已消失，前进不已的好奇已衰退以后，人生就没有意义。
>
> ——穆勒

【知识目标】

1. 了解继续学习的路径；

2. 了解其他职业发展的路径。

【技能目标】

1. 了解继续学习路径并选择；

2. 了解其他职业发展的路径并实践。

高年级的大学生最为关心的一个话题便是选择就业还是继续学习，或者是走其他职业发展之路，比如创业或者其他就业项目。一边是日益严峻的就业形势，一边是来自自身和家庭对未来的考虑，就业？专升本？出国留学？究竟哪个才是最适合自己的选择呢？

任务 8.1　继续学习

8.1.1　升入本科学习

升入本科学习，也就是专升本。专升本分为两种类型：一类是普通高等教育的专升本（全日制专升本），考试对象仅限于各省和各直辖市的普通高等学校的普通全日制专科应届毕业生；另一类是报名参加成人高考的成人高等学校（脱产）或者报名参加成人高考的成人高等教育的专升本（分为业余和函授两种）。

1. 全日制专升本

全日制专升本也称为普通高等教育专升本，指的是选拔当年各省全日制普通高校（统招入学）的专科应届毕业生。如果是这种模式，入学后就属于全日制本科。全日制专升本和高考四年制本科毕业证是一样的，仅有"专科起点本科学习"或"两年制学习"的字样，但同属于全日制本科，含金量是一致的。

全日制专升本选拔考试属于省级统一招生标准选拔性考试，由各省教育厅领导，各省教育考试院统一组织管理，各设区市招考机构具体组织实施，考试选拔对象为全日制普通高校的高职高专（专科）应届毕业生。实质是大学专科阶段教育与本科阶段的专业教育的衔接，实行的是"3+2"模式，即：在普通专科全日制学习 3 年，再考入普通本科全日制学习 2 年的模式（临床医学为 3 年）。

普通高等院校的专科学生结束专科阶段的课程学习后，根据当年教育部和发展改革委编报的《全国普通高校招生计划》和《全国普通高校分学校分专业招生计划》，各省普通高等院校公布招生人数，各省级行政部门统一组织的考试，选拔优秀全日制普通专科应届毕业生在毕业学期参加由各省教育考试院组织的统一考试（部分省份为本科校方出卷），原专业或相关专业升入本科院校（大三）继续进行两年或三年的全日制本科教育（部分省份可以跨专业）。

各省普通专升本政策稍有不同，以当年各省教育考试院或教育厅公布的政策为主。以浙江省为例，根据专业对口原则，高职高专和本科专业分为文史、理工、经管、法学、教育、农学、医学、艺术八个招考类别，考试科目见表 8-1。

2021 年普通高校专升本招生规模至 64.2 万人，越来越多的学生认识到全日制本科学历对以后就业、考研或留学的重要性，纷纷选择统招专升本考试来实现学历上的蜕变。

表 8-1

专升本考试科目

招考类别	考试科目
文史、法学、教育、艺术	大学语文、英语
理工、经管、农学、医学	高等数学、英语

2. 成人高等教育专升本

成人高等教育属国民教育系列，是高等教育的重要组成部分，国家承认学历。成人高等教育的学习形式分为脱产（全日制）、业余（包括半脱产、夜大学）和函授三种形式，考生应根据自身的情况来选择适合自己的学习形式。成人高等教育专升本有四种途径，包括自考专升本、成人高考专升本（业余、函授）、远程教育专升本（网络教育）、国家开放大学专升本，这种模式就不属于全日制本科。

1）自考专升本

高等教育自学考试简称"自考"，是对自学者进行以学历考试为主的高等教育国家考试，是个人自学、社会助学和国家考试相结合的高等教育形式，属于一个全国性质的独立教育考试体系。中华人民共和国公民，不受性别、年龄、民族、种族和已受教育程度的限制，均可依照国务院《高等教育自学考试暂行条例》的规定参加自学考试。类似于国外的高等教育形式。在工资、人事待遇、考研究生、考证、考公务员、考事业编、出国留学、职称评定以及其他方面与普通本科具有同等效力。

自考专升本的毕业证上标注"自考"字样。学位证需要在学位英语考试合格后才能申请，学位证书上标注"自考"字样。

2）成人高考专升本（业余、函授）

报考成人高考专升本的学生需具有国民教育系列大学专科及以上毕业证书。此类毕业证书包括：普通高等教育专科、高等教育自学考试、成人高考、网络教育等属于国民教育系列的大专及大专以上文凭。成考专升本考生在规定年限内修满专业规定学分，并通过考试者，将获得由各成人高校颁发的经过教育部电子注册的大学本科文凭，符合学位申请条件者将获得学士学位证书。

成人高考专升本的毕业证上标注"函授"或"业余"字样。学位证需要在学位英语考试合格后才能申请，学位证书上标注"成人高等教育"字样。

3）远程教育专升本（网络教育）

网络远程教育是一种新兴的教育模式，教育部批准北京大学远程教育、对外经济贸易大学远程教育学院等具备招生资格的高校共68所。取得的文凭学历受国家承认。网络远程教育和传统教学方式不同，主要通过远程教育实施教学，学生点击网上课件（或是光盘课件）来完成课程的学习，通过电子邮件等方式向教师提交作业或即时交流，另有一些集中面授。报名网络教育须参加所报学校的入学考试。

4）国家开放大学专升本

电大开放教育是相对于封闭教育而言的一种教育形式，基本特征为：以学生和学习为中心，取消和突破对学习者的限制和障碍。比如开放教育对入学者的年龄、职业、地区、学习资历等方面没有太多的限制，凡有志向学习者，具备一定文化基础的，不需参加入学考试，均可以申请入学；学生对课程选择和媒体使用有一定的自主权，在学习方式、学习进度、时间和地点等方面也可以由学生根据需要决定；在教学上采用多种媒体教材和现代信息技术手段等。

8.1.2　出国留学

1. 准备工作

出国留学前需要对以下情况进行了解：

（1）对留学意向国家的政治、经济、文化背景和教育体制，学术水平进行较为全面的了解；

（2）全面了解和掌握国外学校的情况，包括历史、学费、学制、专业、师资配备、教学设施、学术地位、学生人数等，要特别注意该校国际学生有多少，其中有多少中国学生在读，此外，还要落实该学校颁发的文凭是否受到我国的承认；

（3）该学校的住宿、交通、医疗保险情况如何；

（4）该学校在中国是否有授权代理招生的留学中介公司；

（5）留学签证情况；

（6）该国政府是否允许留学生合法打工；

（7）本专业在该国的就业情况；

（8）毕业之后可否移民。

2. 申请步骤

个人出国留学申请步骤从准备考试到入学，是一个很烦琐的过程。

（1）初步选择合适的国家或学校

关于国家和学校，有的学生把学校放在第一位，比如倾向于某一个大学的名气，或者喜欢某个大学的专业，或者喜欢学校的氛围等。有的学生把国家放在第一位，毕竟每个国家的整体体制、人文气息等都有所不同。留学不是在国外待上短短几个月时间，因此建议大家一定要把学校和国家综合在一起考虑，可以按照国家-专业-学校-城市这样的顺序来选择。

（2）制定合适的留学方案

第一步完成之后，对于国家、学校等已做到初步有数，接下来就是进行筛选，确定更细致的方案，然后去执行。建议结合自己的年龄、学习能力、外语水平、经济能力、生活习惯等实际情况，把国家、专业、学校、城市包括入学实际确定下来，方便制定目标、规划和执行，执行部分主要包括语言学习与考试、筹备留学资金、个人资料准备、身体锻炼、心态调整等。

（3）入学申请

在方案制定下来并开始执行的过程中，就可以根据实际情况进行入学申请了。很多国外大学都接受网络申请，准备在网上提交申请资料的同学，一定要保证好的网络速度，以免发生申请中途因网络问题而丢失所有申请记录，前功尽弃的情况。目前热门留学目的地的院校也都提供在线提交申请材料的选择，无纸化对大家来说都更方便。不过还是有一些老派的学校要求必须寄纸质材料。这时候最好用更有保障的邮寄方式，比如 UPS，可以随时进行位置追踪。

申请材料主要包括：①学历证书及其公证（如果未毕业则提供在读证明及其公证）；②成绩单及其公证（GAMT 成绩）；③托福、雅思、GRE 或其他英语能力证明；④英文简历；⑤教授或教师推荐信；⑥申请表格；⑦实习或工作证明（如果有的话）；⑧护照复印件；⑨两张近期免冠彩色白底 2 寸照片（同护照格式）。

（4）办理护照

当你的入学申请通过后，学校会下发录取通知书。凭录取通知书去相关部门办理护照，一般应同时随身带户口本、身份证等。

（5）申请签证

申请签证是很重要的一个环节！如果申请签证失败，之前的努力都会白白浪费。签证申请需要经过签证官们的重重审查才能过关，不过只要是真正以留学为目的并且申请条件充分应该都不会有什么问题。另外，建议在收到录取通知书后，尽快联系国外大学招生官，向他们咨询并索取申请签证所需要的材料，以免耽误自己的签证申请时间。

（6）体检、订机票

按照学校的需要进行体检，有的会指定医院。行程确定后，至少要提前一个月预订机票，并且出发前 3～7 天出票。因为即使预订好的机票，如果航班紧张，航空公司有权取消仍未出票的电脑预订。

任务 8.2 其他职业发展

8.2.1 创业

创业指一切个人或团队创立自己的产业的活动，如开店、办厂、创办公司、投资生意等生产经营活动。在高等教育中表述的"创业"，主要是指：以所学知识为基础，以技术、工艺、产品、服务的创新成果为支柱，以风险投资基金为依托，开创性地提供有广阔前景的新技术、新工艺、新产品、新服务，直至孵化出新的高新技术企业甚至新产业部门的一系列活动。

从"创业"这个概念在汉语使用中所表达的意思分析，一般强调三层含义：①强调创业开端的艰辛和困难；②突出创业过程的开拓和创新意义；③侧重于在前人的基础上有新的成就和贡献。而对"业"的范围没有什么限制，主要体现一个新的结果。

1. 创业素质

（1）强烈的竞争意识

竞争是市场经济最重要的特征之一，是企业赖以生存和发展的基础，也是一个立足社会不可缺乏的一种精神。创业者只有敢于竞争，善于竞争，才能取得成功。创业者创业之初面临的是一个充满压力的市场，如果创业者缺乏竞争的心理准备，甚至害怕竞争，就只能是一事无成。

（2）良好的人际关系

在创业的道路上，人际关系具有重要的促进作用。良好的人际关系可以帮助创业者排准，免征企业所得税两年；新办从事交通运输、邮电通信的企业或经营单位，经税务部门批准，第一年免征企业所得税，第二年减半征收企业所得税；新办从事公用事业、商业、物资业、对外贸易业、旅游业、物流业、仓储业、居民服务业、饮食业、教育文化事业、卫生事业的企业或经营单位，经税务部门批准，免征企业所得税一年。

②　简化大学生创业流程，取消《大学生自主创业证》，毕业年度内的高校毕业生在校期间创业，可向所在高校申领《高校毕业生自主创业证》（注明"自主创业税收政策"）；离校创业毕业生凭毕业证直接向创业地县以上人社部门提出申请，县以上人社部门在对提交申请相关情况审核认定后，对符合条件的毕业生相应核发《就业失业登记证》（注明"自主创业税收政策"），即可享受税收优惠政策。

（2）创业担保贷款和贴息政策

①　对符合条件的高校毕业生自主创业，可在创业地按规定申请创业担保贷款，贷款额度为 10 万元。

②　对个人发放的创业担保贷款，在贷款基础利率基础上上浮 3 个百分点以内的，由财政给予贴息。

③　大学毕业生在毕业后两年内自主创业，到创业实体所在地的工商部门办理营业执照，注册资金（本）在 50 万元以下的，允许分期到位，首期到位资金不低于注册资本的 10%（出资额不低于 3 万元），1 年内实缴注册资本追加到 50% 以上，余款可在 3 年内分期到位。

（3）收费政策

毕业两年以内的普通高校毕业生从事个体经营的，自其在工商部门首次注册登记之日起三年内，免收管理类、登记类和证照类等有关行政事业性收费。

（4）培训补贴政策

对高校毕业生在毕业学年（即从毕业前一年 7 月 1 日起的 12 个月）内参加创业培训的，根据其获得创业培训合格证书或就业、创业情况，按规定给予培训补贴。

（5）免费创业服务政策

政府人事行政部门所属的人才中介服务机构，免费为自主创业毕业生保管人事档案（包括代办社保、职称、档案工资等有关手续）2 年；提供免费查询人才、劳动力供求信息，免费发布招聘广告等服务；适当减免参加人才集市或人才劳务交流活动收费；优惠为创办企业的员工提供一次培训、测评服务。

（6）取消落户限制

取消高校毕业生落户限制，允许高校毕业生在创业地办理落户手续（直辖市按有关规定执行）。

8.2.2　其他就业项目

1. 非全日制用工

非全日制用工是指以小时计酬为主，劳动者在同一用人单位一般平均每日工作时间不超过四小时，每周工作时间累计不超过二十四小时的用工形式。按照《中华人民共和国劳动合同法》规定，非全日制用工双方当事人可以订立口头协议，但不得约定试用期。从事非全日制用工的劳动者可以与一个或者一个以上用人单位订立劳动合同；但是，后订立的劳动合同不得影响先订立的劳动合同的履行。非全日制工主要包括劳务承包、劳务派遣等方式的工作，以及一些正规用人单位的非正式用工。

2. 自由职业

自由职业是指摆脱了企业与公司等固定单位的管辖，以个体劳动为主的一种职业。自由职业者从劳资关系上不隶属于任何机构和组织，根据个人意愿自由安排工作时间和工作任务。一般自由职业者生产产品的智力含金量比较高，具有一定的不可替代性，如摄影师、专利代理人、律师、会计师、技术顾问、管理顾问、管道工、电工、理发师、艺术家等。

3. 灵活就业

灵活就业

灵活就业是指在劳动时间、收入报酬、工作场地、保险福利、劳动关系等方面不同于建立在工业化和现代工厂制度基础上的传统主流就业方式的各种就业形式的总称。灵活就业涵盖的领域十分广泛。

项目实践

案例分析

小周是一所学院的大二学生，他利用一个暑假的时间对高教园区的市场需求进行了详细的调研后，决定与同学合伙开设一家礼服租赁店铺。为此她申请入驻了本校的大学生创业园。但是一段时间过去了，小周的店铺人流量和客户数量寥寥无几。

思考：如果你是小周，你会怎么办？

_____

_____

_____

项目小结

升入本科学习包含全日制专升本、成人高等教育专升本两种类型。其中成人高等教育专升本包含自考专升本、成人高考专升本（业余、函授）、远程教育专升本（网络教育）、国家开放大学开放教育专升本等。

出国读书申请步骤有初步选择合适的国家或学校、制定合适的留学方案、入学申请、办理护照、申请签证、体检、订机票等。

创业素质包含强烈的竞争意识、良好的人际关系、经营管理能力、领导与决策的能力、专业技术能力等。

创业机会的把握要着眼于问题把握创业机会、利用变化把握机会、跟踪技术创新把握机会、在市场夹缝中把握机会、弥补对手缺陷把握机会、捕捉政策变化把握机会。

国家关于大学生自主创业的优惠政策有税收优惠政策、创业担保贷款和贴息政策、收费政策、培训补贴政策、免费创业服务政策、取消落户限制。

其他就业项目包含非全日制用工、自由职业、灵活就业。